Günter Stoewer



# Thules Königsfrieden
## Die Zeit der Kinder

Fiktive Erzählung

**Günter Stoewer**

# *Thules Königsfrieden*

## *Die Zeit der Kinder*

***München 2017***

Rediroma-Verlag

Bibliografische Information der Deutschen Nationalbibliothek:
Die Deutsche Nationalbibliothek verzeichnet diese Publikation in der Deutschen Nationalbibliografie; detaillierte bibliografische Daten sind im Internet über http://dnb.ddb.de abrufbar.

ISBN 978-3-96103-399-7



www.rediroma-verlag.de
11,95 Euro (D)

## *Inhaltsverzeichnis*

**Vorbetrachtungen**

Aus der Wanderzeit der Goten stammte eine Weissagung, die ihren Nachkommen gewärtig blieb. Dereinst, nach langen schweren Jahren, würde Gott ihnen einen großen König schenken. Er würde für Eintracht, Frieden und Wohlstand sorgen. Ihr Warten auf diesen Herrscher glich in manchem dem der Juden auf den Messias. Achthundert Jahre waren seitdem in die Lande gegangen und ihr König Friedrich war unstrittig der so sehnlich Erwartete. Ob er, in dem sein Volk mehr und mehr einen Halbgott sah, die von Fehlern befreite Wiedergeburt des Kaisers Friedrich II. war, oder ein Experiment Gottes, das war allenfalls Ansichtssache. Jedenfalls hatten sich durch ihn nun alle Punkte der Weissagung erfüllt. Ihm, dem Kriegshelden und Friedensstifter, war Wohlergehen und Würde seiner Thulaner ein stetes Anliegen.

Vermutlich hätte ohne diese Ankündigung kein anderer König je eine derartige Verehrung erreichen können. Unbeirrt hatte er seitdem Thule zu einem nahezu idealen Staat geformt, einen der Fremden wie das Land Utopia erscheinen musste. Er hatte jedoch nicht nur sein Land verwandelt, sondern auch selbst eine Wandlung durchlaufen. Ihr einstiger Prinz Sonnenschein wurde nach dem Mord an seinen Eltern vom Hass vergiftet und von Rachegedanken geleitet. Dank des Engels an seiner Seite verwandelte sich der unnahbare Herrscher wieder zurück in einen gewinnenden Menschen. Viel hatte er seinem Volk abverlangt, forderte von ihm, sich ganz dem Frieden zu verschreiben. Damit griff er tief ein ins Selbstverständnis seiner Thulaner.

Bisher wurde das Selbstbild dieser Nachkommen der Goten vom Stolz auf ihre kriegerischen Fähigkeiten und errungener Siege bestimmt. Selbst die Niederlagen wurden verklärt, die vernichtende Niederlage der Ahnen in der Schlacht am Vesuv, deckten die Heldentaten ihrer Könige Teja und Indulf zu. König Friedrich hatte sich bei seiner Krönung den Beinamen Teja zugelegt, und als bewunderter Recke seinem fernen Ahn alle Ehre gemacht. Doch auf einmal forderte der Hochverehrte von seinen Thulanern ein völliges

Umdenken. Ihr großer Held, Sieger vieler Kämpfe und bewunderter Feldherr, gab ihnen nun vor künftig dem Frieden alle Kraft zu widmen. Und er zielte nicht nur ab auf den Frieden mit äußeren Feinden, sondern auch auf den inneren Frieden Thules. Sein Kriegervolk sollte das Augenmerk nicht mehr auf die Glorie des Heldentums richten, sondern dem Frieden dienen. Ihn kennend wussten die Seinen, es würde kein Zurück geben. Wie der Herrscher von Thule diese mühevolle Umorientierung und Änderung der Einstellung vorantrieb, ist in diesem Buch dargestellt.

München, im Winter 2017

Günter Stoewer

*Das Foto auf dem Umschlag und die Skizzen im Inhalt stammen vom Verfasser.*

## Der königliche Spross

In Theodericia hatte sich eines blitzschnell herumgesprochen, die Niederkunft der verehrten Königin stünde unmittelbar bevor. Und noch etwas Unglaubliches war aus dem Königlichen Schloss heraus gedrungen. Der Herrscher selbst würde bei der Geburt dabei sein und seiner Gemahlin beistehen. Darüber wurde heftig diskutiert, das Für und Wider hielt sich anfangs die Waage, bis ein angesehener Mann eines einbrachte. „Leute denkt daran, unsere hohe Majestät ist doch ein ausgebildeter Arzt und nicht nur ein studierter Jurist. Wer wenn nicht er, könnte dann wenn bei der Geburt Schwierigkeiten auftreten sollten, unserem Engel helfen?“ Dieses Argument überzeugte die meisten Menschen, die nun hofften, dass alles gut gehen und ein Prinz geboren würde. Sie alle wollten in einigen Stunden zum Thingplatz gehen und dort warten, was ihnen ihr König verkündete.

Die Hebamme Gunhild und Amalas Freundin Gerlind hatten der Königin bei der Geburt ihres Sohnes beigestanden. Es wäre den Beiden sicher lieber gewesen, wenn der Herrscher nicht zugegen gewesen wäre. Seine Anwesenheit machte sie befangen, er war ja nicht nur der werdende Vater, sondern auch der mächtige König von Thule. Daher war den beiden Frauen sein Lob für ihre Tüchtigkeit und ihren umsichtigen Beistand umso mehr wert. Markgräfin Gerlind konnte ihre Erfahrung von vier eigenen Geburten und ihre liebevolle praktische Art einbringen. Fast dreißig Jahre zuvor hatte die tüchtige Hebamme Gunhild den heutigen König Friedrich von seiner Mutter Agnes entbunden. Sie hatte ihr dabei geholfen den so sehnlich erwarteten Sohn und Thronfolger zur Welt zu bringen. Alt war Gunhild seitdem geworden, weiß ihr Haar, aber ihr Geschick war noch angewachsen und das Vertrauen in sie nicht minder. Sie unterrichtete andere Hebammen und machte sie mit den hilfreichen Handgriffen vertraut. Die Hebamme wohnte mit ihrem Mann, einem Gärtner, im „Dörfchen“ neben der Grabeskirche St. Michael. Als Gerlind erfahren hatte, dass die Königin guter Hoffnung war, hatte sie der Freundin spontan angeboten sie bei der Geburt zu unterstützen und im Wochenbett zu umsorgen. Sie hatte es wahr gemacht und nach der Geburt den ersten Schlaf der Erschöpften gehütet.

Als Königin Amala erwachte, saß statt Gerlind ihr Gemahl an ihrer Ruhestatt. Er freute sich an dem Bild der beiden Schlafenden vor ihm und genoss seine neue Rolle als glücklicher Vater. Nie und nimmer hatte Amala erwartet, er würde bei der Geburt dabei sein und sie sogar selbst mit umsorgen. Als es Gerlind von ihr erfuhr, glaubte sie sich verhört zu haben, doch der König meinte es ernst. Gerlinds Einwand, den sie ihm gegenüber nicht zu äußern wagte, lautete: „Diese starken Männer können zwar ihre eigenen Schmerzen im Kampf aushalten und ihr Blut fließen sehen, aber doch nicht das der geliebten Frau. Majestät wird da keine Ausnahme machen, wenn der König dabei nur nicht umkippt." Wieder hatten ihn alle falsch eingeschätzt, er behielt einen klaren Kopf und gab die Anweisungen. Die Damen hatten eines übersehen, er hatte in seiner Ausbildung zum Arzt schon einige Geburten miterlebt. Doch jetzt, nachdem alles gut verlaufen war, konnte er zugeben, dass es ihm doch nicht so ganz leicht gefallen war. Aber nun erfüllte ungetrübtes Elternglück das Königspaar.

Der König und Arzt Friedrich hatte zuvor angeordnet: Alles müsse peinlich sauber sein, nur abgekochtes Wasser und reine Leinentücher seien zu verwenden. Zuletzt mussten alle in einen reinen Umhang schlüpfen. Gerlind, die Hebamme, aber auch er selbst, ja sogar die zureichenden Mägde mussten ihre Hände lange mit Seife in heißem Wasser waschen. Jede bekam dafür eine eigene Schüssel, was allen unerklärlich blieb. Aber wenn es der Allgewaltige anordnete, dann hatte das sicher seinen Sinn. Dies war selbst für die Hebamme neu und auch für die vierfache Mutter Gerlind. Zuvor schon hatten sich die Bediensteten darüber gewundert, dass das Geburtszimmer derart intensiv gereinigt werden musste und vor der Niederkunft nicht mehr betreten werden durfte.

Der königliche Arzt ging auf die fragenden Blicke ein, begründete sein Gebot: Sauberkeit verhindere, dass sich die Gebärende bei der Geburt infizierte. Der Herrscher, der so vieles beobachtete und hinterfragte, hatte bei im Kampf Verwundeten festgestellt, dass diejenigen, die mit „sauberen" Waffen verletzt wurden und danach keinem Schmutz ausgesetzt waren, bessere Heilungschancen hatten, als die Kämpen mit einer verschmutzten Wunde. Diese zogen sich häufiger Wundbrand zu, an dem viele starben. Der König fand dafür keine Erklärung, hielt sich aber eisern daran, denn Sauberkeit und Ordnung waren ihm wichtig.

Sein Leibarzt, Universitätsprofessor Nikolaus von Kamen, warb bei seinen Kollegen und Schülern für diese Erkenntnis, und konnte viele überzeugen. Sauberkeit verhindere außerdem Seuchen, womit er bei seinem Herrscher offene Türen vorfand. Er verglich die geringeren Epidemien in Thules Städten mit den viel häufigeren im ländlichen Raum. Deren Ursache seien die dort gegebenen, teilweise unhaltbaren hygienischen Zustände. Aber auch in den saubereren Städten starben noch Frauen im Kindbett. Davor hatte die Königin Angst, ihr Gemahl konnte sie davon überzeugen, dass durch peinliche Sauberkeit diese Gefahr gering sei.

Statt des Stuhls auf dem die Königin entbunden hatte, stand dort nun die purpurfarbene Wiege, die ihnen die Geschwister geschenkt hatten. Auf deren Kopfseite prangte in goldenen Lettern „Friedrich III.". Der kleine Prinz sog gerade die Muttermilch leise schmatzend in sich hinein, während Amala ihn sanft streichelte. Sie hatte ihrem Gemahl einen Sohn geschenkt und Thule den Thronfolger, so wie sie es vom Moment der Empfängnis an „gewusst" hatte. Die alte Hebamme, die schon so vielen Kindern auf die Welt geholfen hatte, fand, es sei für die Königin als Erstgebärende keine sehr schwere Geburt gewesen. Diese Ansicht konnte Amala nicht so richtig teilen, aber nun freute sie sich unbändig darüber, mit einem solchen prachtvollen Söhnchen belohnt worden zu sein.

Amala war kurz nachdem sich der kleine Prinz dem Schlaf hingab, satt und angestrengt durch das Trinken, auch eingeschlafen. Ein klägliches Wimmern machte sie wach, diese Laute hatten sie selbst im tiefen Schlaf erreicht. Mutter war Amala nun, sie die Gemahlin des Herrschers und Thules Königin. Ihre Rolle als Königliche Hoheit war für sie derzeit weit weg, die beiden anderen Rollen füllten sie nun völlig aus. Am Tage vor der Geburt hatte sie noch ein Gespräch mit der Freundin Gerlind geführt, die ihr eines ans Herz legte: „Amala, beziehe Deinen Gemahl von Anfang an mit ein. Vergiss in Deinem Mutterglück eines nicht, Du bist eine Ehefrau. Es ist nicht nur Dein Kind, es ist auch seines und soll Euch noch stärker verbinden und keinesfalls trennen. Ich habe immer wieder erlebt wie aus der Geliebten und Gemahlin, eine „Nur-noch-Mutter" wurde. Sie stellte ihren Mann daneben, sah in ihm den „Nur-noch-Vater" und ignorierte dessen Natur und Bestimmung. Morgen wirst Du, so Deine feste Erwartung, einen Sohn haben und einen Gemahl, den Du zum Vater gemacht hast. Deine Zuwendung muss beiden zu teil werden, dann wird Euch auch weiterhin Glück beschieden sein."

Wieder ging die Tür ohne Ankündigung auf, Amalas geliebter Gemahl suchte seine beiden Lieben auf. Er löste die todmüde Gerlind ab, die im Hintergrund über den Schlaf der Freundin gewacht hatte, und diesen selbst nötig hatte. Friedrich hatte sich erneut Zeit für seine Beiden genommen, für Amala ein Beweis seiner Liebe, die sie seit ihrer Vermählung so überreich erleben durfte. Und er tat dies, obwohl er derzeit fast erdrückt wurde von der Flut an Arbeit. Sein inniger Kuss, sein sanftes Streicheln zuerst für seine Amala, dann für sein Söhnchen Fedi, deutete eine Rangfolge an, die ihr gut tat. Fedi, so hatte ihn sein Vater spontan genannt, war die Verniedlichung von Federico, er wurde von da an im Familienkreis so genannt. Die Königin musste nun den Familienkreis neu fassen. Seit Fedis Geburt waren sie selbst zu einer kleinen Familie geworden, eingebettet in die auf acht Köpfe angewachsene größere Staufische Familie. Hochbeglückt war aber nicht nur diese hohe Familie und Amalas noch kleinere Ursprungsfamilie, ganz Thule hatte ein Freudentaumel erfasst.

Der Herrscher selbst hatte es den seit Stunden erwartungsfroh auf dem Thingplatz ausharrenden Menschen verkündet. Ein gesunder Prinz habe das Licht der Welt erblickt und den Fortbestand der Staufischen Dynastie gesichert. Er danke dem gütigen Gott und seiner tapferen Gemahlin für diesen Sohn. Im Gegensatz zu seiner eigenen Geburt umrahmten diesmal keine besonderen Ereignisse die Geburt des Prinzen. Dies war nun ohne Bedeutung, der ihnen seit Jahrhunderten angekündigte große König, er stand ja gerade hoch über ihnen in der goldenen Rostra. Seine Krone funkelte im hellen Sonnenlicht und wetteiferte mit dem Strahlen des glücklichen Herrschers. Angetan mit einer purpurnen Tunika wirkte er auf die Seinen einmal mehr wie ein Halbgott.

Herolde hatten es in der Stadt kundgetan: Das freudige Ereignis sei eingetreten und Thule habe einen gesunden Thronfolger erhalten. Gräfin Beatrix, die erste Hofdame war in den Taumel hineingeraten, der die Bewohner der Heiligen Stadt erfasst hatte. Sie erlebte mit, wie ausgelassen diese auf den Plätzen und Straßen der großen Stadt tanzten und feierten. Wein und Bier flossen im Überfluss. Sämtliche Königsboten ritten hinaus in die thulanischen Lande, um die große Neuigkeit kundzutun. Überall löste sie große Freude aus und bescherte den Gastwirten einen kaum zu bewältigenden Zulauf. Lange hatten die Thulaner auf die Vermählung des Herrschers gewartet und sich bang gefragt, wie es nach ihm weitergehen sollte? Doch nun waren alle Ängste zerstoben, hatten Erleichterung, Freude und Neugierde Platz gemacht.

Des Herrschers Freude über seinen Sohn wurde nun neben Amala auch all jenen zuteil, die bei der Geburt mitgewirkt hatten. Die zureichenden Mägde bekamen ein Geldgeschenk, die Hebamme noch dazu ein schönes Seidentuch. Gerlind überraschte er mit einem wunderschönen Ring. Amala beschenkte er mit herrlichem Geschmeide und feinen Seidengewändern. In einer der Minen in den „Fünf-Thälern" war ein großer, reiner Rubin gefunden worden, den der König als „Amalarubin" seiner Gemahlin in einer besonderen Fassung verehrte. Die beglückte Amala trug ihn, diesen glühenden Stein der Gattenliebe im Wochenbett und auch später bei vielen Anlässen.

Sein zweites Geschenk war das schön gelegene Gut Freienthal, das große Erträge erbrachte. Amala kannte dieses wunderschöne Anwesen im östlichen Sundbereich, von dem aus sich ein weiter Blick über die Sundebene und den Amelungensund eröffnete. Dort hatte das Königspaar genächtigt und Amala war begeistert von diesem Kleinod, das nun das ihre war. Derzeit waren dessen Erträge für Amala unwichtig, denn alles, was ihr Friedrich sein eigen nannte, sah er auch als das ihre an. Doch Amala dachte schon einen Schritt weiter. Sollte sie noch eine Tochter bekommen, dann brauchte diese doch eine gute Mitgift.

Sein besonderes und wahrlich riesiges Geschenk verschlug ihr erst einmal die Sprache. Friedrich machte sie zur Besitzerin der Insel Bergholm im Amelungensee, die nun zu „Amalaholm" wurde. Das Königspaar war dort einmal an Land gegangen, um zuletzt den Hügel im Norden zu besteigen. Die herrliche Aussicht auf die unbebaute, paradiesische Insel und auf den großen See entzückte Amala. Voller Überschwang schwärmte sie davon, wie schön hier ein kleines Palais wäre, mitten in diesem duftenden Wiesengarten mit den blühenden Blumen, Sträuchern und Bäumen. Der König ging damals einfach darüber hinweg. Dies verwunderte Amala nicht, besaßen sie doch weit mehr Güter als sie regelmäßig aufsuchen konnten. Aber Friedrich hatte ihr sehr wohl zugehört. Für viele Solidi kaufte er der Besitzerin die Insel ab, genauer gesagt löste er das Lehen ab.

Osmin von Gnadenthal, der oberste Architekt Thules hatte die Baupläne für die „Casa Königin Amala“ erstellt. Das Modell dieses Schlösschens hatte Amala ständig im Blickfeld, denn es stand im Geburtszimmer, in dem einst auch ihr Gemahl zur Welt gekommen war. Das als ein „A“ ausgestaltete Schlösschen lag auf einer Terrasse in der Mulde unterhalb des Hügels, der Wiesengrund davor sollte unberührt bleiben. Ein sich sanft schlängelnder Weg führte hinunter zum kleinen Hafen, in dem ein Modell des Königinschiffs vertäut lag. Der innere Bereich des „A“ war als windgeschützter Innenhof angelegt, ihn bereicherten zwei Brunnen. Im Steg und in den Ästen des „A“ lagen die Wohnbereiche. Sie richteten sich zwar zur Weite aus, schufen jedoch auch einen Raum der Geborgenheit, in dem man ungestört sein konnte. So hatte sie es in ihrem Rosenhaag auf der Rosenburg empfunden, und so wollte es ihr Gemahl auch in ihrem Schloss entstehen lassen.

Als die Geburt des Thronfolgers verkündet worden war, brach eine Flut von Glückwünschen, Aufmerksamkeiten und Geschenken über das Königspaar herein. Zuerst gratulierten Adelheid und Theodemir. Die beiden freuten sich so, als wären sie selbst zu Eltern geworden. Sie umarmten die Mutter und herzten sanft den kleinen Neffen, den Bruder und Vater dafür umso stürmischer. Adelheid, die noch fast außer Atem war, bemerkte zum Bruder: „Fried, wir haben unsere Pferde geschunden, um ja bald unseren neugeborenen Neffen zu sehen. Und er ist ja solch ein Prachtkerl, ein richtiger Wonnepfropf. Richtig neidisch bin ich auf Euch!“ Doch dann lachte sie fröhlich, fasste sich an den Leib und sagte: „Nun, wenn alles nach Wunsch verläuft, dann bekommt der Fedi in vier Monaten eine Cousine oder einen Cousin. Toti wollte mich schon gar nicht mehr reiten lassen, er fand eine Kutsche oder das Flussschiff wäre besser für mich. Aber meine Lieben, das hätte doch meine Geduld auf eine zu harte Probe gestellt, nicht zum Aushalten wäre das für mich gewesen. Noch reite ich gerne und meine „Mira“ ist plötzlich lammfromm geworden, so als wüsste sie um meinen Zustand.“

Theodemir hatte sich zurückgehalten, er wollte Adelheid nicht ins Wort fallen und wendete sich nun an seinen Schwager. „Fried, wie geht es Dir? Wie fühlt es sich an Vater zu sein?“ Der König lächelte und entgegnete seinem Blutsbruder: „Lieber Toti, das Miterleben der Wehen wie der Geburt und der Schmerzen, die Amala ertragen musste, war kaum auszuhalten. Nichts kannst Du tun, um ihre Schmerzen zu lindern, du stehst ohnmächtig und hilflos dabei. Amalas Tapferkeit hat eher mich gestützt, als mein Zuspruch sie." Hier protestierte Amala: „Fried hat mir sehr geholfen. Allein seine Präsenz hat es mir leichter gemacht, er hat meine Ängste verscheucht und meine Zuversicht gestärkt. Dies mit ihm zu erleben hat uns Eltern noch mehr verbunden, und ich möchte es unter keinen Umständen missen!" „Nun Toti, dann muss ich mich selbst korrigieren, wenn Amala es so sieht, war ich ihr doch von Nutzen. Mein Bruder, damit kennst Du nun Deine Aufgabe wenn Adli niederkommt!"

Der kleine Prinz war erwacht, gähnte herzhaft, blinzelte, war aber nicht hungrig. Der König beugte sich zu ihm hinunter, nahm den Sohn vorsichtig aus der Wiege und küsste ihn auf die Wange. Dem Kleinen schien es zu gefallen, er gab einen wohligen Ton von sich, womit er seinen Vater erfreute. Nachdem er ihn seiner Mutter in den Arm gelegt hatte, wendete er sich an seinen Schwager. „Toti, nun zu Deiner zweiten Frage. Vater zu sein ist untrennbar mit dem Erleben der Geburt verbunden. Was für eine Erleichterung ist deren Ende. Der erste Schrei des Kindchens gehört wesentlich dazu und auch der bangende Blick nach gesunden Gliedern. Dass es ein Knabe ist, ließ sich nicht übersehen und Amala in ihrer Gewissheit hatte mich ja längst auf unseren Fedi eingestellt. Dann die große Freude, dass Amala alles überstanden hatte, obgleich sie sehr erschöpft war. Da erst dämmerte mir, etwas war anders geworden, ich der Ehemann, bin nun auch Vater. Dieses kleine, fast unscheinbare Wesen ist mein Sohn und dieser Winzling wird zum Jungen und zum Mann werden. Einer, der zu dir gehört und Vater sagen wird. All dies geht dir zwar in diesem Augenblick durch den Kopf, aber erst wenn du dieses Würmchen in Händen hältst und an die Wange drückst dann ist es geschehen. Von nun an gehört er nicht dir, sondern du ihm, wird Teil von dir, ist unser Söhnchen und neuer Mittelpunkt. Ja Toti, ich bin glücklich, doch es ist ein anderes Glück als jenes, das aus der Liebe zu Amala erwächst. Es ist behäbiger und weniger himmelstürmend, ist anders und noch ungewohnt, jedoch erfüllend. Stolz, das darf nur Amala sein, sie hat Fedi unter Schmerzen geboren und ihn mir geschenkt. Das kann ich Dir zu meinem Vatersein sagen."

Tante Adelheid und Oheim Hildebrandt waren sofort in die Rolle der Großeltern geschlüpft. Prinz Konrad, der Senior der Staufischen Familie, hatte seine Insel verlassen, um seinen „Urenkel" zu sehen. Er salbte Fedi ohne damit der Taufe vorzugreifen. Wenige Stunden später traf der von seinem Gewaltritt abgekämpfte Großvater ein. Herzog Wittich eilte hinauf zu den Gemächern seiner Tochter, wo er auch seinen Schwiegersohn und König antraf. Zuerst hatte er nur Augen für seinen Enkel und strahlte vor Glück. Er weinte als er das kleine Bündel in den Armen hielt. Für Amala und Friedrich war es anrührend zu sehen wie er sich freute. Amala hatte ihrem Gemahl den Sohn und Erben geschenkt, aber auch ihrem Vater einen Enkelsohn. Bei ihm schloss sich damit die tiefe seelische Wunde, die ihm Manfreds Tod, des ihm zuletzt verbliebenen Sohnes geschlagen hatte. Sein Blut floss in den Adern des künftigen Königs. Er wollte bis zur Taufe im Schloss bleiben und nahm jede Gelegenheit wahr, um Amala und Enkel sehen zu können.

Beatrix und Gerlind umsorgten die Königin, sie ließen ihr aus der Küche nur das Allerbeste kredenzen. Amala trank Milch und Saft, Kaffee und Wein waren tabu, aber von den Spezereien naschte sie gerne. Immer wieder meldeten sich Gäste an, um der Königin ihre Aufwartung zu machen und den kleinen Fedi zu sehen. Einer von diesen war Markgraf Bodo von Rhenia Gerlinds Gemahl. Bald darauf traf Tante Winthala ein und legte sich sofort fest, dass ihr Großneffe ein Staufer sei. Woher sie das nahm, erschien schleierhaft, doch im Nachhinein bewertet behielt sie Recht. Die anderen Besucher alle aufzulisten wäre des Guten zu viel. Der Hochadel, oder wie Amala es sah, die „große Familie", nützte die Chance und blieb bis zur Taufe in der Heiligen Stadt.

Am letzten Tag des Wochenbetts öffnete sich die Tür und mit dem König trat überraschend ein Amala lieber Gast ein. Lediglich Friedrich wusste vom Kommen des Taufpaten Kardinal Donato, dem er vor Wochen den Geburtstermin mitgeteilt hatte. Er wollte es sich nicht nehmen lassen, bei der Taufe dabei zu sein. Dafür hatte er die lange Reise an Bord eines thulanischen Kriegsschiffs auf sich genommen. Er sei doch der Patennonno, wie er strahlend und stolz erklärte. König Friedrich fragte ihn schmunzelnd, ob ihm denn bewusst sei, dass er damit in eine Familie einbezogen würde, die einst mit dem päpstlichen Bann belegt worden sei? „Majestät, nur eine so mächtige und bedeutende Familie konnte überhaupt gebannt werden, bei anderen hätte dies ja keinen Sinn gemacht. Daher bin ich stolz darauf, dem einst edelsten Geschlecht des Abendlandes so nahe verbunden zu sein!“ Diese Aussage erfreute Friedrich, er schätzte seinen Doktorvater und einstigen Rektor der Universität Bologna sehr und nahm sich nun auch Zeit für Gespräche mit dem verehrten Kardinal, zu denen er seinen zweiten Lehrer und Leibarzt Nikolaus von Kamen einlud.

Viele Besucher waren erstaunt zu hören, dass der König die Geburt miterlebt hatte und so in die Domäne der Frauen eindrang. Die Zustimmung überwog die kritischen Stimmen, die Gerlind vor der Geburt erwartet hatte. Amala erinnerte sich noch gut an ihre besorgten Worte: „Nie in der langen Geschichte Thules hat ein König die Geburt seines Kindes miterlebt. Dein Gemahl wagt etwas Ungewöhnliches, es wird ein Aufschrei durch Thule gehen. Dafür wird unsere Majestät von vielen Seiten her angegriffen werden!“ „Liebe Gerlind, Du kennst ihn doch. Ich habe ihn gefragt, ob er sich der Tragweite seines Entschlusses draußen vor den Mauern des Schlosses bewusst sei? Statt einer direkten Antwort gab er mir einen Kuss: „Cara, ich lasse Dich in diesen Stunden nicht im Stich. Meine Thulaner werden mich verstehen und staunen, mehr bestimmt nicht.“ „Aber die Kirche, was wird die dazu sagen?“ „Reineweg gar nichts, so habe ich es mit Erzbischof Oheim Konrad vereinbart und er wird dafür sorgen.“

Friedrich kannte seine Thulaner, sie staunten zwar, fanden es aber fürsorglich. Theodericias Patrizius Gebhardus sagte zu seinen Räten: „Liebe Kollegen, welch ein Beweis der Liebe. Und ein Segen für uns und Thule solch einen König zu haben. Ein Hoch auf unser Königspaar und unseren Prinzen Friedrich, den Dritten.“ Die Zustimmung zu diesen Worten entlud sich in einem donnernden Hoch des Rats seiner getreuen Geburtsstadt, was dem Königspaar sogleich offiziell ausgebracht wurde. Gerlind hatte es mitbekommen und war sprachlos, danach sagte sie: „Sollte ich noch einmal ein Kind bekommen, dann darf Bodo bei der Geburt dabei sein. Ob er jedoch so standfest ist wie unser König, muss sich dann allerdings erst erweisen.“

Noch einmal zu den vielen Geschenken, die anlässlich der Geburt im Schloss eingingen, primär gedacht für die junge Mutter und Prinz Friedrich. Sollten all die guten Wünsche in Erfüllung gehen, dann bräuchte den Dreien vor der Zukunft nicht bang zu sein, sie brächten Segen in Hülle und Fülle. Der kleine Prinz bekam viele Spielsachen und

Kleidung. Zahlreiche Kreuze, Kleinodien und Schwerter gesellten sich dazu. Seit seiner Geburt war er der designierte Träger vieler Titel, allen voran jener des Herzogs von Rhenia, den er mit seiner Mündigkeit von seinem Vater übernehmen würde. Er würde nun von allen als Königliche Hoheit angesprochen werden. Der Thronfolger trug den nach seinem Vater höchsten Rang.

Trotz des erholsamen Schlafes und der dosierten Besuche fand die junge Königin Zeit zum Nachdenken. Dabei drehte sich zwar viel um die Zukunft ihres kleinen Sohnes, aber auch um die Zeit vor seiner Geburt. Vieles war über Amala „hereingebrochen", fast alles war schön und interessant gewesen, gelangweilt hatte sie sich nie. Das lag an ihrer neuen Rolle als Königin und Gemahlin des Herrschers wie am lebhaften Geschehen am Königshof. Selten sahen die Menschen ihren Herrscher alleine, zumeist war seine Gemahlin an seiner Seite. Friedrich wollte sie in seiner Nähe haben, er ging davon aus, seinen Thulanern würde dies gefallen. Amala machte sich mit der näheren Umgebung vertraut, mit der Kutsche oder im Sattel ihrer „Norma". Dabei wurde sie von ihrer Schwägerin Adelheid oder Gräfin Beatrix begleitet. Anfangs störte sie sich an ihrer Leibwache, doch schon bald gehörte diese dazu, zumal sie ihr mit großer Hochachtung begegnete. Nur wenn sie mit ihrem Mann hinauf zur Friedrichsruhe ritt, verzichtete er auf seine Wachen und ließ diese im Meierhof zurück. Auch in den „Fünf-Thälern", in die niemand ungesehen eindringen konnte, hätte es keiner Garde bedurft. Inzwischen hatte sich Amala daran gewöhnt als Königliche Hoheit angesprochen zu werden, und an die damit verbundenen Ehrenbezeugungen.

Bisher lag mit Friedrich nur der erste Name des Prinzen fest. Ihn hatte seine Mutter am Tag der Vermählung „festgelegt", als sie der Ansicht war, soeben einen Sohn empfangen zu haben. Ihr Gemahl hatte es als Fantasie abgetan, seiner Gemahlin aber nicht gewehrt. Wie würden nun seine weiteren Namen lauten? Als der König Michael vorschlug, strahlte Amala, unter diesem Pseudonym hatte sie ihn kennen gelernt. Als nächster Name müsste nun Donato stehen, der Name des Kardinals und Hauptpaten. Aber ein solcher Name für einen Staufer? Im Geschlecht der „Friedriche" waren nur noch Heinrich, Manfred und Konrad üblich. Selbst Philipp, Enzio, vielleicht noch Roger, wie Kaiserin Konstanze ihren Sohn, den nachmaligen Kaiser Friedrich II. ursprünglich genannt hatte, waren noch vorstellbar. Aber Donato, so schön dies auch klang, und ein riesiges

Geschenk war ihr Söhnchen ja auch, das ging wohl nicht an? Doch was war bei Fried denn nicht vorstellbar, für ihn musste dieser Name zwangsläufig folgen, damit lagen drei, der „vorgeschriebenen“ vier Namen fest. So hieß er nun Prinz Friedrich, Donato, Michael, Theodemir von Hohenstaufen. Der letzte Vorname bezog sich auf seinen Oheim Prinz Theodemir, dem zweiten Paten. Von einem fünften Vornamen wollten sie Abstand nehmen. Für die gewünschten weiteren Kinder „mussten“ noch wohlklingende Namen „reserviert“ sein. Diesen Wunsch erfüllte Friedrich ihr gerne. Gerlind hatte Amala darin bestärkt unbedingt weitere Kinder zu bekommen: Mit jedem weiteren Kind sei die Geburt leichter. Und träumte Amala denn nicht davon, damals an jenem schönen Tag auf Burg Vogelstein in den „Fünf-Thälern“, von dem geliebten Michael und Grafen dieses Ländchens mindestens fünf Kinder zu empfangen?

## Die Taufe

Eines der größten Ereignisse der jüngeren Geschichte Thules stand bevor. Die Taufe des Prinzen Friedrich versetzte seine Heimatstadt in eine fiebrige Erwartung, denn nur noch wenige erinnerten sich an die letzte Prinzentaufe vor fast dreißig Jahren. Damals wurde der spätere große König getauft, der Vater des kleinen Prinzen und ihr heutiger mächtiger Herrscher. Dessen Geburt wurde damals von derart besonderen Ereignissen begleitet, die nur eine Deutung zuließen: Der ihnen seit Hunderten von Jahren versprochene große König hatte endlich das Licht der Welt erblickt. Und diese Zeichen hatten nicht getrogen, aus dem Neugeborenen wurde tatsächlich der große Magier, der Wandler Thules und ihr Friedenskönig. Die Geburt seines Erstgeborenen war hingegen frei von „Wundern", aber sie hatte die Thulaner von der bangen Sorge um die Kontinuität im Königshaus befreit. Und dies musste doch gefeiert werden; und Feiern war ja der Theodericianer größte Freude.

Der erste Akt des Tauffestes fand traditionell in der Kronburg statt. Diese war übersät von Fahnen und Standarten, zusammen mit den Girlanden und Blumengestecken umgaben sie die ehrwürdige Burg mit festlichen Glanz. Diese Zeichen der Freude konnten auch die Bewohner des nahen Kronstadt wahrnehmen, desgleichen die Menschen auf den vielen Booten im Amelungensee. Der Hochadel Thules mit seinen Nachkommen war anwesend, festlich gekleidet und freudig gestimmt. Einige von ihnen hatten schon König Friedrichs Taufe gefeiert. Wie damals taufte Prinz Konrad, der Erzbischof von Thule den Prinzen im Christusbrunnen vor der Kirche St. Michael. Er goss das kalte Wasser aus der Neria über den Kopf des Täuflings, der sich lauthals und mit erstaunlich kräftiger Stimme dagegen verwahrte. Danach war er friedlich wie zuvor und ließ das weitere so gleichmütig über sich ergehen, als ob ihn das alles nichts anginge. Sein Pate Kardinal Donato salbte ihn und ernannte den Kleinen zum Conte von Comacina. Von seinem zweiten Paten übernahm er den Titel des Kronprinzen und bekam eine Uhr als Geschenk mit den Worten: „Begleite meinen Patensohn ein langes erfülltes Leben lang und schlage ihm nur gute Stunden". Die anschließenden Glück- und Segenswünsche für den Täufling türmten sich zu einem Berg auf, genug für mehrere Leben und ein Dasein in Gnade und Licht.

Anschließend begab sich die Taufgesellschaft in den ehrwürdigen Dom St. Michael, denn dort würde in einer halben Stunde eine besondere Zeremonie stattfinden, die des Täuflings Vater vornahm. Das Königspaar mit dem Täufling hatte sich in den Pallas zurückgezogen, um sich dort in je einem anderen Raum umkleiden zu lassen. Der Herrscher legte aus Anlass dieses Tages das bedeutendste Staatsgewand an, den blaugoldenen Sternenmantel, den auch alle seine Vorgänger höchst selten trugen. Komplettiert wurde es durch die von Mythen umwobene Reichskrone und das Zeremonienschwert König Theoderichs. Nebenan wurde der kleine Prinz von seiner Tante Adelheid in eine winzige purpurne Dalmatica gewandet. Seine Gemahlin hatte der König mit einem kostbaren Gewand überrascht, dessen dunkelgrüner Seidenumhang mit Goldapplikationen und Medaillons antiker Herrscherinnen verziert war. Dazu trug sie eine herrliche breite Goldkette, die mit edlen Steinen besetzt war und erstmals die Krone, die einst für Königin Rechis angefertigt wurde, der ersten Königin von Thule.

Selten umgab sich König Friedrich mit Pomp, doch an diesem Tag sollten ihm sogar die ideell kostbarsten Insignien Thules dienen. Pünktlich zogen sie, und mit ihnen die Königliche Familie in den Dom ein. Das Staunen der Taufgesellschaft äußerte sich trotz des würdigen Raums in einem nicht zu unterdrückendem Flüstern. Ihr König wirkte auf seinen Adel in diesem Augenblick wie in den Himmel gerückt. Selbst seine Gemahlin Amala hatte ihn in dieser Pracht erst einmal erlebt und war daher so beeindruckt wie alle anderen. In seinen Armen hielt er seinen Sohn, zu dessen Ehren er diesen Auftritt zelebrierte. Daraus schloss der Hochadel welche Bedeutung der Taufe des kleinen Kronprinzen zukam. Für König Friedrich bedeutete sie die Sicherung der Erbfolge und die von allen Thulanern so erhoffte Kontinuität im Staufischen Herrscherhaus. Aber es war auch der Stolz des jungen Vaters auf sein wohlgeratenes Söhnchen. Was würde der Herrscher nun tun?

Er übergab seinen Sohn kurz an Königin Amala, nahm vom Altar ein dickes schmales Stoffbündel, das von Thules Primas gesegnet wurde. Er bat die Taufpaten an die Seite der Königsfamilie und dazu die Herzöge und Regenten. Sie folgten seiner Bitte, um die kleine Gruppe herum einen Kreis zu bilden. Prinz Konrad und seine Nichte Prinzessin Adelheid übernahmen vom Herrscher das Stoffbündel, sie entrollten es, und umschlossen mit diesem langen blauen Band die elf Personen. Das Band war fortlaufend bestickt mit den Wappen Thules, dem der Indulfinger und jenem der Hohenstaufen. „Mein kleiner Sohn, wir alle stehen künftig zu Dir und werden Dich mit Gottes Hilfe vor drohenden Gefahren schützen. Wir bitten den allmächtigen himmlischen Vater uns dabei beizustehen und über Dich und alle, die zu Dir stehen, seine schützende Hand zu halten. Unser aller Herr schenke ihm, uns allen in diesem Raum und allen Thulanern ein Leben in Frieden und Glück." Prinz Konrad stimmte das Vaterunser in der Fassung des Ulfilas an, in das alle Anwesenden einstimmten. Der König bat nun jeden, der in diesem Kreis stand sich einen Teil des geweihten Bandes abzuschneiden und es als bleibende Erinnerung an dieses Ereignis mitzunehmen.

Zum ersten Mal in der neueren Geschichte Thules fand das anschließende Fest der Taufe im inneren Burgbereich statt. Der Königshof, den viele der Anwesenden zuvor noch nie betreten hatten, war ringsum mit Blumengebinden, Girlanden und Fahnen geschmückt. Was für ein unglaublich beeindruckendes Ambiente. Es beflügelte die freudige Stimmung, die alle erfasst hatte. Am Strahlen und der herzlichen Freude des „Patennonno", ergötzten sich alle. Es sah ja fast so aus, als ob Kardinal Donato selbst einen Enkel bekommen hätte, dem dies ja von seiner Berufung her verwehrt geblieben war. Der König hatte sich für ihn eine ganz besondere Ehre ausgedacht, die er in seine anschließende Rede eingeflochten hatte.

„Meine lieben Getreuen und Freunde, meine geliebte Familie, an diesem besonderen Tag möchte ich das Formelle zurückschrauben und einfach nur Mensch sein. Dass ich meine Freude über meinen Sohn weder verbergen will noch kann, stößt auf viel Verständnis und Zustimmung. Hier liege ich allerdings im Wettstreit mit seinem Großvater Wittich und..." er unterbrach sich nun selbst, und lachte ..."seinem Patennonno Donato. Nicht nur die Staufische Familie war lange unglücklich darüber, dass ich dem weiblichen Geschlecht zwar nicht abhold, aber auch nicht aktiv zugetan war. Dies hat sich ja nun zu Eurem und vor allem meinem Glück grundlegend geändert. Unser gütiger Gott hatte mir meine Amala zugedacht, das Glück meines Lebens. Ihre Liebe durchbrach die dunkle Brünne, in die mich Hass und Rachsucht gehüllt hatten. Sie entfachte in mir die Liebe zu ihr und zum Leben. Und nun hat mir meine Gemahlin einen Sohn und Erben geschenkt und unsere Liebe gekrönt. Lasst uns alle auf die Königin anstoßen, ihr danken und als Mutter beglückwünschen."

König Friedrich hob seinen goldenen Becher und trank Amala zu. Jubel erhob sich und ein Hoch auf die Königin wurde angestimmt, was Amala freudig entgegennahm. Als dann noch Herzog Beowulf einen Trinkspruch ausbrachte, war sie der Rührung nahe: „Auf den Engel von Thule, unserer vom Himmel gesandten wunderschönen Königin!“ Daraufhin nahm Königin Amala ihren Becher und dankte den Anwesenden indem sie das mit Wasser gefüllte Gefäß erhob und allen zutrank. Nikolaus der Leibarzt hatte ihr, der stillenden Mutter geraten, vorläufig auf Wein und andere berauschende Getränke zu verzichten.

König Friedrich ergriff wieder das Wort: „Meine Lieben, dass ich heute hier vor Euch stehen und dieses wunderbare Leben führen darf, verdanke ich einigen, die nun mit uns feiern. In aller erster Linie und zum wiederholten Male Dir, meine Amala. Als Du Dich am Tag nach meiner Abschiedsrede von mir verabschiedet hast, war das genau der Moment zu dem ich dem Sog des Todes nachgeben wollte. Dein so liebevoller wie weher Kuss erreichte mich auf dem Sterbelager, Deine auf mein Gesicht tropfenden Tränen wehrten dem Tod. Von da an habe ich wieder gekämpft, wollte wieder leben, um Dich meine Geliebte nicht zu verlieren. Diese Liebe wollte ich leben, dieses Glück wollte ich erleben. Woher auch immer mein Körper diese letzten Kräfte nahm, es brachte den Durchbruch. Alles hatte ich damals mitbekommen, Eure Ängste, Liebe und Verzweiflung, aber auch Eure Hoffnung, die ihr fassungslos an meinem Lager standet und den Allmächtigen anflehten, mich doch bei Euch zu lassen. Geliebte Schwester und lieber Blutsbruder, liebe Tante Adelheid und liebe Oheime Hildebrandt und Konrad, nichts ist mir damals entgangen, doch vermochte ich weder zu antworten noch die Augen zu öffnen.“

Der König hielt inne, war ernst geworden, richtete seinen Blick in weite Fernen, so als wollte er dem Erlebten noch einmal nachspüren. Selbst seiner Amala hatte er es noch nicht erzählt. Er lag also damals, so wie schon zuvor auf der Rosenburg, nicht in völligem Koma danieder. Es war also doch so wie Amala gehofft hatte, es dann aber als Wunschvorstellung ansehen musste. Er hatte ihren Abschiedskuss erwidert, den sie ihm gegen alle Sitte gegeben hatte. Wie gut, dass sie ihrem Verlangen nachgegeben hatte. Der König, Thules Mittelpunkt und Amalas geliebter Gemahl kam wieder zurück aus den fernen Gefilden, die ihm beinahe zur ewigen Heimat geworden waren. Wieder nahm Friedrich den verlassenen Faden auf und durchbrach die Stille.

„Doch ganz alleine wäre es auch der Macht Eurer Liebe und all den innigen Gebeten nicht möglich gewesen, mich auf Erden zu belassen, es bedurfte auch der Kunst der Medizin. Bei Dir lieber Oheim Konrad war beides vereint, die Liebe zu mir, Deinem Neffen und das Bemühen des Heilkundigen. Auch Ihr, mein lieber Leibarzt Nikolaus, ward nicht nur der Medicus. Als es den Anschein hatte Eurem Wirken bliebe der Erfolg versagt, war Eure Verzweiflung auch gespeist von Zuneigung und Verehrung, was mir nicht verborgen blieb. Letzteres durfte ich bei Euch, verehrter Kardinal Donato nicht voraussetzen, doch setzte ich auf Eure gerühmte Heilkunst. Überrascht und erfreut verspürte ich ein Maß an Sorge und Mitgefühl, das mit zum Erfolg geführt hat. Ich habe es sehr wohl registriert, wie Ihr bis tief in die Nacht über dem mysteriösen Zettel gebrütet habt. Eure Freude und Zuversicht als Ihr das Rätsel gelöst hattet, ergriff auch mich, den so hilflos in seiner Ohnmacht Niedergestreckten. Ich darf nun Euch liebe Eminenz, und auch Dir lieber Oheim wie Euch lieber Nikolaus, meinen tiefempfundenen Dank aussprechen. Bitte hebt mit mir die Becher und bringt ein Hoch aus auf unsere hochverehrten Heilkundigen und meine Lebensretter!"

Die so Geehrten erhoben sich, tranken zuerst dem König zu und dann allen anderen. Ob der großen Ehre, die ihnen hier zu Teil wurde verneigten sie sich voller Freude. Friedrich Teja, der Herrscher, ließ sich von Kanzler Markgraf Rainald eine Urkunde reichen und von Prinz Theodemir das königliche Zeremonienschwert. Währenddessen legte sein einstiger Knappe und jetziger Schatten Ibrahim ein prunkvolles Kissen zu Füßen seines Herrn nieder. Der Herrscher bat Kardinal Donato vor ihn zu treten und auf dieses zu knien. Des Königs Schwester Adelheid, die zuvor schon dem Kardinal die Rede ihres Bruders übersetzt hatte, übertrug nun Friedrichs italienisch gesprochene Sätze für alle ins Thulanische.

„Eminenz, hochverehrter Kardinal Donato, Graf Segni, Pate des Prinzen Friedrich, Donato, Michael, Theodemir von Hohenstaufen und Thule, hiermit ernenne ich Euch zum Grafen von Hochengelberg. Damit seid Ihr nun ein Thulaner und findet Eure zweite Heimat auf diesen Inseln draußen im weiten Ozean!" Er berührte den überraschten Kardinal mit dem blanken Schwert auf beiden Schultern. Danach setzte er ihm die von

Theodemir gereichte Grafenkrone auf das Haupt. Er bat den neuernannten thulanischen Grafen sich zu erheben und umarmte ihn herzlich. Kardinal Graf Donato war überwältigt, diese große Ehrung hätte er niemals erwartet. Auch den König hatte es nicht kalt gelassen, wie ergriffen sein neuer „Untertan“ war. Launig überspielte er es: „Lieber Donato, verehrter Kardinal und väterlicher Freund, wenn sie Euch das Leben in Avignon und Rom verleiden, und Ihr Euch nach Geborgenheit sehnt, dann flüchtet zu uns. Wir freuen uns auf und über Euch.“ Fröhliche Zustimmung der Seinen bestätigten Friedrichs Worte. Der Kardinal dankte dem verehrten Herrscher und einstigen Schüler von Herzen. Kardinal Donato zählte nun zur großen Familie und war nicht mehr wegzudenken. Später zog es ihn immer öfter und länger in seine zweite Heimat, der neue Papst verleidete ihm das Dasein. Der redliche Donato kam mit der Prunksucht und dem Nepotismus des Hofes in Avignon nicht zu Recht.

Doch wieder zurück zu des Königs langer und gerne angehörter Rede. „Ich bitte Euch noch einmal die Becher zu erheben. Dieses Mal gilt es nun meinem Sohn, dem Täufling und Gottesgeschenk Friedrich, dem Anlass dieses Festes. Pünktlich hat er sich eingestellt, meine Gemahlin Amala und mich zu glücklichen und dankbaren Eltern gemacht. Möge er wachsen und gedeihen, uns und allen Freude bereiten, sowie ein wohlgeratener und zufriedener Prinz werden.“ In diesem Augenblick kreisten die Gedanken mancher Anwesenden, ob dank der guten Wünsche sein Lebensweg wirklich so verlaufen würde, wie allseits erhofft. Es ist gut, dass uns Sterblichen die Sicht in die Zukunft verschlossen bleibt. Wir müssen diese Erdenzeit so nehmen, wie sie der Allmächtige uns zugedacht hat. Solche Gedanken bewegten auch die junge Mutter und Königin. Ihr Gemahl, so wie sie ihn nun kannte, würde es vermutlich nicht voll teilen. Der König vertrat die Ansicht, die zu seiner Zeit nur wenige Gelehrte teilten: Der aktive Mensch habe sehr wohl einen Einfluss auf sein Geschick. Er könne mäßig leben, sich bewegen und damit viel für seine Gesundheit tun; mit festem Willen und Fleiß, mit Tatkraft und guten Ideen vermöge er sein Leben in der Regel in eine von ihm bestimmte Richtung zu lenken. Er müsse also nicht passiv hinnehmen was ihm auferlegt werde, von wem auch immer. Damit stand er auch in Thule im Widerspruch zu dem von der Kirche geprägten Denken.

Weiter kam Amala nicht mit ihrem Grübeln, denn ihr Söhnchen forderte nun sein Recht. Er hatte sich bisher mustergültig verhalten, aber nun plagten ihn Hunger und Durst. Da sie, Amala, die junge Mutter dessen „Quelle“ war, empfahl sie sich. Adelheid trug ihren Neffen in den Palast, und Gerlind, die Freundin geleitete sie. Die kleine Agnes durfte mit ihnen gehen. Andächtig schaute sie zu wie die Königin den Prinzen an die Brust legte und der nicht gerade sanft daran saugte. „Tante Amala, der hat aber einen großen Hunger. Mein kleiner Bruder war nicht so hungrig, gell Mama.“ „Doch mein Schatz, auch Du und Deine Geschwister, Ihr hattet alle einen guten Appetit, auch wenn Du dabei oft eingeschlafen bist, weil es Dich so angestrengt hatte.“ So als wenn er dies beherzigen wollte, schlief nun auch Amalas Spross wohlig ein. Er hatte viel getrunken, was Amala gut tat, denn sie produzierte viel Milch. Gerlind empfahl ihrer Freundin sich jetzt ein wenig auszuruhen, sie wisse sehr wohl, wie schwach eine junge Mutter noch einige Zeit nach der Geburt sei. Amala sah es ein, obwohl sie gerne die draußen herrschende Freude, Fröhlichkeit und Vertrautheit miterlebt hätte.

Die Sitzordnung hatten Amala, Adelheid und Beatrix ausgeheckt, um so die ledigen Heranwachsenden zusammen zu bringen. So konnte die Königin ihre Cousine Amala und Graf Markus einander zugesellen. Doch die erste „Auswirkung“ ergab sich nicht dort, sondern in einer anderen Ecke am Kindertisch. Agnes, des Königs Patenkind kam etwas verschämt zu Amala, druckste herum, bevor sie sich dann zu einer Frage aufraffte: „Tante Amala, kann man auch zwei Männer heiraten?“ „Wie kommst Du denn darauf, mein kleiner Schatz? Das ist ja eine schwierige Frage, die Du mir da stellst.“ „Ich habe doch schon dem Oheim König gesagt, dass ich ihn heiraten werde wenn ich groß bin, aber nun will ich auch noch den Theo heiraten.“ „Agnesschatz, warum denn jetzt auch noch den Theodemir?“ „Weil der so lustig ist, immer Quatsch macht, und schön ist der auch!“ Mühsam verkniff sich Amala das Lachen und sagte zu der Kleinen: „Bei einem solch schwierigen Sachverhalt, da müssen wir zu einem ganz Gescheiten gehen. Sollen wir den Kanzler Rainald fragen?“ Agnes schüttelte den Kopf und entgegnete der Nenntante: „Tante Amala, mein Papa sagt, unser König ist der klügste Mensch auf der Welt, den müssen wir fragen.“ Ganz ernsthaft war sie dabei, legte ihre Stirn in Falten so angestrengt dachte sie nach. „Aber wenn der Oheim König nun böse wird, weil ich ihm doch versprochen habe, dass ich ihn heiraten will!“ „Ja, willst Du denn das immer noch? Wenn Du mal groß bist, dann ist unser König ja schon alt und der Theo ist dann so jung und schön wie Rekkared, der gerade mit Deinem Papa redet.“ „Aber Tante, dann trägt er immer noch die goldene Krone und hat so schöne Gewänder an, stimmts?“ „Ja sicher, der Oheim ist dann noch immer der König.“ „Und Du bist dann immer noch die Königin, Tante Amala?“

Unbemerkt war der König zu den beiden getreten und hatte den letzten Teil des Dialogs mitbekommen. Er gab ihr dann die Antwort, nicht ohne sie zuvor hochgehoben und den obligatorischen Kuss „ergattert“ zu haben. „Mein Engelchen, solange ich lebe und König bin, wird auch Tante Amala die Königin sein.“ „Und ich?“ „Du wirst immer meine kleine Freundin sein.“ Damit begnügte sich die sinnierende Kleine noch nicht: „Ja aber dann kann ich doch keine kleine Freundin sein, denn dann bin ich doch groß.“ Ganz ernsthaft legte es sie ihrem Paten dar. „Schätzchen, da hast Du ganz recht, dann bist und bleibst Du meine Patentochter und meine große Freundin.“ „Und wenn ich Dich heirate, was bin ich dann?“ Jetzt konnte Friedrich das Lachen nicht mehr zurückhalten und lockte damit seine Schwester und Tante Adelheid herbei, die gespannt waren wie es weiterging. „Du bist ein wenig auch mein Kind und Kinder heiraten doch nicht ihre Eltern. Oder kannst Du Deinen Papa heiraten, Agnesschatz?“ „Nein, der Papa gehört der Mama und beide gehören mir. Du hast recht Oheim König, wenn ich den Papa nicht heiraten kann, dann kann ich Dich ja auch nicht heiraten.“ Bei diesem Eingeständnis wirkte sie fast ein wenig unglücklich. Doch als sie nun von ihrem Paten getröstet wurde mit „Du darfst auch immer zu uns kommen, das verspreche ich Dir“, da strahlte sie wieder. Schnurstracks ging sie zu Alarichs Sohn Theodemir und bedeutete ihm, sie könne ihn ja doch heiraten. Der Blondschopf quittierte es mit: „Agnes, dann musst Du auch bei uns wohnen und tun was mein Papa sagt, der ist nämlich ein Herzog!“

Alarich, ohnehin stets zu Fröhlichkeit und Scherzen geneigt, nahm Gerlind in die Arme und nannte sie Gegenschwiegermutter und seinen Freund Bodo Gegenschwiegervater. Das animierte die beiden gutgelaunten Haudegen insgeheim zu einer Absprache. An jenem Tag wurden die beiden Kinder zusammengegeben und aus dieser Kinderfreundschaft wurde später eine große Liebe. Sie fühlten sich seit diesem Tag verlobt und ließen, wundersam genug, nicht mehr voneinander ab. Dies als ein Beispiel für die Stimmung im Königshof der Kronburg. Die Thulaner, ein fröhliches Volk und keinem Fest abgeneigt, genossen den schönen Tag und vor allem die gelöste Art ihres Herrschers. Lange wurde das Fest und kurz der Schlaf, denn der zweite Tag des

Tauffestes stand an. Nie zuvor hatten die Kinder und Enkel der großen Familie diesen Heiligen Ort gesehen und nun durften sie sogar die Nacht hier verbringen. Friedrich pflegte zwar die Tradition, aber sie musste für ihn sinnvoll und nachvollziehbar sein, ansonsten stellte er sie zur Disposition. Nicht umsonst war einer seiner Beinamen „der Wandler Thules".

So hatte der König eine ansonsten übliche Zeremonie gestrichen, die Vorstellung des künftigen Herrn der Arianischen Kirche im nahen Kronkloster. Die Arianische Kirche war in der Katholischen Kirche aufgegangen und der König war damit nur noch der weltliche Schutzherr der Religion, aber nicht mehr der Priesterkönig der Arianer. Selbst ein Höflichkeitsbesuch im Kronkloster machte keinen Sinn mehr, zumal Frauen und Kinder dort keinen Zutritt hatten, davon ausgenommen war nur die Königliche Familie. Friedrich und sein Oheim Konrad, der Erzbischof von Thule und Erzabt des Kronklosters hatten es so vereinbart, um den Mönchen ihre Stille zu bewahren. In einigen Wochen würde die Königliche Familie dem Kronkloster einen offiziellen Besuch abstatten, und den Mönchen den Thronfolger vorstellen.

## Die Heilige Stadt feiert den Kronprinzen

Groß war die Begeisterung der Menschen als das Königspaar mit dem Täufling und seinen edlen Gästen vom Schloss zum Dom zog. Die Theodericianer stets erpicht auf besondere Ereignisse säumten die Straßen, ließen ihre Arbeit ruhen, um sich nichts entgehen zu lassen. Sie wollten ihren kleinen Prinzen sehen, der wie sein Vater in der Heiligen Stadt geboren war. Es hatte sich herumgesprochen, dass der Herrscher bei der Geburt dabei gewesen war und seiner Gemahlin beistand, was alle beeindruckt hatte. Die Menschen säumten dichtgedrängt den Weg, hingen aus den mit Girlanden umkränzten Fenstern, allerorts flatterten bunte Fahnen und Bänder. Theodericia hatte sich herausgeputzt, um das so lange erwartete Ereignis festlich zu umrahmen.

Bewusst hatte der König eine offene Kutsche gewählt, damit alle den Prinzen sehen konnten, den sein stolzer Vater immer wieder nach allen Seiten zeigte. Den Kleinen störte dies nicht, er gähnte ab und an, ihn schien der Jubel nicht zu erreichen. Seine Mutter Amala saß zum zweiten Mal in dieser Kutsche, aber nicht an der Seite von Adelheid, sondern neben ihrem Gemahl. Damals hätte sie sich dies nicht vorstellen können, sie, die nun Mutter und Königin geworden war. Sie hoffte damals doch nur darauf ihren geliebten Michael zu finden, weiteres hatte sie nicht bedacht. Sie hatte ihn dann ja auch gefunden, der kein anderer war als der mächtige König selbst. Sie hatte das Glück der Liebe gesucht und es auf Umwegen gefunden, anders als erwartet, aber so unvorstellbar schön.

Vor ihnen ritten die „Löwen“, des Königs Leibgarde. Zur Feier des Tages trugen sie über der Festgewandung ihre Löwenfelle. Ihre gelösten Mienen unterstrichen die Bedeutung dieses Tages. In der königlichen Kutsche saßen neben dem Königspaar der glückliche Großvater Herzog Wittich und die Taufpaten Kardinal Donato und Prinz Theodemir. Ihnen folgten in weiteren Kutschen die Verwandten und Taufgäste. Die Paladine in ihrer blaugoldenen Festtunika geleiteten den Zug. Ihr Anführer Irnfried saß jedoch nicht wie sonst auf einem Pferd, sondern in einer der Kutschen. Herzogin Griseldis und ihre Tochter Theodelinde hatten ihn in ihre Mitte genommen. Auf der anderen Seite rahmten der Königin Cousinen Amala und Agnes Graf Markulf den künftigen Herzog ein. Da die junge Amala näher bei ihm saß, musste niemand raten, welche der jungen Damen es ihm angetan hatte. Dem König war dies nicht entgangen, er zog einen Denar aus dem Gewand, drückte ihn seiner verdutzten Frau in die Hand.

Als sie ihn fragend anblickte, feixte er wie ein Schelm, der bei ihm immer wieder durchkam, und sagte: „Angelina, das ist der Kupplerinnenlohn." Sie blieb ihm nichts schuldig, knuffte ihn in die Seite und entgegnete: „Du frecher Kerl, Du!" Ihr Vater brach in ein fröhliches Lachen aus, das auch den Nuntius und Theodemir erfasste. Sie amüsierten sich köstlich über den manchmal so gar nicht königlichen Umgang der beiden Eheleute. Was sich die Zuschauer dabei wohl gedacht hatten?

Dies erfuhr die Königin am Tag darauf von Gräfin Beatrix, ihrer Vertrauten. Sie hatte in der Stadt aufgeschnappt, der verehrte König würde wieder Schabernack treiben, wie einst als Prinz Sonnenschein. Die Thulaner wussten ja welch große Liebe ihr Königspaar verband und freuten sich daran. „Mit unserem Engel Königin Amala hat die Fröhlichkeit wieder auf das hohe Schloss zurückgefunden", so der Gewährsmann der Gräfin. Wieder einmal zeigte sich welch großen Anteil die Thulaner am Leben und Glück ihres Königspaares nahm. Von der Geschwätzigkeit der Stadt machte der Schlossbereich keine Ausnahme. Friedrich und Amala hatten zudem nichts zu verbergen. Der König kommentierte es so: „Cara, wenn wir damit Maßstäbe setzen und diese den Thulanern gefallen, dann ist dies etwas Gutes."

Nach diesem kleinen Intermezzo wurde es wieder ernsthafter, obwohl Amala stets auf eine liebevolle Neckerei gefasst sein musste. Einmal mehr wurde ihr deutlich, welche Gegensätze ihr Gemahl ausbalancierte. Einerseits der den Thulaner so lange verheißene große König, die entrückte Majestät und Inkarnation von Thule. Aber andererseits kam auch immer mehr der fröhliche, zugewendete Mensch, liebevolle Ehemann und fürsorgliche Wohltäter zum Vorschein. Die eine Seite hatte er, der seit seiner Geburt zum künftigen Herrscher bestimmt war, von Kind an verinnerlicht. Die andere Seite war sein Wesenskern, den ein ungnädiges Schicksal vereisen ließ. Nun da diese kalte Schale zerborsten war, konnte das Liebenswürdige wieder die Oberhand gewinnen. Amalas fröhliches und herzliches Naturell war hingegen nur einem kurzen Frost ausgesetzt gewesen und hatte sich längst wieder eingestellt. Mit ihrer Rolle als Königin vertrug sich dies durchaus, zwang sie nie in die Brünne der Würde und Hoheit. So wie sie sich gab, so entsprach es ihrer Natur, so wollten sie die Thulaner sehen, und ihr weit wichtiger, ihr Gemahl und König. Zu weiterem Sinnieren fand sie keine Zeit mehr, denn nun stand der letzte Teil des Taufakts an.

Ihre Kutsche fuhr den Weg zum Dombezirk hoch und hielt vor dem Dom an. Die anderen Kutschen wurden andernorts abgestellt. Der Dom war zum Bersten gefüllt, die Menschen erhoben sich beim Eintritt des Königspaares und verneigten sich vor ihm. Nach ihnen folgten die beiden Taufpaten, die jetzt den Prinzen übernahmen und mit ihm vor den Altar traten. Laut sprachen sie ihre Segenswünsche, diejenigen des Kardinals übertrug Prinz Konrad ins Thulanische. Er, der Primas von Thule, salbte anschließend den Täufling und nahm ihn damit in Anwesenheit der vielen Zeugen in die Kirche auf. Danach trat der Vater des Täuflings zu ihnen und vollzog eine bedeutende Handlung. Der König hielt die goldene Prinzenkrone über das kleine Köpfchen. Es war jene, die nur dem Erstgeborenen und Thronfolger zustand, womit er ihn zu seinem Nachfolger designierte. Seine Worte waren noch im letzten Winkel des großen Doms vernehmbar. „Friedrich, Donato, Michael, Theodemir von Hohenstaufen, Sohn des Königs Friedrich Teja und der Königin Amala von Hohenstaufen, Du bist ab jetzt der Kronprinz von Thule. Damit bist Du derjenige, der mir dereinst mit Gottes Gunst im Amt des Königs nachfolgen wird." Dann legte er seinem kleinen Sohn sanft die rechte Hand auf das Köpfchen und segnete ihn. „Ich, Dein König und Vater, erbitte mir für Dich von unserem himmlischen Vater drei Eigenschaften, damit Du dieses schwere Amt würdig ausfüllen vermagst: Einen wachen Geist, unermüdlichen Fleiß und Achtung vor Gott und den Menschen."

Er hielt kurz inne, um dem Auditorium eine wichtige Aussage nahe zu bringen. „Sollte es mir nicht vergönnt sein, Deinen Lebensweg lange zu erleben und zu unterstützen, wird bis zu Deiner Volljährigkeit an meiner statt Dein Oheim und Pate Prinz Theodemir die Regentschaft übernehmen." Die bisherige Stille wurde nun durch erstauntes Raunen gebrochen und ließ Spekulationen aufblühen. Was der Herrscher den überraschten Menschen im Dom mitgeteilt hatte, beruhte auf einer mit Amala und Theodemir getroffenen Absprache. Der Prinz hatte empfohlen, seinen Neffen und Patensohn schon heute zum Kronprinzen zu ernennen. Dadurch würden im Fall der Fälle später Diskussionen ausbleiben. Sein Schwager fand es gut, knüpfte daran aber eine Bedingung. Sollte er abberufen werden, dann solle sein Schwager gemeinsam mit Amala die Regentschaft ausüben. Bevor Theodemir antworten konnte, schaltete sich die Königin ein. „Fried, sollte diese Situation eintreten, die der Allmächtige nicht zulassen darf, will ich nur Mutter sein und nicht die

Mitregentin. Diese Bürde könnte ich nicht tragen. Toti hat mein volles Vertrauen, er wird meine Interessen nie außer Acht lassen, das wissen wir doch alle.“ So wurde es vereinbart, obwohl Theodemir seine Schwägerin gerne eingebunden hätte.

Als die kurze Zeremonie im Dom zu Ende war, sollte Prinz Friedrich den Thulanern präsentiert werden. Flugs leerte sich das Gotteshaus, jeder wollte sich draußen einen guten Platz sichern. Der Dombezirk wie die große Domtreppe waren für sie freigehalten worden. Vor den Domtüren stellte sich die „große Familie“ auf. Danach kamen die vom Primas geleiteten Paten, denen die Staufer und Rosenburger folgten. Dieses kleine Häuflein bestand nur aus neun Herrschaften. Erst danach kam die königliche Familie, wegen der das Volk seit Stunden ausgeharrt hatte. Der Herrscher trug seinen Sohn, die Königin hielt sein Krönchen. Vor ihnen tat sich eine Schneise auf, damit alle sie sehen konnten. Auf der Domtreppe und Domplatz, aber auch im Domhof drängte sich eine farbenfrohe Menge. Als diese der Drei ansichtig wurde, quoll aus der Menschenmasse ein Jubelsturm, gespeist von Erwartung, Neugierde und schierer Freude. Das hielt Minuten lang an, erfüllte die Altstadt mit einer Woge der Begeisterung, die alle, auch das Königspaar ergriff. Dann kam der magische Moment, König Friedrich hob seine Rechte, diese Geste bannte alles Lärmen und schuf andächtige Stille. Er verwandelte diese selbst wieder in ein Raunen und Flüstern, was wie eine Meeresdünung wirkte, denn nun hielt er mit beiden Armen den Prinzen seinen Thulanern entgegen. Danach reichte er ihn seiner Gemahlin und legte seinen linken Arm um sie. Erstmals erlebten die Thulaner so die kleine königliche Familie. Die Dünung schwoll jetzt wieder zur Jubelwoge an, so wollten sie ihr Königspaar erleben, glücklich und mit Kindern gesegnet. Nach kurzer Pause gebot der König wieder Ruhe und hielt seine Ansprache.

„Meine festlich gestimmten Getreuen, wir danken Euch für Eure Begeisterung und Mitfreude. Erstmals habt Ihr Euren kleinen Prinzen gesehen und sollt nun seine Namen erfahren. Er wurde auf Friedrich, Donato, Michael, Theodemir getauft. Jeder dieser Namen hat eine Bedeutung. Einst wurden die Hohenstaufen die Friedriche genannt, zwei von ihnen waren die Kaiser des Abendlands. Und ich bin der zweite der thulanischen Friedriche. Dieser Name steht für friedensreich, ich hoffe, dass wir beide solange wir die Herrscher sind, diesen Frieden bewahren können. In diesem Geist werden wir, Eure Königin und ich unseren Sohn erziehen und führen, bis er dereinst selbst Euer König sein wird.

Donato, seinen zweiten Namen trägt er zu Ehren seines Taufpaten Kardinal Donato, der uns den Frieden mit der Kurie gebracht hat und uns allen längst ans Herz gewachsen ist. Gestern habe ich den edlen Kardinal zum Grafen von Hochengelberg erhoben. Damit ist er ein Thulaner, so wie wir alle. Heißen wir ihn noch einmal herzlich in unserer Mitte willkommen." Der Nuntius, der neben der Königin stand, hatte alles verstanden – denn er hatte inzwischen eifrig Thulanisch gelernt – grüßte in die Menge und segnete sie. Wieder erhob sich begeisterte Zustimmung, die der König nicht sofort dämpfte. „Meine Thulaner, Kardinal Donato hat uns nicht nur den Frieden mit dem Heiligen Stuhl gebracht. Zusammen mit meinem Oheim Prinz Konrad und meinem Leibarzt Nikolaus von Kamen hat er mich dem Zugriff des Todes entzogen. Ihm vor allem verdanke ich, dass ich wieder vor Euch stehen darf. Aber nicht nur Dankbarkeit verbindet mich mit ihm, meinem Doktorvater in Bologna. Inzwischen ist er mir auch zum väterlichen Freund geworden. Meine Thulaner, wir haben in ihm für uns einen zutiefst herzlichen, gütigen und gebildeten Freund gewonnen. Lieber Donato, nicht nur unser kleiner Prinz wurde uns von Gott geschenkt, sondern auch Ihr." Dieses Mal übersetzte Prinzessin Adelheid, des Königs Schwester, dem zu Tränen gerührten Kardinal des Königs Worte, die bei ihm glückliches Strahlen auslösten.

Nachdem der neuerliche Jubel wieder abgeebbt war, fuhr Thules Herrscher in seiner Ansprache fort. „Wofür steht sein dritter Name? Drei Gründe haben ihn uns angeboten. Mein vierter Taufname ist ebenfalls Michael, er findet sich nach Friedrich, Heinrich und Konrad nicht zufällig im Taufregister. Der heilige Michael ist der Schutzpatron Thules. Der himmlische Heerführer soll uns vor den Schrecken des Krieges und der Not bewahren. Nun vom zweiten Grund zum Dritten und mir Wichtigsten. Vor der Michaelskapelle nahe der Rosenburg musste ich als „Ritter des roten Löwen" um mein Leben kämpfen. Diesen Kampf hat meine Amala bangend und hoffend miterlebt, flehte den heiligen Michael um Beistand an. Mich, den ihr damals fremden Mann, nannte sie spontan Michael. Sie wusste nicht wer ich in Wirklichkeit war, für wen sie betete und wer ihr danach Herz und Ruhe raubte. Für meine geliebte Gemahlin war ich lange ihr Michael. Ich habe als Michael ihre Liebe gewonnen und musste sie als König Friedrich aufs Neue erringen. Daher, meine Getreuen, ist Eurer

Königin und mir dieser Name so teuer.“ Ungeniert wie so häufig, gab er ihr einen Kuss auf die Wange, was frenetischen Beifall auslöste.

„Den vierten Namen könnt Ihr Euch leicht erklären. Mein Freund, Blutsbruder und Schwager, Prinz Theodemir, ist der andere Pate des kleinen Prinzen. Wie wir zueinander stehen, das haben viele von Euch ja oft erlebt, uns zusammen mit Markgraf Bodo als unzertrennliche Freunde wahrgenommen. Einen Freund zu haben, dem du blind vertrauen kannst, mit dem du dich ohne Worte verstehst, ist ein Geschenk des Himmels. Ihn als Paten meines Sohnes zu wissen gleicht einem irdischen Michael, der den Heranwachsenden schützt und führt. Sollte mich ein ungnädiges Schicksal ereilen wird Prinz Theodemir der Regent von Thule sein. Er wird meine Gemahlin und meinen Sohn vor Unbill bewahren und unser aller Friedenswerk in meinem Sinne fortführen. Damit ich kein Gerücht in die Welt setze, sei gesagt: Es gibt hierfür keinen aktuellen Anlass, ist aber eine Vorsichtsmaßnahme, damit das Staatsschiff Thules weiterhin Kurs halten kann und keine Unklarheiten entstehen. Eure Königin hat mich gebeten von ihrer Mitregentschaft abzusehen. Ihr Vertrauen in Prinz Theodemir, ihren Schwager und Cousin, ist so groß, dass sie sich dann in guten Händen wissen würde. Doch, meine lieben Thulaner, stellt Euch weiterhin darauf ein, ich habe nicht die Absicht meine Gemahlin und Euch zu verlassen. Dazu lebe ich viel zu gerne, will die Liebe meiner Familie und Eure Zuneigung so lange wie möglich genießen. Nun lade ich Euch alle ein, mit uns das Fest der Taufe unseres Prinzen Friedrich, Donato, Michael, Theodemir zu feiern. Er lebe hoch, lebe lang und lebe glücklich!“ Jetzt wurde aus dem Jubelsturm ein Orkan, er stieg in die Höhe, drang hoch zu den Heldenkönigen und kündete ihnen diesen Tag der Freude.

Nachdem der Primas das Vaterunser gebetet hatte, in das alle einstimmten, ergriff Kardinal Donato das Wort. Er sprach zum Abschluss ein Dankgebet auf Thulanisch. Doch die Menge wich noch nicht, so als würde sie auf etwas warten. Stets hatte es zum Abschluss der Ansprachen den Königssegen gegeben, den sie auch heute erwarteten. Prinz Konrad raunte seinem Neffen zu: „Fried, ohne Deinen Segen gehen sie nicht, er ist ihnen so wichtig wie das gemeinsame Gebet. Tu ihnen und mir diesen Gefallen, mein Sohn.“ Friedrich segnete sein Volk. Der Königliche Segen, Brauch seit den Anfängen Thules, unterstrich das sakrale Element des Königtums und war die „Nabelschnur“ zwischen Herrscher und Volk.

Friedrich erklärte später sein Zögern und meinte, der Königssegen entspränge dem arianisch geprägten Königsbild und sei nach der Vereinigung der beiden Kirchen nicht mehr angebracht. Dies sahen sowohl die Kirchenfürsten, als auch seine Herzöge und Markgrafen anders. Herzog Alarich wendete ein: Diese Tradition sei wichtig, alle würden auf dessen Wirksamkeit vertrauen. „Friedrich, als Ihr vor Indulfsvik in die schon verloren gegebene Schlacht eingegriffen habt, dort unseren bedrängten Kriegern Euren Segen gegeben habt, ergriff das entmutigte Heer neue Zuversicht und beflügelte den Kampfgeist. So weiß ich es von meinem Vater, den Ihr damals aus tiefer Not gerettet habt, aber auch von Dir Oheim" – er wendete sich an Herzog Wittich – „und von vielen, die dabei gewesen sind. Euer Segen stärkt unsere Thulaner für den Alltag. Sie sehen Euch nahe bei sich, spüren den Königssegen und fühlen Euren Beistand. Dies, Friedrich, mein König und Freund, ist kein religiöses Moment, es ist die väterliche Ermutigung des Herrschers." Alle stimmten dem jungen Herzog zu, und so blieb den Thulanern künftig der Königssegen erhalten.

Da noch eine weitere Ehrung des kleinen Prinzen anstand, kamen dem König Bedenken. Er wendete sich an seine Gemahlin: „Cara, jetzt würde die Eintragung ins Goldene Buch der Heiligen Stadt folgen, steht unser Fedi das noch durch?" „Caro, wenn ich ihm noch einmal die Brust geben kann und er neue Windeln bekommt, dann bestimmt." So geschah es, Amala versorgte im Königszimmer des Doms den Prinzen. So gestärkt fuhren sie zum Ratspalast, wo ihnen ein überwältigender Empfang zu Teil wurde. Patrizius und Rat begrüßten Königspaar und Hochadel von Thule bereits vor dem Palast. Danach geleiteten die Räte sie in den festlich geschmückten großen Ratssaal. Eigenhändig trug der König den Namen seines Sohnes in das Goldene Buch und das Taufregister der Stadt ein, dankte dem Rat im Namen seines Sohnes für diese große Ehre. Dabei ließ er es nicht bewenden, er lud die erfreuten Räte mit ihren Frauen zum Fest im Königshof ein, das hatte es für sie noch nie gegeben.

Wie immer bei den großen Festen, die der König spendiert hatte, waren die Plätze Theodericias und der Thingplatz voll Feiernder und sich fröhlich Unterhaltender. Die „große Familie" und ausgewählte Gäste trafen sich im Königshof, sie wetteiferten an Fröhlichkeit mit den Theodericianern. Es war zwar schon der zweite Tag an dem sie feierten, aber laut Herzog Beowulf: „Ein so lange erwartetes und wichtiges Ereignis muss gebührend gefeiert werden und dazu reicht ein Tag nicht.“ Immer wieder löste sich die Sitzordnung auf, ließ es zu sich mit vielen zu unterhalten und neue Bekanntschaften zu schließen. Dies nützte auch die Königin, insoweit sie der Hunger ihres Sohnes nicht abhielt. Sie lernte so Markgraf Indulf und dessen charmante Frau Valeria näher kennen. Der frühere Paladin und einer ihrer Anführer hielt „Wache am Atlantik“, so seine Aussage. Daher sei er selten in seiner Heimatstadt Theodericia. Er erzählte der Königin einige Streiche des „Prinzen Sonnenschein“ und freute sich noch heute daran. Der Grafensohn war einer aus der „Kinderarmee“ und Amalas Gemahl in fester Treue und Freundschaft verbunden. Seine Frau Valeria war die Cousine von Bodo, eine der vielen, wie sie lachend anmerkte. „Wir Falkenberger sind ein fruchtbares Geschlecht und dank des „furchtbaren“ Bodo nun auch zu Ansehen gekommen.“ Das Paar hatte sechs Kinder, die in der Obhut von Indulfs Mutter im Holmenland auf der Eltern Rückkehr warteten. Sie setzte noch hinzu: „Aber wir wollen noch einige Zeit hier im Paradies verweilen.“

Am Tisch der Holmenländer traf sie ihre Tante Amala an. Die beiden Freundinnen Amala und Griseldis waren in ein angeregtes Gespräch vertieft, ob da gar etwas weitergedacht wurde? Markulf und Amalas Cousine gleichen Namens hatten nur noch Augen füreinander, sie bekamen es nicht einmal mit, als sich die Königin zu ihnen gesellte. Agnes musste ihre Schwester anstoßen, damit diese sich von Markulf abwendete. Verlegen, so wie auch der Königin einstiger „Minnesänger“ – so Friedrichs kleiner Spott – begrüßten sie die Königin. Bevor sie ihrer Verlegenheit Ausdruck geben konnten, ergriff Tante Amala das Wort: „Liebe Nichte, Du brauchst nicht nachzufragen. Liebe schlägt manchmal ein wie der Blitz und verändert auf einmal alles. So auch hier und wir beide“ – sich an Griseldis wendend – „freuen uns darüber.“ „Wir uns desgleichen“, schlossen sich die Verlobten Irnfried und Theodelinde an. Herzogin Griseldis fragte die Königin bang: „Hat es denn Majestät schon mitbekommen?“ Amalas jüngster Cousin Rekkared meinte dazu flapsig: „Aber sicher, dem entgeht doch nichts.“ „Rekka, Du sprichst von Deinem König, mein Sohn, und nicht von einem Deiner Brüder.“ „Aber Mama, Du weißt es doch, Majestät ist für mich ein Halbgott, unerreichbar, aber uns doch so nah. Aber es stimmt schon, unser König und Toti ahnen Dinge, die noch im Werden sind, übrigens Markgraf Bodo auch. Ich bin sicher König Friedrich hat es wahrgenommen und es ist ihm recht.

Königliche Cousine, Du weißt es doch auch schon!“ Amala lachte ihr ansteckendes Lachen und sagte: „Natürlich weiß es Friedrich und er freut sich mit Euch.“ Nun strahlten alle am Tisch und die beiden Verliebten so, als würde die Sonne aufgehen. Doch dann wurde die junge Amala ein wenig kleinlaut: „Mama, was werden denn Toti und Ala dazu sagen, die müssen doch zustimmen.“ Darauf meinte ihr unbekümmerter Bruder Rekkared: „Wenn ihr König und Freund das gut findet, sagen unsere Großen nicht nein, wetten…!“ Auch diesmal lag er richtig.

Seine Brüder standen mit dem König, Oheim Wittich und Bodo am großen Brunnen und ergötzten sich am Planschen der Kinder, die sich mit Wonne nass spritzten, allen voran Alarichs Ältester. Auf Amalas Bitte hin lotste Rekkared sie zum Tisch, der gerade noch Platz bot. Markulf, von seiner Mutter ermutigt, nahm seinen Mut zusammen: „Majestät, Prinz Theodemir und Herzog Alarich, ich habe mich in Amala verliebt…“ „und ich mich in Markulf“, ergänzte die über und über rot gewordene Amala. Die drei hohen Herren blickten sich an und feixten wie Verschwörer. Der König eröffnete die Partie: „Und was haben wir damit zu tun, lieber Markulf?“ „Majestät, ich wollte Euch bitten, für mich ein gutes Wort bei Prinz Theodemir und bei Herzog Alarich einzulegen.“ „Markulf, das habe ich schon getan, aber…“ Markulf wurde unruhig, ihn hatte das „aber“ erschreckt. Doch dann sah er den Schalk in Friedrichs Augen, der hinzusetzte: „Mein Lieber, bei uns könnt ihr doch nicht um Amalas Hand anhalten, falls das Eure Absicht ist. Da ist in erster Linie Tante Amala gefragt und dann erst meine Freunde Theodemir und Alarich. Liebe Tante, welchen Bescheid habt Ihr denn gegeben, die Ihr so bang an meinen Lippen hängt, falls mein Schützling Markulf überhaupt darum angehalten hat?“ „Aber ja, lieber Friedrich, das hat er, ich habe gesagt von Herzen gerne und werde mit ihr glücklich.“ „Und Ihr, liebe Tante Griseldis wie steht Ihr denn dazu?“ „Majestät, ich habe mich riesig darüber gefreut und Amala in den Arm genommen.“ Darauf er ganz trocken: „Toti und Ala, da sind wir längst zu spät daran, hier ist Mama der „Chef“. Und außerdem haben sie sich mit Dir unüberwindbare Verstärkung geholt, mein Schatz.“ Ungeniert hatte er seiner Gemahlin einen Kuss gegeben. Alle lachten befreit auf. Alarich setzte hinzu: „Lieber Markulf, sei willkommen in unserer Familie, Du passt zu uns und wir hoffentlich auch zu Dir. Unser Freund Bodo hat uns begeistert berichtet, wie gut Du ihn unterstützt hast und welche Freude es ihm gemacht hat, Dich um sich zu haben. Nach unserem König ist Bodo nämlich derjenige, der am sparsamsten mit

Anerkennung umgeht!“ Nacheinander nahmen sie Markulf in die Arme und damit in die Familie auf. Als Letzte stießen Adelheid und Winthala zur Familie, beide hatten abwechselnd ihren Neffen Fedi getragen und sich an dem schlafenden Prinzen erfreut. Sie übergaben ihn, der nun wach wurde seiner Mutter. Große Freude auch bei den Beiden.

Der kleine Prinz forderte gebieterisch seine Mahlzeit. Geleitet von Tante Winthala, Gerlind und Beatrix zog Amala sich in ihre Gemächer zurück. Daher erfuhr sie erst später, dass Markulf und Amala nun als Verlobte galten und gemeinsam mit Theodelinde und Irnfried Doppelhochzeit feiern wollten. Mit dem König stimmten sie den Termin ab, der am Ende der „Bewährungszeit“ von Markulf lag. Außerdem hatte sich der Herrscher noch mit Bodo und Griseldis besprochen und diesen Termin mit der Erhebung Markulfs zum Herzog von Holmenland verbunden. Friedrich entzog sich kurz dem Zugriff der Feiernden, um nach Frau und Sohn zu sehen, die er beim Stillen vorfand. Er empfahl Amala sich hinzulegen, was sie befolgen wollte. „Angelina, eigentlich wollte ich Irnfried demnächst in den Grafenstand erheben. Verdient hat er das längst, er ist mir stets treu gewesen und ist jener meiner Paladine, der überaus wirksam für mich arbeitet. Er ist ja so etwas wie der Chef der inneren Sicherheit und derjenige, der uns mit guten Informationen versorgt, was uns wiederholt vor bösen Überraschungen bewahrt hat. Was hältst Du davon, wenn diese Ernennung im Rahmen der Herzogserhebung geschieht?“ „Das ist eine gute Idee, aber ich würde ihn als Grafen vor den Traualtar treten lassen. Im Rahmen der Hochzeit und Erhebung Markulfs zum Herzog geht dieses für Irnfried und Theodelinde so wichtige Ereignis unter. Ich würde es heute vornehmen, so wie gestern diejenige von Kardinal Donato.“

Nachdem Amala wieder erwacht war und sich hatte ankleiden lassen, lud der Schlossgraf die Feiernden in den Thronsaal. Was stand nun an? Etwas weniger formell als sonst nahmen alle im ehrwürdigen Raum Platz. Als sie saßen, öffnete sich die goldene Türe und das Königspaar betrat den Saal. Sie trugen ihre Kronen und Staatsgewänder. Das Prinzenpaar Adelheid und Theodemir gesellte sich zur Königin und die beiden Kirchenfürsten nahmen die Ehrenplätze ein. Worum würde es bei dem Staatsakt gehen? Als ein Knappe ein edles Kissen vor den Thron legte, Ibrahim seinem Herrn das Zeremonienschwert reichte, wussten die Anwesenden, eine Erhebung stand an. Als er den überraschten Ritter

Irnfried vor sich hinknien hieß, zog zustimmendes Raunen durch die Menge. „Lieber Irnfried, mein mir zutiefst Getreuer, Ihr habt Euch viele Verdienste erworben und seid mir eine große Stütze. Ich danke Euch in Anwesenheit dieser edlen Menschen und will Euch dafür belohnen. Hiermit ernenne ich, König Friedrich Teja von Thule, Euch zum Grafen von Sternenberg.“ Irnfried, der sonst nicht so leicht zu erschüttern war, musste sich erst wieder fassen, um dem König für die große Gunst zu danken. Er stand nun vom Titel her mit seiner künftigen Gemahlin auf einer Stufe. Damit hatte der König ihm und Theodelinde große Freude bereitet, wie auch Griseldis und Markulf. Der Rahmen des Thronsaals machte daraus einen besonderen Akt.

### König und Kardinal

Am folgenden Morgen saßen der Herrscher und sein väterlicher Freund Kardinal Donato im Auslug, vertieft in ein angeregtes Gespräch. Sie ließen das große Fest noch einmal Revue passieren. So etwas kannte der Kardinal von keinem Fürstenhof, den er als Nuntius aufzusuchen hatte. Ein Herrscher, der sich unter sein Volk mischt und mit ihm feiert war etwas ganz Neues für den Kardinal. Er hatte beobachtet, wie sich der König ganz selbstverständlich zu den Ratsherrn gesellte. Deren Frauen wirkten erst einmal wie paralysiert vor Demut, was sich allerdings dank des lockeren Königs bald legte. Alle Gäste durften den kleinen Prinzen von Nahem sehen, so als wäre er das Kind eines Bürgers. Dies alles war für den Kardinal ein gewaltiger Eindruck, einer, den ihm drüben auf dem Festland niemand abnehmen würde. Er hatte allerdings auch nicht vor, dort dieses wunderbare Land und seinen einmaligen Herrscher detailliert vorzustellen. Er war ja nun selbst zum Thulaner geworden, und wollte verhindern, dass dieses Idyll durch fremde Mächte gefährdet würde.

Seinen einstigen Schüler erlebte er gestern von einer anderen Seite, seiner Verbundenheit mit dem Volk. Ihn erstaunte wie dadurch des Königs Autorität nicht geschwächt sondern gestärkt wurde. Er hatte gegenüber etlichen hohen Herren sein Erstaunen dargelegt und eine eindeutige Aussage erhalten. Herzog Alarich stieg zuerst darauf ein: „Unser großer König muss nicht wie ein römischer Kaiser und angemaßter Halbgott auftreten, er darf auch Mensch und Freund sein. Unser Herrscher wird von uns nicht nur respektiert und bewundert, es ist viel mehr. Wir sind stolz auf ihn und Gott dafür dankbar, dass er ihn uns endlich geschenkt hat, so wie es uns seit Jahrhunderten versprochen war." Da der Kardinal diese uralte Prophezeiung nicht kannte, gab sie ihm Herzog Beowulf wörtlich wieder und Herzog Hildebrandt übertrug es ihm ins Italienische. Danach konnte der Kardinal noch besser verstehen, wer König Friedrich für die Seinen war, auch für seine hohen Edlen. Sie hinterlegten jeden Satz der Weissagung mit den entsprechenden Beispielen. Der letzte noch offen gewesene Punkt sei durch seine Vermählung mit Amala von Rosenburg erfüllt worden. Donato hatte sich mit den Herzögen Hildebrandt, Beowulf und Alarich darüber unterhalten und gewann so ein erweitertes Bild seines Gastgebers. Dieses Maß an Treue und Verbundenheit kannte der Kardinal von keinem Hof in Italien oder in Frankreich. „Unser König verlangt viel von den Seinen, aber er gibt ihnen auch viel zurück. Er weiß genau, wen er fördert und wie er ihn an sich binden kann. Lieber Kardinal Donato, mein Neffe hat nicht nur eine gute Hand für Menschen, er hat von unserem Schöpfer noch andere Eigenschaften mitbekommen. Er, der immer bescheiden blieb, so wie es mein Großvater, König Friedrich I. seinen Nachkommen dringlich nahe legte. König Friedrich ist der Versuchung der Macht nie erlegen, aber er weiß sie zum Nutzen Thules einzusetzen, wenn es sein muss, auch mit großer Härte. Zumeist ist diese nicht erforderlich, wenn er seinen Willen durchsetzen will.“ Seine Kollegen stimmten Herzog Hildebrandt zu und Herzog Beowulf schilderte dem Kardinal, wie er selbst einst vom König zum Herzog von Fjordland bestimmt wurde und nicht sofort darauf eingestiegen sei. „Unser König sagte lächelnd, dann müsse er eben seinen Wunsch zu einem Befehl umwandeln. Er weiß ganz genau, was er will und bezweckt. Aber es war sicher nicht zu meinem Schaden!“

Als der Kardinal dem König dieses Gespräch spiegelte, lachte der: „Lieber Doktorvater und väterlicher Freund, ich verlange von meinen Vertrauten nie mehr als ihnen möglich ist. Und ich tue alles dazu, um ihre Autorität zu stärken, helfe ihnen nach Kräften und vergelte ihnen ihre Treue in geeigneter Form. Daher habe ich gestern den angesehenen Rat meiner Heimatstadt eingeladen, hier im Schlosshof mit ihren Frauen an unserem Fest teilzuhaben. Dies bedeutet eine unerwartet hohe Gunst für diese Getreuen und ist für diese ein Höhepunkt ihrer Amtszeit. Sie haben meinc Vorschläge zum Ausbau ihrer Städtefreiheit angenommen und sie teilweise schon umgesetzt. Das verdient meine Anerkennung, denn ich will nicht in den Fehler meiner Ahnen verfallen. Sie haben den Städten die Freiheit beschnitten und sich so ihre Feindschaft zuzogen. Außerdem bin ich von einem überzeugt: Die Räte einer Stadt sind viel näher an den Menschen dran als unsere Vögte. Die Städte sollen sich weitgehend selbst verwalten und zum Wohle der Bürger handeln. Die königlichen Vögte werden künftig als Berater, Helfer und Kontrolleure wirken. Dies nur als Beispiel. Wer allerdings meinen Willen missachtet oder zum Schaden der Anvertrauten handelt, der ist nicht gut dran. Und wer nicht mitzieht oder mir gar untreu wird, der hat nichts mehr zu lachen. Der König von Thule hat materiell wie ideell eine riesige Macht, ihm gehört alles, er verleiht es und kann es auch wieder einziehen. Besitz, Titel und Macht sind dann weg, und gesellschaftliche Ächtung die Folge. Und diese Königliche Macht ist eine ungeheure Versuchung. Daher muss der künftige König den Umgang mit ihr von Kind an erlernen, und dies ist fürwahr kein Kinderspiel. Auch ich musste es mühsam erlernen, und war nicht immer gegen Rückfälle gefeit. Macht erfordert Disziplin, Selbstbeherrschung und Reflektion des eigenen Tuns und Seins. Ich bin nur ein Sterblicher, aber eben einer, der in eine purpurne Wiege hinein geboren wurde. Damit war ich dazu bestimmt Verantwortung zu tragen, die mir anvertrauten Menschen zu führen und uns allen eine gute Zukunft zu ermöglichen. Das ist nur dadurch zu schaffen, dass der Herrscher zu seiner Unterstützung Menschen gewinnt, denen er vertrauen kann, und die seinen Anforderungen entsprechen.

Der Herrscher, der seine Macht missbraucht, bringt sich doch selbst um vieles. Einsam und abgehoben, fern der Menschen zu wandeln, das ist doch eher eine Strafe als ein Gewinn. Er bringt sich um Freundschaft und umgibt sich mit Schmeichlern, die ihn erhöhen und vergötzen. Allmählich übernimmt er deren Elogen als zutreffend und entfremdet sich der Welt, für die er da sein soll. Das wollte ich nie. Von Kind an suchte ich die Nähe der Menschen und Freunde, und die habe ich gefunden. Sie bereichern mein Leben und helfen mir meinen Auftrag zu erfüllen. Es ist ein großes Glück für mich, dass ich derzeit keine Feinde mehr zu fürchten habe. Endlich kann ich meine Kraft meinem wichtigsten Lebensziel widmen, nämlich alles Erdenkliche zu tun, um Thule dauerhaften Frieden zu ermöglichen. Und das ist wahrlich eine gewaltige Herausforderung, bei der wir erst am Anfang stehen. Aber wir werden das gemeinsam erreichen und Wohlergehen, Wohlstand und Sicherheit möglichst für alle schaffen.“ Damit schloss König Friedrich seine für den Kardinal so aufschlussreiche Aussage, die ihm gefiel, aber im übrigen Abendland praktisch nirgendwo eine Entsprechung fand.

Nun war es an dem Kardinal über sein Dasein in der Kirche zu berichten, und was er vorbrachte war wenig erfreulich. Der Klerus Italiens stand in einem unglücklichen Verhältnis zur Kurie in Avignon. Und er selbst hatte als der Vermittler und Überbringer in diesem Spannungsverhältnis eine ihm immer lästiger werdende Rolle inne. Nur sein gutes Verhältnis zu Papst Clemens verhinderte bisher seine völlige Resignation. Papst Clemens sei zwar ein Franzose, aber er versuche sich dem Einfluss und Druck der Anjous soweit es ihm möglich sei zu entziehen, doch misslinge es zusehends. Er, Kardinal Donato, versuche von Rom und Bologna aus, wie auch in Avignon, wohin er gelegentlich hinreise, den völligen Riss zu verhindern. Er kümmere sich inzwischen jedoch mehr um die Angelegenheiten des Kirchenstaates. „Wenn ich hier sein darf, dann atme ich auf und verspüre den Odem der Freiheit. Ich lasse meine seelische Last am Kai von Genua zurück, fühle mich an Bord eines Eurer Schiffe dann fast schon in Thule. Verehrte Majestät, wie lange darf ich denn dieses Mal Euer Gast sein?“

Die Antwort darauf gab ihm nicht der Herrscher, sondern seine Gemahlin Amala, die nach ihm gesucht hatte. Sie wollte sich eigentlich zurückziehen, um nicht zu stören, doch Friedrich bat sie hinzu. Zuerst einmal übernahm er seinen noch schlafenden Spross, küsste ihn liebevoll auf die Stirn. Auch der Kardinal begrüßte seinen Patensohn indem er ihn sanft an der Stirn berührte. „Lieber Kardinal Donato, für mich gehört Ihr zur Familie, wir freuen uns über Eure Anwesenheit und können uns gut vorstellen, dass Ihr auf immer in Thule bleibt.“ Seine Freude ob dieser Aussage sprach Bände, darauf hatte er es wohl angelegt und wollte hören, dass er hier noch lange verweilen durfte. Der Herrscher pflichtete Königin Amala bei und setzte noch etwas hinzu: „Lieber Donato, väterlicher Freund und Kirchenfürst, Eure Gesellschaft genieße ich sehr. Sie gibt mir Anregungen, mehr noch als damals in Bologna. Ihr seid, und dies ist kein leeres Wort, zum Thulaner geworden. Damit seid Ihr völlig frei darin, wohin Ihr in Thule reisen und wen Ihr aufsuchen wollt. Euer Grafensitz ist jüngst renoviert worden und ist es wert, nicht nur besichtigt, sondern auch bezogen zu werden. Neben mir wünscht sich auch mein Oheim Konrad Eure Gesellschaft auf seiner stillen Insel. Conte Rubi ist so wie Ihr den Anjous nicht gerade gewogen. Er ließ anfragen, ob er auch einmal Euer Gastgeber sein dürfe. Mein lieber hochgeschätzter Lehrer und väterlicher Freund, Ihr seht wie begehrt und willkommen Ihr seid. Eure Räume hier im Schloss stehen Euch so lange Ihr wollt zur Verfügung. Wir beide sind aber so egoistisch, dass wir erste Rechte anmelden.“

Dieses Mal blieb der Kardinal vier Monate in Thule und lernte seine zweite Heimat kennen und auch seine neuen „Landsleute“. Er kehrte immer wieder sehr beeindruckt in „seine“ Gemächer im Schloss zurück. Ein inniger Kontakt – wie hätte es auch anders sein können – entwickelte sich zu den Rubis, die ihn einige Male erlebten und deren Gastfreundschaft ihm viel bedeutete. Natürlich wusste er, dass er dabei Gast des Königs war, in dessen Casa Rex er nächtigte und bewirtet wurde. Stets durfte er eine Kutsche aus dem Königlichen Fuhrpark nutzen, wurde von Wachen des Königs geschützt und von einem Paladin begleitet, der alle Ausgaben bestritt. In dieser Zeit eignete er sich auch die Thulanische

Sprache so gut an, dass er die Menschen, auf die er traf, nicht nur verstehen sondern sich auch mit ihnen unterhalten konnte. Er verband seine Reisen mit Visiten bei den Bischöfen, um sich einen Eindruck von deren Arbeit zu verschaffen und sich mit ihnen auszutauschen.

Als der Kardinal wieder einmal voller Begeisterung mit neuen und positiven Eindrücken zurückkam und darüber beim Abendessen berichtete, traf er einen gut gelaunten Herrscher an. Der König kommentierte den Bericht feixend – es war im privaten Speiseraum des Königspaares: „Lieber Donato, verehrter Kardinal, nun hat die Kirche doch gesiegt.“ Der Kardinal gab ihm fröhlich auflachend zurück: „Liebe Majestät, Ihr habt Euch selbst besiegt und uns „gewonnen“. „Wenn das so ist, mein lieber Doktorvater, dann ist die eigentliche Siegerin meine Amala. Sie hat mich besiegt, den bis dahin so Unnachgiebigen, Unversöhnlichen und von Rachsucht Zerfressenen. Die Strahlen ihrer Liebe, ihr sonniges Gemüt und ihre goldene Schönheit haben diese meine düsteren Seiten einfach hinweggeschmolzen.“ „Darauf, liebe verehrte Königliche Hoheit und liebe Majestät möchte ich gerne meinen Becher erheben, denn dies gleicht für mich einem Wunder. Selbstlose Liebe überwindet alles, bringt Glück und macht aus „Männern“ wieder Menschen.“

König Friedrich durch diesen Toast etwas nachdenklich geworden, bemerkte: „Zuvor war ich wie eine Maschine, ein „Mann“ getrieben von Pflicht, eisernem Willen und stählerner Härte. Ich schaute nicht zurück und nicht zur Seite, ging unbeirrbar meinen Weg, schritt über alles hinweg, auch über meine anderen Gefühle. Zum Glück gab es eine Ausnahme, meine damals noch kleine Schwester Adelheid. Sie, das Vermächtnis meiner gemordeten Eltern, brauchte meine Fürsorge und meine Liebe. Dies verhinderte, dass ich völlig erstarrte und ließ einen Spalt offen, in den meine Amala eindringen konnte. Dieser König Friedrich war bis dahin ein ehernes Monument, gewandet in Stahl und umweht von der eisigen Aura der Macht und des „Heldentums“. Ich gebe Euch ja so Recht mein verehrter Lehrer, alles, was man derart verbissen verfolgt, wird zur Manie. Diese erfasste mich immer mehr, trieb mich unerbittlich voran und zerstörte mich fast. Ich war zuletzt ein misstrauischer und lebensfeindlicher „Mann“, der zum Unglück seines Volkes auch noch ihr König war. Heute ist dies für mich unvorstellbar, doch damals befand ich mich in dieser Situation. Hätte mir der

Allmächtige nicht meinen Engel Amala in den Weg gestellt mit ihrer mich überwältigender Liebe, ich wäre erstarrt zu Eis, Kälte und Einsamkeit. So konnte meine „schwache“ Frau mit ihren wärmenden Strahlen und ihren heißen Tränen den Panzer um mich auftauen. Sie hat um mich gebangt und gebetet und mir damit die Freude am Leben zurückgebracht.“ Fest zog er seine Amala an sich, ließ sie seine Erleichterung, Dankbarkeit und Liebe fühlen.

## Concordia domus

Einen ganzen Tag lang hatten sie sich die Köpfe heiß geredet, Vorschläge eingebracht, sie begründet und ergänzt. Viele wurden als zu wenig fassbar oder zu unrealistisch wieder verworfen. Was dann übrig blieb, manches auf den ersten Blick gar nicht so bedeutsam, wurde festgehalten. Sie, das waren der Thronrat und die Herzöge Beowulf und Wittich sowie Markgraf Bodo, der Freund aller. Dem neuen Thronrat gehörten nun Königin Amala, Prinzessin Adelheid, Prinz Theodemir, Markgraf Rainald und Graf Thorismund an. Primas Prinz Konrad, der sechste Thronrat war leider verhindert, da man sich ad hoc zu diesem Termin zusammengefunden hatte. Dieses Mal nicht im Festhaus, sondern auf Einladung der Königin, im Schloss Waldausee, dem königlichen Gestüt.

Womit beschäftigte sich der Thronrat an diesem idyllischen Ort? Es ging nur um ein Thema, um das leidenschaftlich geforderte Anliegen des Herrschers, Frieden zu schaffen und zu sichern. König Friedrich hatte sich für den späten Nachmittag angekündigt. Und dann kam er, offenkundig gut gelaunt und aufgeschlossen. Als der Kanzler dem König die Überlegungen des Thronrats vortrug, zeigte der Herr von Thule ganz am Ende der Ausführungen nur ein leichtes Anheben der Augenbrauen. Es ging dabei um den König und sein immer wieder erlebtes und prägendes Vorbild. Dieser Vorschlag lautete: Wann immer ein Heldenepos vorgetragen oder über Kampf und Sieg gesungen wird, soll als Abschluss die Ergänzung folgen: Edel ist der Kampfesmut, löblich ist das Waffengeschick und schön ist der Sieg. Doch weit schöner erklingt das Lachen der eigenen Kinder, ist die Liebe der Gemahlin, die Freude am Leben und das Glück des Friedens. Dies sagt uns Friedrich Teja, der große Held und König.

Er fand alles gut bis auf den Zusatz „der große Held und König“, den er für übertrieben und vergötzend hielt. Doch der Thronrat ließ nicht locker und drang in den Herrscher: Nur er, der Held vieler Kämpfe und Schlachten, könne den Vorrang von Liebe, Leben und Frieden überzeugend vertreten. Kanzler Rainald warf ein: „Majestät, nur Euch nimmt ein jeder diese Aussage ab, Euch, den so viele im harten Kampf erlebt haben und der nun um einen dauerhaften Frieden ringt.“ Beinahe flehend sagte Theodemir: „Fried, Du bist für unser Volk die Stimme Thules, die einzige, die unsere ewige Kampfeslust und Ruhmsucht übertönen kann. Wenn der größte Held, den die Thulaner je erlebt haben, dem Frieden so viel mehr Bedeutung zumisst als dem Kampf, dann gilt das! Nur dadurch und mit dem Zusatz „der große Held“ werden wir deren Nachdenken und ihre innere Zustimmung erreichen. Ich kenne Dich und weiß, dass Du Dich nicht zierst, aber hier musst Du der Sache wegen über Deinen Schatten springen. Mein Bruder, Du kannst es drehen und wenden wie Du willst, alle kennen Deine Kämpfe und Schlachten, in denen Du Thule vor Not und Gefahr bewahrt hast. Sie wissen um die Verletzungen, die Du Dir dabei zugezogen hast. Das sind doch Fakten und keine Schmeicheleien, und dies wegzudrücken ist unbillige Bescheidenheit, sie trübt nur den Stolz der Thulaner. Ob Du es nun willst oder nicht, Du bist ein Held und für unser Volk der Heldenkönig. Wenn dieser nun dem Frieden seine ganze Kraft widmet, dann wird Dein Volk Dir folgen. Aber ich bitte Dich, lasse die Menschen stolz sein auf Dich und mit Dir den steinigen Weg zum Frieden gehen, denn dies, Fried, ist nicht Eitelkeit sondern kluge staatsmännische Notwendigkeit.“ Endlich hatten sie ihn überzeugt und diesen ihnen so wichtigen Punkt ungeschmälert „durchgebracht“.

Die Sänger wurden gebeten, den letzten Absatz den Heldenepen und Liedern von Kampf und Sieg anzufügen. In allen Schulen wurde es so eingeführt, selbst in der Akademie des Heeres wurden diese Zeilen in der großen Aula angebracht. Zwar erregte es Aufsehen, wurde engagiert erörtert, aber dank der Autorität des Königs allgemein akzeptiert. Wenn selbst der tapferste und kühnste aller Kämpfer so dachte, dann war es keine Schande sich nach Frieden zu sehnen. Nach und nach drang es in ihr Bewusstsein ein, dass der Kampf nur das letzte Mittel sein durfte, falls alle anderen Versuche gescheitert waren. Und das galt auch nur dann, wenn der Frieden in Gefahr geriet und alle anderen Maßnahmen ausgeschöpft waren. Diese allmähliche Änderung im Bewusstsein eines Kriegervolkes bedeutete einen ungeheuren Erfolg, denn er stellte bisher Geltendes auf den Kopf. Vorher galten die wilden Kämpen als die Vorbilder schlechthin, wurden zu vergötzten Idolen. Nun wurden auch diejenigen, die viel für den Frieden taten als große Männer und Frauen anerkannt und verehrt.

Ein weiterer Punkt der Erörterung drehte sich um antiquierte und teilweise einseitig begünstigende Gesetze. Graf Thorismund hatte sich mit diesen intensiv auseinandergesetzt. Er führte eine ganze Reihe von

Beispielen an, die seines Erachtens abgeschafft oder abgeändert werden sollten. Bei vielen von diesen lag der Tenor auf wehren und kämpfen, während viel zu wenig Streitfälle den dafür zuständigen Stellen vorgetragen wurden. Diesen Gremien sollte es überlassen werden, wie der jeweilige Fall bewertet und entschieden werden konnte. Fehden seien zwar durch das Gebot des Königs untersagt, aber Thules Gesetze hier durchlässig und die Strafen fast lächerlich. Wer eine Fehde vom Zaune breche, der käme vor Gericht meist glimpflich davon. Noch dazu erringe er damit Anerkennung im Volk. Er müsse sich nur todesmutig und tapfer wehren, um des Volkes Absolution zu erhalten. Daran sei anzusetzen. Jedem, aber wirklich jedem, müsse klargemacht werden, wer den festgelegten Weg missachtet und sein vermeintliches Recht in die eigenen Hände nimmt, der wird zum Gesetzesbrecher. Um seine Aussage noch zu unterstreichen, las Thorismund den Mitstreitern einige dieser unklaren, ja widersprüchlichen Gesetze vor. Gemeinsam erarbeiteten sie einige Ergänzungen, die sie dem König vortrugen. An jedem Punkt erhielten sie seine Zustimmung. Rainald und Thorismund wurden von ihm beauftragt diese Änderungen einzuarbeiten und ihm als Gesetze vorzulegen. Damit würden Spannungen beseitigt und innere Befriedung erreicht.

Ähnlich verhielt es sich bei der Abschaffung unberechtigter Vorrechte, die nicht nur den Adel betrafen. Besonders aufs Korn nahmen sie die tradierten Nachfolgerechte. Diese bevorzugten einseitig den ältesten Sohn und insbesondere die Männer als solche. Nicht nur hier sondern auch im Erbfall waren die Ehefrauen und Töchter benachteiligt, was oft zu Unfrieden und Streitereien führte. Zwar gäbe es gewisse Üblichkeiten, die grobes Unrecht verhinderten, die aber nicht in Gesetze gegossen seien. Durch den Auftrag des Herrschers solle dies nun geschehen. Festgelegt wurde, dass die Nachfolge der Herzöge und Gaugrafen ausschließlich der König regelt. Er allein befindet, ob ihm der vorgeschlagene Nachfolger würdig erscheint und genehm ist. Dies war zwar seit Jahrhunderten so, aber nun wurde es zum Gesetz. Damit wurde verhindert, dass in Zeiten von Wirren Tatsachen geschaffen werden konnten, die das Recht missachteten. Neu war jetzt auch, dass die Gaugrafen ihre Bedenken, die sie gegen die Nachfolge bei den Grafen und anderen Adeligen hatten, dem Herzog vortragen konnten. Diesem stand ein grundsätzliches Vetorecht zu, das nur der König aufheben konnte. Dem Thronrat war bewusst, dass diese Regelung für manche Edle ein Dorn im Fleische bedeutete. Doch sie waren fest überzeugt, dieser leidige Punkt könne auf diese Weise ein für alle Male geregelt werden. Herzog Beowulf spitzte es noch zu: „Nie zuvor hatten wir einen Herrscher mit solch unbestrittener Autorität und Ausstrahlung. Was er will und ausführen lässt, das ist für das Volk von Thule richtig und auch für die Gutwilligen im Adel. Die anderen Kräfte werden nicht aufbegehren, sondern sich beugen und die neuen Gesetze als gegeben und unabänderlich hinnehmen."

Beim Erben kam nun ein ganz neuer Gesichtspunkt zur Sprache, den Herzog Wittich, der Vater der Königin vorbrachte. „Wir haben bisher nur den Besitz betrachtet und diesen möglichst ungeschmälert dem Nachfolgenden zugedacht. Die anderen Nachkommen wurden hingegen in der Regel mit einem im Vergleich dazu geradezu lächerlichem „Erbe" abgespeist. Das hat mir nie gefallen, musste aber hingenommen werden. Doch nun betätigen wir uns zusätzlich auch noch als Unternehmer. Greifen wir in das bisher üblich Gewordene nicht ein, dann zieht der Nachfolger als Haupterbe aus den Unternehmen, die der Vererbende hinterlässt, zusätzlichen Gewinn. Hier müssen wir ansetzen und die Erbansprüche auch auf künftig zu erwartende Erträge ausdehnen. Wer diese Unternehmen betreibt, der weiß doch was sie abwerfen und kann sich leicht ausrechnen, was diese – mal ins Unreine gesprochen – in den nächsten zehn Jahren einbringen. Ich sehe hier den Hauptansatz für eine gerechtere und friedlichere Regelung. Dem Haupterben ist es zuzumuten, sich in Erwartung dieser Erträge zu verschulden und seine Miterben auszuzahlen, gleich ob Mann oder Frau."

Der Thronrat spezifizierte diesen Vorschlag, erweiterte die zehn Jahre auf zwölf und war zufrieden mit seiner Ausarbeitung. Und damit lag er richtig, denn der König war von ihm sehr angetan und brachte seinerseits noch eine Ergänzung ein. Diese lautete: Wenn sich die Erben untereinander über den Umfang des künftigen Ertrags nicht einigen können, dann sollen unabhängige Dritte eingeschaltet werden. Dies gelte auch bei weiterer Uneinigkeit, wie Auszahlung oder Beteiligung am Unternehmen. „Rainald, ich stimme der Ausarbeitung gerne zu und freue mich über diesen Vorschlag des Thronrats. Ich bitte Euch diese Vorlage vorrangig zu ändern und in Gesetzesform zu bringen. Hierin lag bisher ein starker Quell des Unfriedens und belastete die Beziehung von Familien, oft über Generationen. Unzufriedenheit aufgrund erlebter oder auch nur eingebildeter Ungerechtigkeit ist eine schwärende Wunde, sie vergiftet zuerst die Beziehung und manchmal auch einzelne der Betroffenen."

Lebhaft unterhielt sich der Thronrat auch über Armut, Not und Elend, was als Ursache großen Unfriedens eingestuft wurde. Nach einiger Diskussion war man sich einig, dass erst einmal die Wirkung der bereits eingeleiteten Schritte abgewartet werden sollte, bevor man sich dieses Themas erneut annehmen wollte. Bodo konnte jetzt schon große Erleichterung bei vielen Betroffenen sehen. „Unseres Königs Ansatz, den Almosengedanken zurückzudrängen und stattdessen einen Ausgleich für bereits Geleistetes oder als Vorschuss auf noch zu Leistendes zu gewähren, gibt den Menschen Würde und Hoffnung. Es ist erstaunlich, wie viele wir in Rhenia in Brot und Arbeit bringen konnten, bisher hatten wir darüber nur zu wenig nachgedacht. Wie mir unser Freund Nikolaus erklärt hat, ist dies die höchste Stufe der Wohltätigkeit im jüdischen Glauben. Was er mir dazu erzählt hat, überzeugte mich. Ich finde, hier sind wir auf einem guten Weg, dienen damit Gott und dem Frieden. Aber wir müssen uns hierbei immer wieder anspornen, denn nur allzu leicht werden gute Vorsätze schnell begonnen und verlieren dann nicht minder schnell an Interesse. Doch erst die Zähigkeit beim Umsetzen bringt die wirkliche Änderung in Gang. So schwer dies auch ist, daran werden wir von Majestät gemessen!"

„Mein lieber Schwiegersohn, so hätte es auch unser Herrscher sagen können. Du hast seine harte Schule offenkundig mit Erfolg durchlaufen", neckte ihn Herzog Beowulf. „Vater, ich gebe ja freimütig zu, dass es so manches Mal leichter fällt, das Schwert zu schwingen und im Kampf zu bestehen, als dieser Kärrnerarbeit nachzugehen. Doch der Dank der Betroffenen ist ein wundersamer Antrieb und auch die Freude über eine Anerkennung weil sie den richtigen Weg gehen und nicht locker lassen. Daran, liebe Freunde wollte ich, und das nicht absichtslos, erinnern, weil es sonst unser Herr tun würde!" Prinz Theodemir bestätigte seinen Busenfreund: „Bodo, Du hast mir aus der Seele gesprochen und bestimmt auch unserem König, dem dies ja zum Anliegen schlechthin geworden ist." Sie waren sich einig bei den Anstrengungen nicht nachlassen zu wollen und ihre Mitstreiter stetig zu ermutigen.

Friedrich Teja, der König von Thule, sah auch den nächsten Vorschlag ein, obwohl dieser ihm selbst noch weitere Arbeit aufbürdete. Er möge noch mehr Reisen in Thule unternehmen, um sein Anliegen direkt zu den Seinen zu tragen. Selbst seine Amala, die ihren Gemahl am liebsten Tag und Nacht um sich haben wollte, entsagte ihrem Egoismus um der höheren Sache willen. Denn sie sollte ihn dabei begleiten, um durch ihre Warmherzigkeit und Fröhlichkeit noch einen anderen Aspekt wirken zu lassen. Dieser Empfehlung ging eine längere Erörterung eines allen schier unerklärlichen Phänomens voraus, und dies betraf das Auftreten des Herrschers. Markgraf Rainald, der an der Südlandreise des Königspaares teilgenommen hatte, legte dar, wie staunend er die Begeisterung und Verbundenheit der Thulaner mit ihrem Herrscher erlebt hatte. „Hier gilt es weiterzumachen, die Gegenwart des Königlichen Paares verbindet die Königsidee mit dem realen Erleben der Thulaner. Unserer Majestät Vorbild und Charisma, wie Eure warmherzige Ausstrahlung, Königliche Hoheit, verzaubern die Menschen, tauchen sie in eine Aura des Glanzes, enger Verbundenheit und der Identifikation. Dies ist für alle, die das Königspaar erleben, die Manifestation von Thule und gibt dem manchmal abstrakten oder fernen Königsbild einen ganz realen Bezug. Wenn unser Herrscher spricht, dann bannt er die Menschen. Für die Seinen ist das Wort ihres Königs wie eine Offenbarung. Was er sagt und will ist für sie Gebot und wird nicht angezweifelt. Sein Appell an Eintracht und Frieden untereinander dringt in die Herzen der Menschen. Deswegen sollte Majestät noch viele Reisen durch Thule unternehmen, um alle Thulaner für sein Anliegen zu gewinnen. Und, Königliche Hoheit, wenn Ihr Euren Gemahl dabei begleiten würdet, käme noch ein wichtiger Aspekt hinzu. Von Euch geht eine „irdische Nähe“, eine Wärme und Heiterkeit aus, die eine Verbindung schafft zwischen unserem König und seinem Volk.“

Er verstärkte seine Bitte noch: „Königliche Hoheit vor Eurem Gemahl besteht wegen seiner Biographie und unseres Verständnisses von der Erhabenheit unseres Königtums eine „heilige“ Scheu. Selbst mich, den doch sonst so nüchternen Juristen, ergriff inmitten der begeisterten Menschen ein Schauer und eine mir unerklärliche Suggestion, die auch alle uns umgebenden Menschen erfasste. Dabei sehe ich meinen Herrn fast täglich, als zugewendeten Menschen, aber da stand plötzlich ein anderer vor mir, ein Monument und das personalisierte Thule. Mir ging es so, als würde ich ihn zum ersten Mal erleben, was ich nicht fassen konnte.“ Prinzessin Adelheid, pflichtete ihm bei. „Lieber Rainald, darüber braucht ihr Euch nicht zu wundern, mir geht es nicht anders. Ich vergesse auf einmal, dass mein Bruder zu uns spricht, denn er hat sich urplötzlich in einen anderen verwandelt. Der Mensch Friedrich wird dann zum weit über uns stehenden Herrscher. Mir ist dabei so, als würden sich alle unsere

Ahnen in ihm bündeln. Amala, wie geht es denn Dir damit?" „Adli, Fried ist dann für mich auf einmal der erhabene Herrscher. Als ich dies das erste Mal erlebt habe, meinte ich zu träumen. Aber ich vermochte es nicht, mich diesem Sog zu entziehen, und schaffe es selbst heute noch nicht."

Beowulf lachte: „Meine lieben Hoheiten, dieses uns Unerklärliche gehört zu ihm, wurde ihm von seinen Ahnen im Blut mitgegeben. Damals als unser Prinz Sonnenschein den Titel König erhielt, geschah etwas, was niemand für möglich gehalten hatte. Als unser „kleiner" König so zu allen sprach, als wäre dies für einen Siebenjährigen völlig selbstverständlich, da traute ich weder Augen noch Ohren. Was da ablief, empfand nicht nur ich als Magie. Der stets zu Streichen aufgelegte, übermütige Lausbub wurde zu einer Hoheit. Seinem Vater König Manfred ging es so, als hätte der kleine Friedrich dies alles schon einmal erlebt und wüsste genau, wie er sich nun verhalten müsse. Und ich wurde in einem bestätigt: Kein anderer als der künftige große König stellte sich uns vor. So musste er dies einst als Kaiser Friedrich II. getan haben. Und diese Assoziation wurde ich nie wieder los." „Beo, ich seit damals ja auch nicht. Aber, meine Lieben, wir sollten uns jetzt nicht weiter mit unserem Herrn beschäftigen, zumal er das nicht schätzt, sondern eine Erkenntnis daraus ziehen und in einen Vorschlag ummünzen, denn sonst läuft uns die Zeit davon." Diese Ermahnung Herzog Wittichs half seinen Mitstreitern sich wieder auf den Vorschlag zu konzentrieren, der dann als Bitte an das Königspaar formuliert, dies ersuchte künftig noch mehr solche Reisen zu unternehmen.

In der anschließenden Mittagspause sprach der Kanzler die Königin noch einmal auf seinen vorherigen Eindruck an, den er bei der gemeinsamen Reise gewonnen hatte. „Königliche Hoheit, Ihr begeistert die Menschen mit Eurem Wesen, Ihr gehört dann auch zu ihnen und seid die emotionale Brücke zu unserer Majestät, sein Engel und auch der unsere. So hat es mir damals der Patrizius von Indulfsvik gesagt, als er Euch erstmals erlebte, und Bischof Adalbert pflichtete ihm bei." Adelheid nahm sie spontan in die Arme: „Amala, es ist wirklich so, Du hast die Herzen aller im Sturm erobert, Deinen Beinamen „Engel von Thule" geben Dir inzwischen selbst Totis raue Kapitäne. Für unseren König bist Du eine wunderbare Ergänzung, denn Warmherzigkeit können die Menschen nicht mit der Rolle des Herrschers verbinden, den sie als das Monument des Königtums sehen wollen. Dich liebe Schwester hat es gebraucht, um die Thulaner vom Gefühl her mit dem Königshaus zu verbinden.“ Adelheids Aussage fand Bestätigung vom ganzen Thronrat, also galt es Jahr für Jahr einige größere Reisen durch Thule zu unternehmen, sich sehen zu lassen, Menschen zu treffen und als Königspaar Thule zu repräsentieren.

Weitere Überlegungen unterbrach die Zofe, die ihr mitteilte, der kleine Sohn verlange gebieterisch nach seiner Mutter. Und dieser hatte bei der jungen Mutter natürlich den absoluten Vorrang. Den ausgeschlafenen und satten Prinzen brachte die Königin danach mit an den Tisch. Alle wollten sie einen Blick von ihm erhaschen. Seinen Großvater machte er glücklich, als er ihm sogar seine Ärmchen entgegenstreckte. Selbst beim Essen ließ sie das Thema Frieden nicht los, wenngleich der kleine Prinz doch mehr im Mittelpunkt stand. Und er schien bester Laune zu sein, erfreute so die Runde und als ein unwillkürliches Lächeln in seinem Gesichtchen aufschien, da hatte er „gewonnen“. Die schwangere Adelheid nahm ihn auf den Schoß, damit er seine(n) werdende(n) Cousin(e) spüren konnte. Ob sie damals schon versuchte, den künftigen König und ihr eigenes Kind eng aneinander zu binden?

Am Nachmittag wurden weitere Punkte erörtert und viele Ideen eingebracht, aber Theodemir mahnte den Thronrat, nur noch Schwerpunkte zu setzen und diese erst einmal mit Leben und Erfolg zu unterlegen. Der Prinz verwies auf die große Wirkung der Weihnachtsbotschaft des Königs und den dadurch ausgelösten Schulterschluss mit dem Klerus, der Friedrichs Anliegen auch zu dem seinen gemacht hatte. Eintracht sei vorrangig das Überwinden von Neid, kleinlichem Gezänk und Zwistigkeiten. „Was König Friedrich uns allen gesagt hat, zum Volk von Thule und vor allem zu uns, die wir in der Lage sind zu helfen, dem ist nichts hinzuzufügen. Es gilt dies zu wollen, zu befolgen und uns immer wieder, so wir übermütig werden sollten, in Erinnerung zu rufen. Den blinden Sänger Peter hat dies zu einem ergreifenden Lied animiert, er nannte es des großen Königs Gebet. Er bezeichnete Friedrich darin als König des Friedens, der das gefürchtete Schwert stecken lässt und in seiner Heldenfaust nun Gaben für die Armen hält. Dieses Epos, meine Lieben hat es in sich, es erreicht die Seele und sollte überall in Thule erklingen. Und dies an allen Herden, auf allen Burgen und Inseln. Alexander, den sie den Sängerfürsten nennen, hat sich bei mir angesagt. Mit ihm will ich darüber sprechen, ob denn seine

Sängerkollegen ihre Eifersüchteleien hintanstellen und alle dieses Lied des Friedens und der Barmherzigkeit verbreiten könnten, davon verspreche ich mir schon einiges.“

Eine Anregung wurde noch aufgegriffen. Sie betraf alle Schulen und Waisenhäuser wie auch die Waffenmeister Thules. Bei allen Rangeleien sollten künftig die Lehrer und Erzieher beim Schlichten den Aufruf hinzufügen: „Unser König will, dass wir Frieden halten, uns vertragen und einigen können.“ Den Waffenmeistern sollte noch ein weiterer Punkt als dringender Wunsch des Königs ans Herz gelegt werden. Die Zöglinge erlernen das Waffenwerk, um dadurch den Frieden zu sichern, dies sei das oberste Gebot der Tapferen! Dem pflichteten alle überzeugt bei. Amala konnte ein Erlebnis der Südlandreise beisteuern, das sie aufgewühlt hatte. Graf Dankwart, einst ein grimmiger Recke, machte seinem König wegen dessen „Friedenssucht“ Vorhaltungen. Der Graf, beflügelt durch das genossene Bier, sprach seinen Herrscher in einer Weise an, dass es der Königin kurz den Atem verschlagen hatte.

„Hohe Majestät, wir sind doch ein Kriegervolk und keine ängstlichen Schafe. Wir haben große Helden hervorgebracht und uns noch jedem Kampf gestellt. Wenn wir jetzt nur noch dem Frieden nachjagen, dann werden wir zu verweichlichten Memmen, die keiner Gefahr mehr standhalten können. Wir sind doch Goten und keine Römer. Wir sind aufrechte Männer und keine geduckten Mönche!“ „Amala, wie hat unser Fried darauf reagiert? Sicher wurde er zornig, denn so darf ihm niemand kommen.“ Dies interessierte nicht nur den Prinzen, sondern die ganze Runde. „Nein, Toti, er hat still zugehört, den Grafen Dankwart ruhig angesehen. Er wirkte dennoch wie abwesend und antwortete mit müder Stimme. Alle anderen Mannen um uns herum warteten gebannt. Auch ich war gespannt wie Fried darauf reagieren würde.“

„Dankwart, Ihr ward mir immer ein Getreuer, habt unter meinem Großvater so manchen Kampf bestanden, Gefahr von Thule und seinem Königshaus abwenden helfen. Dafür waren Euch die Herrscher und Eure Mitstreiter dankbar. Mir wollt Ihr nun etwas nahebringen, was auch mich besorgt macht. Dabei vermengt ihr zwei Gesichtspunkte. Dankwart, wer war denn der größte „Schlächter“ von allen? Schaut meine Hände an, von Blut tropfend müssten sie sein, wenn es sich nicht abwaschen lassen würde. Am Anfang habe ich diese durch meine Hände gefallenen

Menschen noch gezählt, war darauf sogar noch stolz. Ich hielt mich an den schlimmen Ausspruch des Kriegerkönigs Alarichs zur Wanderzeit der Goten: „Je dichter das Gras steht, desto besser geht das Mähen!“ Und ich selbst habe gemäht, hingeschlachtet und Angst und Schrecken verbreitet. Als es mehr als hundert Tote waren, denen Thules König das Leben raubte, da begann ich endlich und viel zu spät nachzudenken. Von da an habe ich die gebrochenen Augen gesehen und das Todesröcheln gehört. Oft stehen sie in Albträumen vor mir, diese jungen Krieger, denen ich Leben und Zukunft nahm. Sie rufen, „Friedrich Teja, Ihr seid der Schlimmste aller. Keiner Eurer Vorfahren hat so viele Leben zerstört wie Ihr!“ Dankwart, anklagend stehen sie vor mir und fordern mich vor den höchsten Richter. Sie wurden doch in den Krieg getrieben, wurden Opfer harter, gieriger Herren, die zu Haus blieben, während sie selbst auf dem Schlachtfeld verbluten mussten. „Wir verderben hier auf der Wahlstatt, liegen in Massengräbern! Unsere irdischen Herren genießen ungerührt ihr irdisches Luxusleben. Es kümmert sie doch nicht, dass unsere Eltern, Frauen und Kinder um uns trauern. Sie übersehen ihren ständigen Gast, die Not und das Elend.“ Diese Traumgestalten rufen mir zu, der Tod heißt Friedrich Teja, trägt den Goldreif am Helm, sein Mordschwert in harter Faust. Sie schreien mich an, Friedrich Teja, Ihr seid die Unerbittlichkeit und die Unbarmherzigkeit in Person! Dankwart, das sind keine guten Träume, dagegen helfen weder Schild noch Schwert, auch kein Wort und nicht einmal ein Gebet. Denn sie haben Recht, mahnen mich inständig endlich die Kriege zu verhindern und den Frieden zu gewinnen. Dankwart, wir kämpfen nicht um des Kampfes willen und auch nicht weil uns die Lust am Sieg beflügelt. Dankwart, wir schützen unser Thule, unsere Eltern, Frauen und Kinder. Wir kämpfen auch für diejenigen, die den Pflug führen, die unser tägliches Brot backen und für alle, die uns mit dem versorgen, was wir sonst noch brauchen. Sie sind es nicht geübt das Schwert zu führen, den Speer zu werfen und den Pfeil zu schießen.

Dankwart, es wird auch in Zukunft leider nicht ohne Kampf abgehen. Weil wir dies nicht abwenden können, müssen unsere Krieger üben und wir unsere Waffen weiterentwickeln. Dankwart, ich bin kein Selbstmörder. Ich weiß wir müssen wachsam und wehrhaft bleiben, um uns verteidigen zu können. Wir müssen dabei die Verluste an jungen Menschen so gering wie irgend möglich halten. Dankwart, wenn es uns nur ums Kämpfen und Töten ginge, dann wären wir nichts anderes als Totschläger, ja Mörder. Wir nennen es nur anders: Helden, Recken,

Kämpen oder wie auch immer!“ Mein Gemahl hatte dies gramvoll und mit fahler Stimme gesprochen. Damit hatte er den alten Grafen erreicht und erschreckt, so wie auch den Kreis, der sich um uns gebildet hatte. Einer sprach es dann aus: „So habe ich es noch nie betrachtet, obwohl es nur so richtig gesehen ist. Wenn unser größter Held unter seinen Taten leidet, die wir verherrlichen, dann gilt es innezuhalten und in sich zu gehen.“ Ich hatte es ja auch schon erlebt, dass Fried in der Nacht verstört aufschreckte. Dort im Rathauskeller von St. Vitus hat er aber erstmals darüber gesprochen.“ Als Amala dies im Thronrat preisgab, war sie sich der Zustimmung ihres Gemahls gewiss, sie wusste ihr war die Preisgabe seiner Albträume nicht verwehrt. Selbst ihr Vater und sein Freund Beowulf, die eisernen Recken bekannten nun, auch ihnen seien in ihren Träumen schon die von ihnen Getöteten erschienen, die ihr Leben zurückforderten. Selbst die beiden jungen Helden Theodemir und Bodo gestanden ein, dass es auch ihnen nicht anders gehe. Im Thronrat wurde es ganz still, Nachdenklichkeit und Mitgefühl machte sich breit.

Markgraf Rainald, der einfühlsame Kanzler, durchbrach die Stille. „Nie hätte ich mir ausmalen können, wie im Triumph die Qual angelegt ist, wie aus dem Sieg nebelgleich die Totenklage aufsteigt. Ihr, die tapferen Krieger, übernehmt diese seelische Last für uns, zahlt dafür einen hohen Preis und dennoch habt Ihr alle darüber geschwiegen. Wir sollten dies den künftigen Kriegern nahebringen, ihnen ihre Verantwortung aufzeigen, um ihnen die törichte Lust am schieren Kämpfen zu nehmen. Der Kampf für den Frieden wird so auch zum Ringen mit uns und gegen den eitlen Schein. Unsere Krieger sind aufgerufen dem Frieden zu dienen und nicht dem Krieg. Sie sollen das Leben der ihnen Anvertrauten schützen und nicht das ihre, begierig auf Kampf und Ruhm, in die Waagschale des Schicksals werfen. Lasst uns in der Akademie, der Hochschule für Nautik und wo immer auch unsere Krieger geformt werden, in großen Lettern die Mahnung anbringen, die uns Majestät ans Herz gelegt hat. „Wir schützen unsere Heimat und wir kämpfen für den Frieden. Friedrich Teja, König von Thule.“ So schlug es der Thronrat vor und so ordnete es der König an.

Friedrich dankte dem Thronrat. Er sagte, sie alle hätten mit dem Herzen gefühlt und mit dem Kopf daraus das Machbare gestaltet. „Meine Lieben, Ihr habt eine große Schlacht geschlagen, habt heute viel für unser Thule getan und mir sehr geholfen. Lasst uns Eure Ausarbeitung als

Friedensbrief in die Lande geben, damit sich noch weitere Gedanken daran entzünden können. Nur wenn wir weiterhin für den Frieden kämpfen, zäh und unermüdlich, mit brennendem Herzen und großer Überzeugungskraft können wir ihn erreichen!“

## Kinderlachen

Ein Jahr alt war er geworden der kleine Prinz Friedrich, der in der Familie nur Fedi gerufen wurde. Es hatte eine kleine Feier gegeben, mit einem noch kleineren Gast, nämlich seiner Cousine Prinzessin Agnes, die wie stets sein besonderes Interesse weckte. Sie war zwar erst sieben Monate alt, doch die Kleine strahlte wenn der Cousin in ihre Wiege hineinblickte und sie ganz vorsichtig berührte. Neben Mutter und Vater schien die kleine Agnes sein größtes Interesse zu erwecken. Beiden Elternpaaren war dies sehr recht, denn sie freuten sich über die Aussicht, ihre enge Bindung könnte sich auch auf die nächste Generation übertragen. Auf Wunsch Friedrichs lebten Schwester und Schwager wieder im Königsschloss. Prinz Theodemir konnte Hildebrandtsvik guten Gewissens verlassen, sowohl die Reorganisation der Flotte als auch die neuen Kriegsschiffe hatten die Testphase erfolgreich bestanden. Damit war er frei für andere Vorhaben, in die ihn der König einbinden wollte.

In diesem Jahr hatte Fedi seine ersten drei Worte gesprochen, die er nun mit zunehmender Intensität ausbrachte. Er hatte inzwischen Laufen gelernt, sein blonder Schopf war dichter geworden und seine blauen Augen schauten wach und interessiert in die Welt. Wenn sein Vater ihn in die Luft warf, ihn auffing dann brach er in fröhliches Jauchzen aus. Als Amala feststellte, dass sie den ersten blonden Staufer geboren hatte, war sie ein wenig enttäuscht. Sie hatte sich doch vorgestellt und gewünscht, dass ihr Sohn einmal das Ebenbild ihres Gemahls werden würde. Als Friedrich ihre Enttäuschung mitbekam, bemerkte er lapidar: „Nach vier Generationen Staufer mit dunklen Haaren war es an der Zeit, dass wieder einmal ein blonder Spross auftaucht!“ Abgesehen von diesem „Makel“ schien sich ihr Wunsch zu erfüllen. Alle, die den Herrscher noch als Kind erlebt hatten, verblüffte die Ähnlichkeit des Prinzen mit seinem Vater. Auch Fedi war, so wie einst sein Vater ein Prinz Sonnenschein, ein fröhliches Kind, das kaum quengelte und gerne schmuste, was auch seinem Vater nachgesagt wurde.

Eines Tages entwischte Fedi hin zur großen Treppe, die hinunter in die Räume seines Vaters führte. Was würde er jetzt tun? Vorsichtig stieg er die Treppe hinab. Seine Mutter wehrte den Mägden, die ihn zurückholen wollten. Amala interessierte, was das kleine Kerlchen nun vorhatte. Ganz zielstrebig, so als hätte er dies öfters selbständig unternommen, nahm er „Kurs“ auf das Arbeitszimmer seines Vaters und war enttäuscht als er ihn dort nicht vorfand. Davon nicht entmutigt ging er zum Audienzsaal. Die Wache öffnete der kleinen Königlichen Hoheit die Türe. Da hindurch stapfte er mit lautem „Papa“. Die Menschen, die mit seinem Vater verhandelten, kümmerten ihn dabei überhaupt nicht, er wollte ja „nur“ zu seinem Vater. Durch die offen gebliebene Tür konnte die Königin beobachten wie König Friedrich sein Söhnchen auf den Arm nahm und ihn stolz der Abordnung der Stadt Indulfsvik präsentierte. Dies war der erste „Staatsakt“, dem der kleine Prinz beiwohnte. Auf diesen folgten noch viele ähnliche, denn dem Kleinen bereitete es großes Vergnügen seinen Vater immer wieder zu besuchen.

Der König war ein stolzer Vater, der sich gerne, soweit es ihm seine Arbeit erlaubte, in seine kleine Familie zurückzog. Er hatte in dieser Zeit Graf Markulf zu seinem Adlatus gemacht. Dieser kam, so der König selbst, aus einer „harten Schule“. Sein Mentor, Markgraf Bodo, hatte ihm nichts geschenkt und alles darangesetzt, den jungen Grafen für das auf ihn wartende Amt zu befähigen. Sein König und Freund war sehr zufrieden mit dem Ergebnis, denn Bodo überließ ihm einen immens lernwilligen und bestens vorbereiteten Helfer. Lobend bemerkte der König zu Amala: „Markulf muss ich nur erklären, was ich mir vorstelle und erwarte, dann weiß er ganz genau was zu tun ist und macht es unverzüglich. Er wird zu meiner Freude ein guter Herzog werden, einer, der die wesentlichen Aufgaben kennt, und der gelernt hat sich nicht zu verzetteln. Der Junge macht Freude und bringt mir tatsächlich eine echte Entlastung. Ich bedaure schon den Tag, an dem er uns wieder verlässt.“

Wie konnte der mächtige Herrscher Thules mit seinem Söhnchen herumalbern, mit ihm lachen und schmusen. Er wollte seinen kleinen Schatz so richtig erleben, Vater sein und sich an ihm erfreuen. Was für ein Gegensatz zu den Herrschern des Abendlandes und gar des Orients. Wie dort deren Kinder behandelt und in frühen Kinderjahren weggegeben wurden, um den „Ernst des Lebens“ möglichst früh zu erleben, das erschien dem Königspaar undenkbar. Welches kranke Hirn und welch böse Macht hatte sich diese unmenschliche Tortur ausgedacht. Man stahl so den kleinen Königskindern ihr unbeschwertes Kinderleben, brachte sie um die Liebe der Eltern, erstickte Freude und Fröhlichkeit. Selbst der spätere Kaiser Friedrich II. wurde in frühen Kinderjahren dieser Ungeheuerlichkeit ausgesetzt. Das Thulanische Königspaar hatte dazu eine völlig andere Einstellung. Sie lebten nach dem „offiziellen“ Dasein als König und Königin bewusst zurückgezogen, um sich an der Gemeinsamkeit der kleinen, manchmal auch großen Staufischen Familie zu erfreuen. Es hatte sich in Thule längst herumgesprochen, dass die Königin in den Räumen des Herrschers lebte. Und nun lebte auch der kleine Prinz dort, spielte und schlief bei seinen Eltern. Sie bekamen aus mehreren Quellen bestätigt, dass dies den Thulanern gefiel. König Friedrich hatte es bei seinen Eltern so erlebt und auch Amala wuchs liebevoll behütet und fast ohne Kontakt zur Außenwelt auf der „Insel" Rosenburg auf. Was wäre ihnen bei einer anderen Lebensweise alles entgangen, all das kleine Glück, die Freuden und die Unbekümmertheit ihres Daseins.

Früh schon durfte der kleine Prinz mit seinen Eltern reisen, anfangs in der Kutsche, später aber am liebsten angelehnt an seinen Vater auf dem Pferd. Der kleine Sattel, den Friedrich konstruiert hatte und der in der Werkstatt des Großvaters kunstvoll gefertigt wurde, passte genau auf das Horn des königlichen Sattels. Als Neuerung waren an ihm verstellbare Gurte angebracht worden, die verhinderten, dass der kleine Prinz herabrutschen konnte. Von dieser hohen Warte aus hatte er eine weit bessere Sicht als in der Kutsche. Im Schloss besaß der Prinz ein feuerrotes Schaukelpferd, das er „Pede" nannte und auf das er gerne hinaufkletterte. Daneben gab es eine Flut an Spielsachen, er drohte darin zu versinken, spielte mit keinem länger sondern ging gleich wieder zum nächsten über. Sein Vater, beobachtete dies, und es gefiel ihm nicht wie sein Sohn sich verzettelte. Also handelte er. Während Fedi schlief wurde fast alles Spielzeug entfernt und vieles an Waisenhäuser verschenkt, damit sein Sohn lernte intensiver zu spielen. Nach einem anfänglichen Meckern wirkte dieser Schnitt. Er machte den Kleinen viel zufriedener, ließ ihn weitere Möglichkeiten erproben und geduldiger werden.

Seine Mutter wickelte er um den kleinen Finger, in ihrer Mutterliebe war sie ihm manchmal geradezu ausgeliefert. Der Vater war strenger, ein deutlich und betont gesprochenes Fedi wirkte fast immer. Später wollte er nicht erleben, dass er nicht mitgenommen wurde. Instinktiv bekam er mit, welch immenser Respekt seinem Vater gezollt wurde und verhielt sich entsprechend. Der beiderseitigen Liebe tat dies keinen Abbruch, auch nicht der Unfug den Amalas geliebte Männer gelegentlich miteinander trieben. Fedis Lachen und Jauchzen war für Friedrich Ansporn und

Lebenselixier. Das schloss nicht aus, dass das Königspaar still ihrem Söhnchen zusah, das ihm so große Freude brachte.

Herzog Wittich, der liebevolle Großvater nahm jede Gelegenheit wahr, um nach Theodericia zu reisen. Es fanden sich immer wieder wichtige Angelegenheiten, die er mit seinem Schwiegersohn oder dem Kanzler am Hof zu besprechen hatte. Doch der dahinter verborgene Grund war sein Enkel, dem er seine ganze Liebe schenkte. Aber auch Fedi hatte seinen Nonno ins Herz geschlossen. Er ritt sogar mit ihm hinunter zur Stadt, eskortiert von der herzoglichen Leibwache in ihren prächtigen roten Wämsern. Rot war nämlich seine Lieblingsfarbe, und die hatte auch seine bevorzugte Mütze.

Mehr als zuvor suchte das königliche Paar jene Orte auf, die sie sich als Rückzugspunkte auserkoren hatten. An erster Stelle war dies das nahe Schloss Waldausee. Dessen Gestüt war für Fedi die Welt schlechthin, so wie einst für seinen Vater. Ihn lockten die Pferde, die tapsigen neugierigen Fohlen und der abgetrennte Garten, in dem er herumtollen konnte. Amalas besondere Vorliebe galt den Fünf-Thälern und dort die hoch oben gelegene Burg Vogelstein. Schloss Friedrichsruhe blieb des Königs bevorzugtes Domizil mit seinen Gegensätzen. Einmal war es der weite Blick hinaus ins Land und andererseits die Abgeschiedenheit, die ihn besonders ansprachen. Die Kronburg fand bei Fedi den geringsten Anklang, dort gab es weder Kinder, noch Pferde oder Hunde. Selbst der ihn anfangs faszinierende Aufzug verlor bald an Interesse. Dieser erhabene Ort, der ganz auf Repräsentation und Schutz angelegt war, langweilte ihn. Mit dem unvergleichlichen Ausblick, den prächtigen Gebäuden und dem wolkennahen Plateau wusste der Königsohn noch nichts anzufangen. Bald kam noch ein weiterer Anziehungspunkt hinzu, die Insel Amalaholm, wo Fedi vor allem der Strand gefiel. In einer versteckten Bucht an der Westseite lernte er von seinem Vater Schwimmen und Tauchen. Das Wasser wurde zu seinem Element. Stets gab es Proteste wenn er es wieder verlassen sollte, obwohl er eigentlich schon fast fror. Amala nahm mit Freude wahr welche Kraft ihr Mann aus diesen kleinen „Fluchten“ schöpfte. Sie sah es seinen Augen an, der sie ängstigende Anflug von tiefer Müdigkeit hatte sich dann verflüchtigt, er wirkte frisch und zufrieden. Wenn das Schloss der Königin fertiggestellt war, an dem derzeit noch viele Hände bauten, dann gab es für die kleine

Familie noch einen weiteren Rückzugsraum. Diesen wollten sie künftig so privat wie möglich halten.

Abb. 1 Amalaholm mit dem Schlossbau

**Das neue Theater**

Drei Jahre hatten die Handwerker am neuen Theater der Heiligen Stadt und an den Gerichtsgebäuden gebaut. Den einstigen Stadtgraben gab es nicht mehr, der in der Frühzeit der Heiligen Stadt, zusammen mit der alten Stadtmauer die heutige Altstadt zu schützen hatte. An seiner Stelle war nun ein von den Thulanern sogleich gut angenommener Anziehungspunkt entstanden. Dieser störende, manchmal gar als Müllplatz missbrauchte Stadtgraben hatte sich total verändert. Ein neues Theater und sein großzügiger Vorplatz waren zu bestaunen. Ihm gegenüber erstreckte sich ein kleiner Park bis zum neuen Eingang der Gerichte. Vier Brunnenbecken setzten in ihm schöne Akzente, beschatteten Bänke und boten den Müden dort gern angenommene Ruheplätze. Mitten im Theaterplatz, wo zuvor die Grabenbrücke war, stand nun ein schöner überdachter Brunnen. Er ersetzte den maroden Brunnen vor dem Eckhaus „Am Graben" und der Rechisstrasse.

Aus einer unansehnlichen Ecke war nun ein lichter, attraktiver Stadtraum entstanden. Den Eingang des Parks hatte der Baumeister mit zwei kleinen Tempeln verschönt. Sie beschirmten die Standbilder von Justitia und Gerechtigkeit. Erstere kennzeichnete verbundene Augen und Waage, die andere Buch und Schwert. Osmin, ihr Schöpfer, wollte die Gerechtigkeit als Personifikation des Staates mit einer Königsstatue darstellen, wovon ihm jedoch König Friedrich abgeraten hatte. Gegenüber lagen zwei weitere Statuen. Diese Musen kündeten vom Zweck des Theaters, Kalliope stand für die Dichtkunst und Terpsichore für Musik und Tanz.

Die beiden Türme des Grabentores hatten einen frischen Anstrich und buntglasierte Dachziegel bekommen. Den hinter ihm liegenden Kräutermarkt schmückte ein neuer, von Bäumen umringter Brunnen. Gemeinsam mit den alten Bäumen rings um den Platz, lud der zum Flanieren ein. Damit bekam nun die untere Altstadt einen attraktiven Zugang, der die Bürger einlud, sich am Hochufer der Amelunga zu ergehen. Im Zuge dieses Umbaus hatte der Rat der Stadt die Chance ergriffen, die untere Altstadt zu sanieren. Die dortigen Eigentümer bekamen vom Rat für ihr Mitwirken zwei Anreize geboten. Die Stadt bot zur Renovierung der Häuser günstige Kredite an und gewährte weniger begüterten Eigentümern einen Zuschuss. Dies ließen sich die Theodericianer nicht entgehen und verwandelten das Stadtviertel in einen attraktiven Teil der Heiligen Stadt. Den König freute diese Initiative seiner Heimatstadt, die der von ihm eingeforderten Selbstverwaltung Auftrieb gab. Würden andere große Städte diesem Beispiel folgen, könnte der Herrscher einen großen Schritt auf dem Weg zu seiner Entlastung verzeichnen.

Wie nicht anders zu erwarten, hatte es gegen dieses Bauvorhaben Widerstand gegeben. Dieser kam nicht von den Bürgern, sondern von staatlichen Behörden. Die Einwände des Königlichen Stadtvogts gegen die Umgestaltung des Vogteiplatzes und die geplante Höhe des Theaters, vermochte der Magistrat schnell zu entkräften. Hier genügte ein Blick auf das Modell und in die Pläne, um den Stadtvogt umzustimmen. Die Südseite der Fassade des neuen Theaters war deutlich niederer geplant, als der Stadtvogt befürchtet hatte. Dafür sorgten zwei Gegebenheiten. Das Halbrund der Theatersüdseite würde dank des höheren Niveaus des Vogteiplatzes ohnehin niederer ausfallen, wozu der vertiefte Graben beitrug. Da jedem Stockwerk ein außen umlaufender Wandelgang zugeordnet war, gliederte sich die Fassade. Filigrane Säulen und schöne Geländer trugen dazu bei. Einige davor gepflanzte Bäume würden den Anblick ebenfalls auflockern.

Mit den anderen Staatsbehörden, die Einspruch erhoben hatten, tat sich die Stadt weit schwerer. Die leitenden Richter verwahrten sich gegen zwei sie betreffende Veränderungen. Der kleine Garten, in dem sich Anwälte und Richter während der Pausen ergehen konnten, sollte der Allgemeinheit nicht zugänglich sein. Außerdem ginge es nicht an, ihre wichtige Aufgabe durch Baulärm zu beeinträchtigen. Die Versuche des Magistrats sich gütlich zu einigen, scheiterten. Da die Gerichte dem König als Oberstem Gerichtsherrn unterstanden, wendete sich die Stadt direkt an ihn. Die Ratsherren wussten ja, ihrem Herrscher war dieses Theater ein großes Anliegen wie auch der repräsentative Platz davor. Sie gingen zuversichtlich davon aus, von König Friedrich Unterstützung zu erfahren.

Friedrich, der die Umgestaltung der Stadt selbst überlassen hatte, musste nun eingreifen. Er hätte den Bau einfach anordnen und damit jeden Widerstand ersticken können, müsste sich dabei weder um den Ärger noch um Vorbehalte der Richter kümmern. Doch das kam ihm derzeit nicht gelegen. Er hatte die Richter oft genug gestutzt, die in ihm lange und zu Recht ihren Feind sehen mussten. In jüngster Zeit entwickelte sich zur

Erleichterung beider Seiten wieder ein besseres Miteinander, das der König nicht aufs Spiel setzen wollte. Zumal er bei seinem Vorhaben, Thule einen dauerhaften inneren Frieden zu schenken, auf das Mitwirken der Richter baute. Sie sollten die neuen Gesetze überzeugt mittragen, mit ihren Urteilen beim Beilegen von Streitigkeiten zur Befriedung beitragen und nicht neuen Zwist beflügeln. Was also sollte er tun?

Der König beorderte die Kontrahenten zum künftigen Bauplatz. Den Stadtbaumeister hatte er dazu gebeten, wie auch seinen Freund Sigmund, den Oberrat der Technik im Bauministerium. In letzter Minute stieß mit Professor Osmin auch noch der Oberste Architekt Thules zu den Herren. Friedrich bedeutete den Kontrahenten, dass er ihre jeweiligen Positionen kenne und würdigen wolle. Es sei ihm an einer Einigung gelegen, die alle Seiten zufriedenstelle. Daher habe er sich von seinen beiden Experten beraten lassen, die er ihnen vorstellte. Von der alten Brücke aus über den verwilderten Graben betrachteten sie den künftigen Baugrund. Einwände gegen das Theater machten die Juristen keine geltend, ihnen ging es nur um den schmalen Garten zwischen dem Südgebäude der Niederen Gerichte und dem Stadtgraben. Sie wünschten sich, dass dieser Bereich unangetastet bleiben sollte und mit einem Zaun zum neuen Platz hin abgegrenzt würde. Damit sei doch dem Wunsch des Herrschers und der Stadt Genüge getan, denn so hätten sie das Theater mit dem Platz davor. Auch der Umgestaltung des Kräutermarktes und dem Umbau des Unteren Stadttores stünde so doch nichts im Wege. Die Bedenken des Stadtbaumeisters wegen der geschmälerten Wirkung des Platzes könnten sie nicht teilen. Die ließe sich auch durch eine repräsentative Mauer erreichen. Sie würden sich gegen das Verschönern des Grabens nicht wehren, baten aber darum, dass der Baulärm ihre Arbeit nicht beeinträchtigen solle.
(*siehe Skizze auf Seite 69)*

Stadtpatrizius Gerhardus, der neben dem König stand, blickte seinen König an, sah dessen verschmitztes Lächeln und wusste, jetzt war eine Lösung in Sicht. „Meine Herren Richter, Ihr leidet doch an einem akuten Platzmangel, zumindest wurde es mir so vorgetragen. Ihr blickt Euch gerade fragend an, meint vielleicht, dass dies mit dem Vorhaben der Stadt nichts zu tun hat? Mitnichten, ich habe mich gestern mit Osmin von Gnadenthal und Oberrat Sigmund beraten. Wir sind dabei zur Ansicht gelangt, hier ließen sich zwei Fliegen mit einer Klappe schlagen. Was wir uns vorstellen können: Der ganze Graben wird aufgefüllt oder überbaut. Allein dadurch ergeben sich für die Gerichte drei Chancen. Erstens: Unter dem kurzen Flügelbau am Aquädukt werden in Verlängerung des Trakts unterirdische Räume für das Archiv angelegt. Der bisherige Graben wird hierfür einbezogen. Das Archiv soll noch weiter bis zu den hohen Gerichten geführt werden und auch von dort aus zugänglich sein. Darüber wird ein Garten angelegt. Zweitens: Die „eingedrückte“ rechte Seite des Hohen Gerichts wird zum Viereck erweitert und diesem ein weiteres Stockwerk aufgesetzt. Drittens: In der Bauzeit zieht das besonders betroffene Hohe Gericht in das derzeit nicht genützte Palais des Erzbischofs.“ Schon an den sich aufhellenden Mienen ließ sich ablesen, der Durchbruch war geschafft.

Der König sprach weiter: „Meine Herren Richter, bereits mit diesem Umbau seid Ihr weit besser gestellt als zuvor. Doch damit hat es sich noch nicht: Der bisherige Eingangsbereich wird bis zur Stadtmauer verlängert. Damit sind für Euch zwei Vorteile verbunden. Ihr gewinnt den schon lange geforderten großen Saal und weitere große Räume. Dies erfordert einen repräsentativen Eingang. Dessen Zugang soll durch den neuen, teilweise über dem bisherigen Graben entstehenden Park führen. Eine kleine Pforte für Anwälte und Richter lässt sich, so erwünscht, in der Nähe des alten Eingangs „Am Graben“ anlegen. Die Kosten für diesen Um- und Ausbau übernimmt die Krone. Das, meine Herren Richter, ist mein Angebot. An einer baldigen Antwort ist mir gelegen.“

Damit hatten die Richter nicht gerechnet. Auf einen Schlag wären mit dem Angebot des Herrschers ihre seit langem angestauten Platzprobleme gelöst und ein weit besseres Arbeiten gegeben. Der Präsident schaute seine leitenden Richter an; deren freudige Mienen signalisierten ihm, dass sie sofort zustimmten. „Eure hohe Majestät, wir geben Euch unsere Antwort sogleich. Euer so großherziges Angebot nehmen wir mit Freude an, denn dieses setzt unseren Problemen endlich ein Ende. Wenn wir Euch richtig verstanden haben, wird zwischen dem neuen Zugang und dem Flügel, der die Niederen Gerichte beherbergt, ein Streifen wegloses Parkgelände liegen, das ein ungestörtes Arbeiten zulässt?“ König Friedrich nickte, lächelte und lud die Herren nach Rücksprache mit dem Stadtpatrizius zum „Versöhnungsmahl“ in den nahen Ratskeller. Dort hatte Gerhardus vorsorglich Plätze reservieren lassen.

Was Räte und Richter nicht wussten: Der König wurde einige Tage zuvor vom Leiter der hiesigen Bauzunft um ein Gespräch gebeten. Den alten Zunftmeister trieb eine existentielle Sorge um. Es mangelte derzeit an größeren Bauaufträgen, weshalb Entlassungen bei den größeren Betrieben drohten. Als erste würde dies die vor kurzem auf Bitte des Herrschers neu eingestellten Arbeitskräfte treffen. Vom Plan ein neues Theater zu bauen, habe er zwar gehört, was aber nur etwa der Hälfte der Zunftmeister Arbeit einbringen würde. Ob der Herrscher denn noch andere Bauvorhaben in Gang setzen könne? So die demütig vorgetragene Bitte des alten Zunftmeisters. Der König, dem die Auslastung dieser wichtigen, viele Menschen in Brot und Arbeit setzenden Zunft am Herzen lag, versprach sich darüber Gedanken zu machen. Dies war mehr, als der Meister sich von der Audienz versprochen hatte, und er dankte seinem König bewegt für dessen Beistand.

Friedrich wusste: Menschen ohne Arbeit gefährden den inneren Frieden, weil sie ihre Familien in eine schwierige Lage bringen; und dies durfte nicht sein! Die Bauzunft war doch seiner Bitte Arbeitssuchende einzustellen so vorbildlich gefolgt. Die Bauleute durften nicht ausscheren, da musste er gegensteuern, und zwar mit Taten und nicht mit Appellen. Er vertiefte sich in den Lageplan des Bauvorhabens „Am Stadtgraben". Ihm gefiel die Umgestaltung des vernachlässigten Areals, aber der Widerstand der Richter missfiel ihm. Er erinnerte sich an Klagen der Richter über ihren Platzmangel, worauf er nicht reagiert hatte, da er sie als überzogen ansah. Aber nun sprach ein Argument dafür, hier etwas zu tun.

Er ließ seinen Freund Sigmund zu sich rufen und beugte sich mit ihm über den Lageplan. „Friedrich, wenn ich Euch richtig verstehe, dann will unsere Stadt den Stadtgraben von den Gerichten bis zum Vogteiplatz auffüllen. Im nördlichen Teil soll darauf ein Park angelegt werden und im südlichen Bereich das Neue Theater entstehen. Das ist an sich eine gute Sache, allerdings für mich nicht ganz optimal." „Sigmund, was gefällt Dir denn an der Planung nicht?" „Friedrich, der Park in seiner geplanten Form ist so keine überzeugende Lösung. Er endet im Norden abgestuft an den Gerichtsgebäuden, das ergibt kein geschlossenes Bild. Würde der Park an einem repräsentativen Gebäude enden, ergäbe dies ein viel eindrucksvolleres Bild. Wenn wir mal das Geld außer Acht lassen, dann würde ich den Zugang in den Park verlegen und das Eingangsgebäude bis zum Felsen hin verlängern. Ein repräsentatives Treppenhaus unter einer lichten Dachlaterne und ein Säulenportal könnte ich mir dort gut vorstellen. Hier wird Professor Osmin bestimmt etwas Schönes einfallen." „Und was hast Du gegen das Auffüllen des Grabens an der Südseite zum Vogteiplatz hin?" „Friedrich, das Neue Theater wird, bedingt durch das dort ansteigende Gelände, sehr hoch. Es braucht viel künstlerischen Aufwand, um das Halbrund optisch zu verschönen. Ich würde stattdessen den Stadtgraben einbeziehen, ihn bis zur Wittichstrasse ausheben und so das Theater tiefer legen. Mit Bäumen vor dem Halbrund würde sich die Optik weiter verbessern lassen. Vermutlich kann beim Verbreitern des Grabens Baumaterial ausgebrochen werden. Wenn nicht, dann dient es zum Auffüllen des Grabens unter Platz und Park." Die Freunde erörterten noch weitere Details und Oberrat Sigmund fixierte diese. Osmin von Gnadenthal, des Königs Architekt, brachte die Idee mit dem tiefer gelegten Archiv ein, was außerdem weiteres Material zum Auffüllen brächte. Er skizzierte seine Vorstellung zur Umgestaltung der Gerichte. So vorbereitet konnte der Herrscher den Räten, Richtern und der Zunft der Bauleute eine gute Lösung anbieten, die von allen gerne angenommen wurde.

Abb. 2 Theater, Gerichte und Theaterplatz

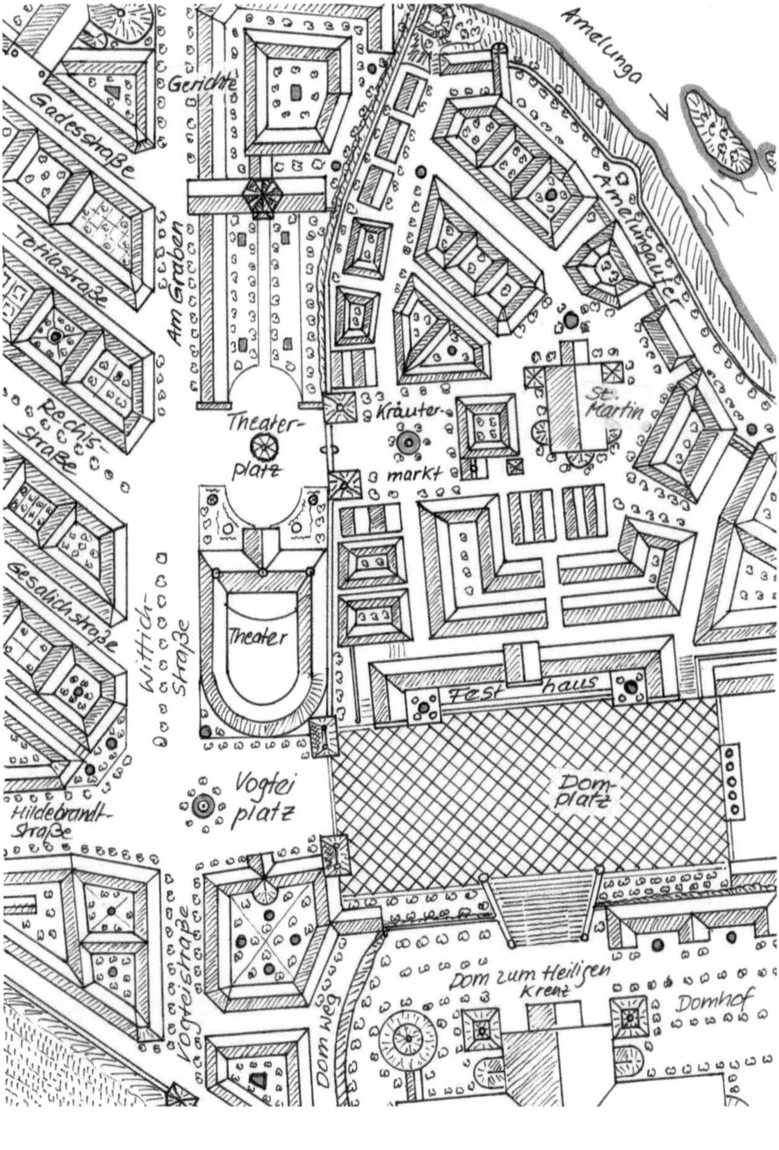

**Der Tod des Oheims**

Beim Aufstehen ergriff den König eine ihm unerklärliche Unruhe und böse Ahnung. Ihm war es so, als würde sein Oheim Konrad nach ihm rufen, ein sicheres Zeichen für ihn, dass er gebraucht wurde. Amala bat ihn sein schnelles Boot, den Seeadler nicht zu nehmen, und sich dem seefesten Königsschiff anzuvertrauen, zumal das Wetter seit Tagen stürmisch war. Der Herrscher ließ alle Termine absagen und ritt zum Hafen. Als Friedrich gegen Mittag nicht zurückkam, musste Königin Amala davon ausgehen, dass Oheim Konrad schwer erkrankt oder gar verstorben war. Ihre Gedanken kreisten nun um den Oheim. Der Prinz, Erzabt und Primas der Kirche übte sein hohes Amt noch immer aus, obwohl es ihm, dem fast Neunzigjährigen große Mühe bereitete. Theodericia hatte er in letzter Zeit nicht mehr aufgesucht. Seine Amtsgeschäfte übte er im Kronkloster aus, die kirchlichen Würdenträger besuchten ihn dort. Er war Königin Amala wie einer Enkeltochter zugetan, so wie auch sie dem warmherzigen Oheim. Noch enger war allerdings die Bindung an seinen Großneffen und König. Als Friedrichs Eltern ermordet wurden, übernahm Prinz Konrad für den unmündigen König die Regentschaft und schützte ihn vor den Häschern. Dies war ein Grund für deren enge Bindung, der andere war gewichtiger. Der Oheim war Friedrich in väterlicher Liebe zugetan und stolz auf seinen Großneffen.

Des Königs Ahnung war wohl begründet, wie er danach seiner Gemahlin berichtete. Winfried, des Königs vertrauter Leibwächter, hatte seinen Herrn begleitet und ergänzte später des Königs Bericht aus seiner Wahrnehmung. Wie durch einen himmlischen Wink legte sich der stürmische Wind, wurde durch strahlendes Wetter abgelöst. Der Herrscher drängte die Besatzung zur Eile und forderte von den Ruderern großen Einsatz. Angesteckt von der Sorge ihres Herrn gaben alle ihr Bestes, so erreichte das Schiff das Kronkloster schneller als sonst. Dort sprang der König von Bord, sein Leibwächter hatte Mühe ihm zu folgen. Sie setzten mit dem wartenden Boot über zur Insel des Abtes. Mit mächtigen Schritten eilten König und Leibwächter die Stufen hinauf. Der Prinz saß in Pelzen gehüllt in seinem Lehnstuhl, umgeben von seinen würdigsten Mitbrüdern. Der Oheim sah müde aus, sein Gesicht wirkte grau. Doch als er den Neffen vor sich sah erfasste ihn große Freude. Der König beugte sich zu ihm hinab und umarmte seinen Oheim lange und liebevoll.

Mit leiser brüchiger Stimme wendete sich der Prinz an seinen Neffen. „Mein geliebter Fried, ich wusste Du würdest kommen. Stets hatte ich mir gewünscht, Dich in meiner letzten Stunde bei mir zu haben. Fried, nun ist es soweit, alle Kraft hat mich verlassen und eine bleierne Müdigkeit meinen Körper erfasst. Ich hatte Gott noch um eine kleine Frist gebeten, die er mir gewährte, ihm sei Dank.“ Die Mönche hatten für den Herrscher einen Sessel herbeigeschafft, der auf sein Geheiß nahe an den Erzbischof herangerückt wurde. Winfried stand, wie es seine Aufgabe war, dicht hinter der Königs Sessel, um ihn zu schützen. Dies war zwar an diesem so friedlichen Ort völlig unnötig, aber Winfried konnte so dem Dialog der beiden Verwandten folgen.

„Lieber Oheim, Deine Worte bekümmern mich, denn ich will Dich nicht aus meinem Leben treten lassen. So lange ich lebe gab es Dich und Deine väterliche Liebe. Ich verdanke Dir so unendlich viel. Du hast mich lange Jahre geschützt, mich für mein Königsamt vorbereitet und mir immer mit Rat und Tat zur Seite gestanden. Du hast mich getauft, um mein Leben gebangt, als Arzt darum gekämpft und meinen Bund mit Amala gesegnet. Du betest täglich für mich und bittest Gott darum, mich auf dem richtigen Weg zu geleiten. Oheim, ich hoffe inständig, dass Dich nur eine vorübergehende Schwäche erfasst hat und Du Dich mit dem Ruf Gottes getäuscht hast.

Kaum zu vernehmen war die Entgegnung des alten Oheims. „Fried, mein Sohn, ich weiß um Deine Liebe zu mir und war dafür immer dankbar. Ich habe in meinem langen Leben zwei Herren gedient. Gott, der mir ein wunderbares Leben geschenkt hat und Dir, der mich stets liebte und ehrte. Dies war mein Lebensglück, aber nun gilt es Abschied zu nehmen von Dir, meinem irdischen Herrn, und zu Gott dem Herrn der Ewigkeit zurückzukehren. Lieber Fried, nun gibt es kein Zurück mehr, meine nahezu neunzig Lebensjahre waren eine große Gnade des Ewigen. Dein Kommen bringt mir die letzte Freude meines Erdenlebens, nun erwarten mich die himmlischen Freuden.“ Mühsam erhob er seine abgemagerten Arme, legte sie auf das gebeugte Haupt des Herrschers und segnete ihn. Mit dieser Handlung hatte ihn alle Kraft verlassen, in den Armen des Königs hauchte er sein Leben aus.

Die Brüder stimmten die Totengebete an, entzündeten trotz des hellen Tages Kerzen. Zwei alte Mönche brachten eine Bahre, auf die der König seinen Oheim bettete. Mit feuchten Augen und tief berührt schloss er des Oheims Lider. Als er sich wieder gefasst hatte, kniete er nieder, stimmte das Vaterunser in der Version des Ulfilas an, und alle folgten ihm dabei. Da die Türe des Empfangsraums zum Garten hin offenstand bekamen auch die drüben vor und in der Bibliothek harrenden Mönche das Gebet mit. Sie schlossen sich den Betern an, und mit Verzögerung auch die Laienbrüder und Scholaren, selbst die Seeleute am Anlagesteg. So wurde es zu einem vielstimmigen, tiefempfundenen Gebet, das den Verstorbenen Gott anempfahl.

Der Herrscher erhob sich, segnete die Mönche und sprach: „Gottes und meine getreuen Brüder, uns verbindet der Schmerz um den Verlust eines außergewöhnlichen Menschen. Mein Oheim, Euer Erzabt und Thules Primas, lebt nun fort in unserem Gedenken. Er hat unser Dasein durch sein Wirken und seine Persönlichkeit bereichert. Danken wir dafür, dass er gewesen ist und wir in seiner Nähe weilen durften. Nun wird er unseren Lebensweg aus dem Jenseits begleiten. Sein irdischer Leib wird nach seinem Wunsch hier auf seiner Insel ruhen. Aber zuvor wollen die Thulaner von ihrem höchsten Kirchenfürsten Abschied nehmen, so wie es ihm gebührt. Drei Tage werden sie Gelegenheit haben, im Dom noch einen Blick auf ihn zu werfen. Danach wird sein Leichnam mit dem Königsschiff in diese friedliche Welt zurückgebracht werden. Ursprünglich wollte ich meinen Oheim neben seinem Vater König Friedrich Theoderich bestattet wissen, aber er wollte diese Ehre nicht annehmen, die ihm als einstigem Regenten gebührte. Sein Wirken war überwiegend hier in seinem stillen Kloster. In dessen Frieden und in Eurer Mitte wollte er ewige Ruhe finden. Diesem Wunsch habe ich schweren Herzens entsprochen, aber es war mir Gebot. So werdet Ihr mich hier immer wieder erleben, denn ich will hier an seinem Grab mit meinem väterlichen Oheim Zwiesprache halten. Alles Nähere wird mein Sekretär mit Euch, verehrter Prior, abstimmen, er wird die Organisation der Trauerfeier in Theodericia übernehmen. Lasst uns nun die sterbliche Hülle meines Oheims nach St. Benedikt tragen und dort unsere Stimmen zu Gott erheben."

Auf dem Boot wurde die Bahre mit dem Toten zur Klosterinsel gebracht und die Treppe hinauf zur oberen Insel getragen. Voran ging der Herrscher durch das Spalier der sich Verneigenden, vorbei am Dom, hinauf zur ehrwürdigen Kirche St. Benedikt. Dort wurde die Bahre vor dem Altar abgestellt. Der König kniete nieder während der Prior die Totenfeier hielt und die Gesänge der Mönche die Kirche erfüllten. Vier Mönche brachten einen schlichten Sarg, den sie zu Füßen des Podestes abstellten. Als sie dem Verstorbenen das Prunkgewand des Erzbischofs anlegen wollten, wehrte ihnen der König. „Mein Oheim hätte dies nicht gewollt, er will in seinem schlichten Gewand in sein Grab gelegt werden. Er braucht diese prunkvolle Hülle nicht, seht doch dieses von innen erleuchtete Gesicht." So war es, der Tod hatte dessen Züge mit einer überirdischen Würde verklärt. „Unser großer Ahn Kaiser Friedrich II., der das Staunen der Welt war, hat sein Ende in einer Zisterzienserkutte erfahren. Am Ende zählen nur noch die Taten und nicht der Prunk. Diese adeln den Menschen und ehren den Ewigen!"

Mit diesen Worten endete der Herrscher von Thule, der wieder in seine schon abgelegte Rolle als Kirchenherr geschlüpft war. Der König wehrte den Mönchen, als diese ihm helfen wollten, den Toten von der Bahre in den Sarg zu betten. Er wollte diese Sohnespflicht alleine wahrnehmen und so einen kurzen Augenblick seinem Oheim nahe sein. Nach einem letzten Gebet an diesem ehrwürdigen Ort trugen acht Mönche den Sarg hinunter über den langen Weg zum Königsschiff. Dort setzten sie ihn vor dem mittleren Mast ab und legten den Sargdeckel daneben. Der König hatte bestimmt, der Sarg solle offen bleiben. Noch einmal sollte der Oheim in der linden Luft und unter dem Himmel Thules den See überqueren.

Lichtzeichen hatten Königin und Hofverwaltung über den Tod des Erzbischofs verständigt und zum Handeln veranlasst. Aus der Remise wurde der Trauerwagen geholt und mit acht Rappen bespannt, bevor er sich zum Seehafen begab. Es war schon später Nachmittag als das Königsschiff im Hafen festmachte. In der Heiligen Stadt hatte sich in Windeseile herumgesprochen, ihr Erzbischof Prinz Konrad von Hohenstaufen sei verstorben. Eine große Menschenmenge strömte zum Königshafen, um auf das Königsschiff zu warten. Königin Amala hatte die Botenkette ausgelöst, die Königliche Familie und den Hochadel von Thule verständigen lassen. Königin Amala, Prinzessin Adelheid und Prinz Theodemir fuhren zusammen in der Kutsche zum Hafen, wo sie die Ankunft des Königsschiffs erwarteten. Als sich dieses näherte, verstummten die Gespräche und Stille kehrte ein.

Acht in dunkle Gewänder gekleidete Leibwächter stiegen an Bord des festgemachten Schiffes und hoben den nun bedeckten Sarg auf den dunklen Wagen. König Friedrich folgte ihnen, dem sich der Prior und die neun älteren Mönche anschlossen. So wie es der Brauch forderte, gingen die Trauernden zu Fuß hinter dem Wagen mit dem Sarg. Zum Herrscher hatten sich Amala, Adelheid und Theodemir gesellt. Gemessenen Schrittes ging es hinauf zum Forum und über die Alarichstraße zum Schloss. Diesen Weg hatte der Verstorbene viele Male genommen und nahm ihn nun ein letztes Mal im Trauerkondukt. Überall am Weg drängten sich die Menschen, um dem Hochgeschätzten die Ehre zu erweisen. Als die Trauergemeinde den Schlossplatz erreicht hatte schien sich dort ganz Theodericia versammelt zu haben.

Der Sarg wurde in St. Michael, der Begräbniskirche der Hohenstaufen, aufgebahrt. Dort lagen die Eltern des Toten, die Geschwister und Neffen, dort konnte seine Familie von dem Senior des Staufischen Hauses Abschied nehmen. An den beiden nächsten Tagen sollten ihm der Hochadel seine Reverenz erweisen und dann die Würdenträger Thules. Ihnen allen war dies ein Bedürfnis, sie schätzten und verehrten den Prinzen und höchsten Geistlichen Thules. Das galt auch für die Thulaner, die am Tage der Trauerfeier den Trauerzug säumten. König Friedrich gewährte seinem toten Oheim eine außergewöhnliche Ehre. Ihm, dem ehemaligen Regenten, wurde die Ehre eines Königlichen Trauerzugs zuteil. Die Verdienste des Toten kannten die Älteren und waren dem toten Prinzen dafür dankbar. Mit dem Trauerzug würdigte der König die weltlichen Verdienste des Verstorbenen. Die ihm, dem hohen Geistlichen zustehende Würdigung erfuhr er im Dom zum Heiligen Kreuz. Viele Adelige, Würdenträger und Geistliche kamen, soweit der Platz dann noch ausreichte durften auch die Bürger an der Trauerfeier teilnehmen.

Auf Wunsch des Königs übernahm Abt Leonhard von St. Martinus den Trauergottesdienst. Seine bewegende Predigt stellte den Toten als einen mitfühlenden, das Christentum in seinem eigentlichen Sinn lebenden Kirchenfürsten und Gläubigen dar. Die Worte des noch jungen Abtes beeindruckten die Laien und Amtsbrüder gleichermaßen, was nicht ohne Folgen blieb. Einige Zeit später wurde dieser Abt einstimmig zum Nachfolger des verstorbenen Erzbischofs gewählt. So folgte auf den uralten Primas Prinz Konrad von Hohenstaufen der junge Leonhard von Waldstätten. Nuntius Donato übertrug ihm das Amt, das König Friedrich zuvor bestätigt hatte. Der König war selbst überrascht davon, dass sich die Kirche dazu durchringen konnte, er sah dies als gutes Zeichen und als Ansatz der Erneuerung. Doch wieder zurück zur Trauerfeier.

So wie es sich der Verstorbene gewünscht hatte, gab es keine Reden, nicht einmal von seinem König und Neffen. Friedrich war dies sehr recht, denn es fiel ihm schon schwer genug von seinem väterlichen Oheim und uneigennützigen Berater Abschied zu nehmen. Innerlich aufgewühlt schritt er hinter dem Sarg den langen Weg hinunter zum Seehafen, geleitet von seiner kleinen wie auch großen Familie und den Weggefährten des Prinzen. Dieses Gefolge sollte auch an der Beisetzung auf der Klosterinsel teilnehmen. Drei große Schiffe geleiteten das Königsschiff mit dem Toten. Dieser strahlendschöne Tag passte eigentlich nicht so recht zum Anlass. Doch die Familie befand einmütig, der Oheim hätte sich gefreut, liebte er doch diesen See und sein Klima so sehr. Daher herrschte an Bord keine bedrückende Stille, sondern ein Schweigen in Ehrfurcht und Gedenken. Das schmatzende Geräusch der ins Wasser eintauchenden und wieder auftauchenden Ruder stand symbolisch für Versenkung und Auferstehung.

Alle Mönche, Laienbrüder, Novizen und Schüler erwarteten die Schiffe am Anlegesteg des Kronklosters. Doch nicht die Mönche hoben den Sarg vom Königsschiff, sondern Thules Herzöge und Regenten. Auch die Markgrafen Achiulf, Hildebrecht, Indulf und Thorismund waren unter den sich abwechselnden Sargträgern. König Friedrich schritt alleine dem Sarg voraus, alle anderen folgten dem Sarg. Vor dem Dom St. Michael setzten die hohen Herren diesen auf ein Podest, das gelbe und weiße Rosen einrahmten, die Lieblingsblumen des Toten. Dort sprach der Herrscher zu den Brüdern: „Übernehmt nun die sterbliche Hülle Eures Abtes, wir die trauernden Verwandten und Gefährten übergeben sie an Euch, die Ihr seine ewige Ruhe hüten werdet. Wir aber nehmen die Erinnerung an den edlen Toten mit uns.“

Zehn Mönche übernahmen den Sarg und trugen ihn aus dem Dom hinaus in den Kreuzgang. Dort im Gang war ein Grab ausgehoben worden, lehnte eine neu behauene Grabplatte an der Wand zum Dom. Die Brüder stimmten Gebete für das Seelenheil des Verstorbenen an, während vier Mönche den schlichten Sarg in die Erde hinabsenkten. Danach betete die Trauergemeinde das alte gotische Vaterunser, das der Verstorbene so oft angestimmt hatte. Als das Grab mit der Platte verschlossen war, nahm König Friedrich kniend Abschied von seinem geliebten Oheim. Sein Schmerz ergriff die Umstehenden, niemand schämte sich der Tränen. Er erhob sich, ergriff eine Kerze, die er an der großen Lebenskerze entzündete und stellte sie auf die Grabplatte. Seine Familie tat es ihm nach, auch alle anderen folgten diesem uralten Brauch. Die Kerzen sollten ihr warmes Licht hinauf zum Allmächtigen schicken, damit die Seele des Toten nun auch am himmlischen Licht teilhaben durfte. Adelheid, Friedrich und Hildebrandt, die engsten Verwandten des Verstorbenen gingen nun voraus, ihnen folgten Amala, Tante Adelheid und Theodemir. Hinter ihnen ging die Trauergemeinde. Man bestieg die Schiffe, deren Segel sich im frischen Wind blähten. Zurück blieben das Kronkloster, die Mönche und das frische Grab, das nun an den edlen Prinzen und Erzabt erinnern würde.

Erstmals hatte eine weltliche Trauergemeinde die Insel betreten. Selbst für das Kronkloster galt beim Ableben eines Mitglieds der Königsfamilie eine Ausnahme. Diese hatte der Herrscher angeordnet, weshalb auch Frauen anwesend sein durften. Allerdings betraf das nur den Weg zum Dom, diesen selbst und den Kreuzgang, alle anderen Bereiche des Kronkloster blieben ihnen verschlossen. In Thule gab es seit Urzeiten den Brauch eines Leichenschmauses. In gelöster Stimmung sollte der irdische Abschied in geselligem Beisammensein ausklingen, um dabei des Toten zu gedenken und die Erlebnisse mit ihm auszutauschen. Da es um die Beisetzung des höchsten Würdenträgers der Kirche ging, schien dies allen nicht angemessen zu sein und unterblieb daher.

Als die Schiffe im Seehafen angelegt und die Trauergemeinde sie verlassen hatten, überreichte ein Königsbote seinem Herrn ein Schreiben. Nachdem der König es gelesen hatte, ging er zu Herzogin Griseldis und ihrer Familie, umarmte seine Nenntante und teilte ihr den Tod ihres Mannes mit, des Ex-Herzogs Markulf. Gefasst nahmen sie, Theodelinde und Markulf die Nachricht auf. Der Verstorbene weilte für sie ohnehin schon längst in einer anderen Welt. Ihre gelegentlichen Besuche im Kloster, in dem der seines Amtes enthobene Herzog seine Schuld sühnte, trugen nicht dazu bei den Eindruck zu widerlegen. Der Verstorbene hatte den Wunsch geäußert, dort im Kloster seine letzte Ruhestätte zu bekommen. In Rabenholm würde kein Sarkophag von Markulf künden, der so gefehlt hatte.

**Die Volksversammlung**

Neben dem großen Thing, an dem sich der Adel von Thule mit seinem Herrscher traf, gab es noch ein weiteres bedeutendes Ereignis. In der Volksversammlung hatten die unmittelbaren Vertreter des Volkes, die Oberhäupter der Gemeinden und die Vertreter anderer Gremien die Möglichkeit von ihrem Herrscher Wissenswertes zu erfahren. Daneben ergab sich für sie auch die Chance, sich mit den Organen Thules wie ihren Kollegen auszutauschen. Eineinhalb Tage lang dauerte der offizielle Teil dieser Versammlung. Die aus allen Regionen Thules Angereisten nützten diese seltene Gelegenheit auch dazu, sich einige Tage in der Heiligen Stadt aufzuhalten. Theodericia bot viele Annehmlichkeiten und Einkaufsmöglichkeiten, von denen sie in der oft kargen Heimat nur träumen konnten. Viele brachten Angehörige mit zu diesem Ereignis, denn die Hoffnung war groß vielleicht auch ihren verehrten König Friedrich und seine Gemahlin zu sehen.

Der Herrscher trat in die Rostra. Angetan mit dem Sternenmantel, Thules bedeutendstem Gewand, und auf dem Haupt die Reichskrone, so eröffnete er das große Ereignis. Mit lautem „Friedrich, Friedrich unser König" wurde er begrüßt. Die ihm diesen jubelnden Gruß im tausendfachen Chor entboten, waren dem König stets treu gewesen, sie verehrten ihn zutiefst, ihren Schutzherrn und Gönner. Er dankte den Seinen für die jubelnde Begrüßung und gab seiner Freude über die festliche Versammlung Ausdruck. Die Menschen trugen ihre besten Gewänder, prunkten mit Farben und edlem Metall. Alle Gebäude rings um den Thingplatz waren mit Fahnen und Girlanden geschmückt. Die Volksversammlung trat alle vier Jahre zusammen und galt als das größte regelmäßig stattfindende Ereignis Thules. Jede Region, jede Stadt und jede größere Gemeinde war hier vertreten. Dies galt auch für die Stände, Gremien, Organisationen und Religionen. Niemand wollte hier fehlen, denn jeder musste in der Heimat oder Organisation Rede und Antwort stehen, was ihm bei den Seinen Gewicht verlieh. Der Herrscher würde zuerst auf die vergangenen vier Jahre zurückblicken und die erzielten Fortschritte und Erfolge darlegen. Auch Misserfolge sollten nicht verschwiegen werden. Doch diesmal gab es nur wenig solcher zu verzeichnen, und diese wurden überlagert von dem Vielen, das geglückt war und Thule vorangebracht hatte.

Des Herrschers Bericht, und die Chance, sich mit Fragen an ihn zu wenden, war für die Delegierten nur die eine Seite der Münze. Die andere Seite war ihnen fast noch wichtiger. Sie konnten ihren König, und mit ihm die höchsten Herrschaften Thules, ganz nah erleben. Ihr Herrscher wusste um diese Wünsche, und er entsprach ihnen auch durch sein Auftreten. Heute feierte Thule sich selbst, Tausende genossen das Beisammensein, fanden sich wichtig und spiegelten sich in ihrem Herrscher. Zu zehnt saßen sie nebeneinander auf Bänken, oftmals bunt gemischt und nicht wie üblich geschlossen im Verband der Herzogtümer. Ihnen gegenüber saßen ihre Gaugrafen auf Stühlen. Die Herzöge, Markgrafen und hohen Ministerialen fanden wie immer ihre Plätze oberhalb in der Mitte der Königstreppe. Oben auf der Königstreppe hatte sich die Königliche Familie niedergelassen, in ihrer Mitte die schwangere Königin. Draußen auf dem Schlossplatz und hinter den Absperrungen des Brunnenhofes drängten sich die Menschen. Sie hofften darauf, wenigstens einen Blick der Herrschaften auf dem Thingplatz zu erhaschen. Die Zuschauer hatten den König aus der Ferne gesehen, den Begrüßungsjubel aufgenommen und trugen ihn hinaus auf den Schlossplatz.

Tags zuvor hatten die letzten Delegierten ihre Listen abgegeben. Seitdem wurde im großen Skriptorium fieberhaft gezählt und die Zahlen auf vorbereiteten Bögen verdichtet. Der König wollte heute den Vertretern seines Volkes diese mit Spannung erwarteten Daten darlegen. Es ging schließlich um die erste Volkszählung in Thule. Ein Jahr lang war diese Zählung allerorts vorbereitet worden. Sie hatte die Vorsteher der Gemeinden gefordert, damit am festgelegten Tag der Status festgehalten werden konnte. Zur Zufriedenheit aller hatte das auch geklappt. Jede Gemeinde kannte bisher nur die eigenen Daten. In Gauversammlungen wurden diese gesammelt und zuletzt im Thing der Herzogtümer zusammengeführt. Da ja alle Delegierten damit zu tun hatten, waren sie gespannt darauf, wie es nun in ganz Thule aussehen würde.

Was ihnen der Herrscher nun verkündete, hatte keiner erwartet. 1.988.122 Thulaner bevölkerten die 127 Inseln des Thulanischen Archipels. 270.060 wohnten in den zwölf großen, selbstverwalteten Städten. Weitere 230.010 Thulaner lebten in jenen 37 Städten mit Stadtrecht, die von königlichen oder herzoglichen Vögten unterstützt wurden. Alle anderen Thulaner lebten in Dörfern, Weilern, Gehöften und Einzelhäusern. Diese 1.488.052 waren vorwiegend in Landwirtschaft,

Fischerei, Bauwesen und Handwerk tätig. Allgemein überraschte die geringe Zahl des Adels, denn sie betrug nur 4.381. Selbst die Königin hatte deren Anzahl höher geschätzt, musste sich jedoch eingestehen, überwiegend mit dem Adel zu tun zu haben. Etwas höher fiel die Anzahl der Geistlichen mit 7.820 aus, wobei Mönche und Nonnen überwogen. Die meisten Handwerker, die den zweitgrößten Stand bildeten, arbeiteten in den Städten, so auch die Kaufleute/Händler. Um die Delegierten nicht zu langweilen, verwies der Herrscher auf die Listen, die über die Gaugrafen an die Delegierten gelangen würden.

Diese Delegierten waren neben dem Adel die Mittler zwischen Krone und den Thulanern, und dessen waren sie sich wohl bewusst. Das verschaffte ihnen Ansehen bei den Ihren und gab ihnen das Gefühl, zu denen zu zählen, auf die der Herrscher und ihre eigenen Anvertrauten setzten. Daher interessierte sie auch die Veränderungen im Gefüge Thules, die sie allenfalls am Rande betreffen würden. Da es dazu Rückfragen gegeben hatte, stellte der König ihnen die Verwaltung Thules vor, die das Wirken der Herzöge und Gaugrafen übergreifend unterstützte. Vertraut waren den Delegierten Kanzler Markgraf Rainald und der Vizekanzler Graf Thorismund d. J. Neu war das neugeschaffene Ministerium für Bildung, Kultur und Kultus, dessen Minister noch offen war. Was nur die engsten Vertrauten wussten, der König würde dieses ihm am Herzen liegende Ministerium einer Frau anvertrauen. Er wollte es Herzogin Griseldis anbieten, aber erst einige Zeit nach der Übergabe der Regentschaft auf ihren Sohn Markulf.

Das dem Herrscher direkt unterstellte Heereswesen war nun zweigeteilt worden, um den König zu entlasten, was alle begrüßten. Dieses Übermaß an Arbeit, das sich ihr König auferlegt hatte, war allgemein bekannt, und es gefiel keinem seiner besorgten Getreuen. Graf Irnfried wachte über Thules Sicherheit und vor allem über jene des Königs. Die ihm zugeordneten „Löwen“ und Paladine hatten daher im Einsatz besondere Vollmachten. Irnfried überwachte zudem die Steuerung und Ausbildung der Hundertschaften und leitete die Akademie der Offiziere, denn hier brauchte es einen erfahrenen Krieger mit hoher Autorität. Alle Stützpunkte des Heeres unterstanden ihm direkt, wodurch der König entlastet wurde.

Zum neugeschaffenen Ressort Heeresverwaltung gehörte primär die Versorgung des stehenden Heeres und aller, die indirekt dazu zählten. Ihm waren auch die Betreuung der Reichsburgen und die Zuständigkeit für die Reservisten im Frieden zugeordnet. Dieses Ressort erhielt Graf Arnulf, der älteste Sohn Herzog Beowulfs. Dazu der König: „So kann ich mich auf vertraute und fähige Mitstreiter stützen und ihnen vieles überlassen, was bisher direkt an mich herangetragen wurde. Auch bei der Flotte haben sich Veränderungen ergeben. Damit will ich meinen Schwager Prinz Theodemir und Markgraf Hildebrecht, den nicht minder stark eingebundenen Seegrafen entlasten. Näheres dazu wird uns nun Prinz Theodemir selbst vortragen.“

Theodemir trat in die Rostra und Friedrich nahm unweit dieser auf seinem Thronsessel Platz. „Unsere Flotte ist in Friedenszeiten künftig unser Bollwerk auf dem Ozean und sichert von dort aus Thule. Unsere Majestät, Markgraf Hildebrecht und ich haben uns den Kopf zerbrochen, wie wir zu einer noch besseren Abschirmung gelangen können. Und die sieht so aus: Wir schaffen fünf zusätzliche Flottenbereiche und verlagern sie an Orte, von denen aus sich jeweils ein Küstenabschnitt gut kontrollieren lässt. Unsere Schiffe fahren mit dem Nachbarbereich überschneidende Routen, um sich so austauschen zu können. Jede Teilflotte untersteht einem Admiral, dem bis zu 10 Kapitäne und 1000 Seekrieger zugeordnet sind. Nach wie vor sind dies: Indulfsvik für den gefährdeten Südosten, Hildebrandtsvik für die Kernflotte und den Schutz des Sunds. Neu sind im Nordosten Bardenstein und als sein nordwestliches Pendant Meerburg am Sturevik.“ Großer Jubel bei deren Vertretern, so auch bei der Nennung von Steinstrand für den Südwesten.

Die langen Gesichter bei den anderen Kandidaten Balthensvik, Ermanaricia und Rabenholm glätteten sich alsbald wieder als der Prinz weiter bekannt gab. „Auch die anderen Orte, die in Betracht gezogen wurden, gehen nicht leer aus. In Balthensvik wird eine weitere Werft gebaut, die das Arsenal entlasten soll und die für die in Meerburg und Steinstrand stationierten Schiffe zuständig ist. An der neuen Universität in Ermanaricia erhält das Fischereiwesen einen eigenen Fachbereich. Sollte sich dies bewähren, wird dieser Bereich in eine Technische Hochschule umgewandelt und ihr noch weitere Bereiche angegliedert. Auch Rabenholm wird nicht übergangen. Dort entsteht eine neue Hochschule mit dem Schwerpunkt Waffentechnik. Majestät hat hier bereits einen ersten Forschungsauftrag vergeben. Dort wollen wir das griechische Feuer, diese Erfindung des Kallinikos, noch verbessern und unsere Schiffe mit wirksameren Flammenwerfern nachrüsten. Wir wollen außerdem herausfinden, ob wir dort das Schießpulver der Chinesen nachmachen können. Die ersten Versuche dazu sind sehr ermutigend. Dadurch würden wir bei der Ausrüstung von Heer und Flotte über zwei besondere Waffen verfügen. Wir ziehen so einen Schutzring um Thule, der jeden Angriff erstickt. Dies wird Feinde abschrecken und unseren Frieden sichern."

Was Theodemir so begeistert in die jubelnde Menge hineintrug, erschreckte die Königin. Nun würden die Thulaner bald über eine zweite tödliche Waffe verfügen. Aber das Argument Theodemirs mit der abschreckenden Wirkung war nicht zu widerlegen. Der Herr des Meeres, wie ihn der König scherzend bezeichnete, beugte sich aus der Rostra. „Dafür, meine Thulaner, müssen wir aber noch mehr schnelle kampfstarke Schiffe bauen. Sechzig Kapitäne und 5.400 Seekrieger werden uns Schutz geben und das Meer absuchen, um mögliche Angreifer schnell auszumachen. Sie werden auch unsere Handelsschiffe, und die unserer Handelspartner schützen. Dies verschlingt leider nicht nur Bäume, sondern auch viele Solidi. Zum Glück haben wir gut gefüllte Kassen und müssen unsere Steuern nicht erhöhen." Der nun einsetzende Jubel war mehr als nur Zustimmung, er trug die ganze Erleichterung in sich, hier nichts beisteuern zu müssen.

Theodemir fuhr fort mit seiner hellen Stimme, er wirkte, wenn er redete, fast noch wie ein großer Junge, einer, den alle mochten, ihn aber auch respektierten. Er strengte sich an, unterstrich mit großer Gestik und Leidenschaft seine Worte. Da tat sich der König um einiges leichter. Er musste nur zu einer Rede anheben, dann hingen alle Zuhörer gespannt an seinen Lippen und saugten jedes Wort ein, das er sprach. Seine Gesten waren sparsam und seine baritonale Stimme trug etwas Suggestives in sich, unterstrich die Wirkung seiner Persönlichkeit. Friedrich schlug die Menschen in seinen Bann, er hätte sie zu allem bewegen können, doch – vielleicht machte dies sein Charisma aus – alles was König Friedrich sagte, war nachvollziehbar. Er wollte überzeugen, seine Thulaner gewinnen und mit diesen gemeinsam die geplanten Wege gehen.

Der Prinz nannte die Namen der fünf neuen Admirale und wollte noch einige Details zur Organisation der Flottenverwaltung und des Arsenals darlegen, aber er erreichte in diesem Moment die Zuhörer nicht. Warum dies? Wegen der fortgeschrittenen Schwangerschaft der Königin war die Königspforte ein wenig offen gehalten worden, um ihr zu ermöglichen, sich jederzeit zurückziehen zu können. Aber wer nützte diesen Spalt als Erster? Durch ihn drängte sich nämlich ein kleiner blonder Junge. Unbeeindruckt von der Menschenmenge und dem Redner steuerte er auf den Thron zu. „Papa, Papa", krähte der 18 Monate alte Prinz Friedrich, kurvte um die Thronwächter und strahlte. Er hatte seinen Vater gefunden, streckte bittend seine Ärmchen in die Höhe und wollte unbedingt zu ihm hinauf. Sein Vater konnte es ihm nicht verwehren. Er hob ihn zu sich hoch, sein kleiner Sohn legte die Arme um den Hals des Vaters und drückte ihm einen Kuss auf die Wange. Dann setzte er sich brav neben ihn, so als wäre dies ganz selbstverständlich. Zuerst hatten alle den Atem angehalten, dann schwoll das Raunen an und entlud sich in zustimmendem Jubel. Dieses kleine Kerlchen, ihr Prinz Friedrich, hatte es ihnen auf Anhieb angetan, durchbrach der doch völlig unbekümmert das Protokoll und sah in Thules großem Herrscher nur seinen geliebten Vater. Und sein Vater, den er schachmatt gesetzt hatte, lachte und hob sein Söhnchen mit beiden Armen hoch hinauf, um ihn der begeisterten Menge zu zeigen. Und was tat der kleine Kerl? Er winkte zur Menge hinunter, was erneuten Jubel auslöste. Dieser kecke Blondschopf war also ihr künftiger König, und offenkundig so zielstrebig wie sein Vater.

Aber wie erging es Prinz Theodemir damit, dessen Rede so abrupt unterbrochen wurde. Er lachte fröhlich und fuhr fort: „Nun seht Ihr es alle, wie gut der kleine Prinz sich durchsetzen kann. Meinem kleinen Neffen kann, so wie einst unserem Prinzen Sonnenschein, einfach niemand böse sein." Eine solche Einführung in die Gesellschaft Thules hatte es in seiner langen Geschichte noch nicht gegeben. Dieses Novum würde nun viel Gesprächsstoff bieten und für die Ihren daheim eine begierig aufgenommene Episode.

Prinz Theodemir „kapitulierte", nur den einen Satz schickte er noch hinterher: „Erstmals werden damit die Seekrieger in Friedenszeiten gegenüber dem Landheer in der Mehrzahl sein, was wir uns aber reiflich überlegt hatten." Damit endete des Königs Stellvertreter und bekam großen Beifall. Der Herrscher umarmte ihn, für Theodemir ein besonderer Lohn. Danach trat der König in die Rostra, seinen kleinen Sohn übernahm nun seine Mutter, die mit ihm hinausging. Zwar war es noch nicht Zeit für die Mittagspause, doch der Herrscher wollte wie er nun mitteilte, die weiteren Themen am Nachmittag behandeln. So bekamen die Delegierten eine längere Pause. Meist gingen sie in Gruppen zu einer Gaststätte ihrer Wahl, andere trafen sich mit ihren Angehörigen und die Adeligen tafelten im Herzogshof.

Nach der langen Pause stand nun die Antwort auf die Fragen der Delegierten an, die dem Herrscher in verdichteter Form vorlagen. Drei Fragen standen im Vordergrund. Erstens: Wie ging es mit dem Straßenbau weiter? Er sichere doch den Lebensunterhalt der Bauleute und sorge bei den Kaufleuten und Wirten für gute Auslastung! Als zweites gab es eine Frage zu einem alle ängstigenden Thema: Wie schützte sich Thule gegen den auf dem Kontinent wütenden schwarzen Tod? Das dritte Fragenbündel besaß weit weniger Brisanz, es betraf den weiteren Ausbau der Schulen aller Art. Hier ging es um den Mangel an Lehrern und um mögliche Zuschüsse der Krone zum Ausbau der Schulgebäude.

Der Herrscher wendete sich zuerst der Pest zu, die auch ihm Sorge bereitete. „In der alten Welt wütet seit 1357 bis heute der schwarze Tod und verbreitet Schrecken und Verzweiflung. Ich habe, wie schon in den Jahren 1347 – 1349, harte Gegenmaßnahmen veranlasst. Den Besatzungen unserer Handelsschiffe habe ich befohlen, jeglichen Kontakt mit den Einheimischen der Hafenstädte zu vermeiden. Zudem habe ich angeordnet, dass alle aus der alten Welt zu uns kommenden Schiffe, unsere eigenen wie die der Handelspartner, jetzt vor Thules Küste eine Karenzzeit einhalten müssen. Auf den unbewohnten Inseln Kliffholm, Mövenholm und St. Martin wurden Hütten und Versorgungshäuser errichtet. Dort warten die Schiffe ab, bis die Frist abgelaufen ist, in der sich die Pest entwickelt. Bleiben deren Besatzungen frei von Symptomen, dürfen sie dann den Bestimmungshafen ansteuern. Bisher haben sich alle an die Weisungen der Kriegsschiffe gehalten. Außerdem ist zum Glück bei uns noch kein Fall von Pest aufgetreten. Aber wir werden von dieser harten Praxis erst dann wieder abweichen, wenn in den von uns angesteuerten Häfen und den Heimathäfen der fremden Schiffe der schwarze Tod sein Wüten eingestellt hat.

Außerdem jagen wir auf allen unseren Schiffen die Ratten und ertränken sie auf See. Für mich – und da beziehe ich mich auf eine antike Quelle – sind diese Nager oder ihre Flöhe die Überträger der Pest. Darum müssen wir sie mit allen Mitteln dezimieren, und dies nicht nur auf den Schiffen. Sollte die schreckliche Seuche trotz dieser Vorsorge überspringen, dann werden wir notfalls ganze Dörfer isolieren, um die anderen zu schützen. Das ist grausam, es bedeutet den sicheren Tod vieler Menschen. Aber es ist unsere letzte Chance, um der weiteren Ausbreitung der Pest Einhalt zu gebieten. Meine Getreuen, verfallen wir aber jetzt nicht in Angst und liefern uns falscher Ohnmacht aus, sondern tun das was uns möglich ist. Seien wir alle wachsam und vorsichtig, aber nicht furchtsam und untätig."

Statt sich nun der ersten Frage zuzuwenden, beantwortete der König die Frage nach Zuschüssen beim Bau von Schulen und dem Mangel an Lehrern. „Meine Getreuen, auch mich treibt dieses Thema um, obwohl sich hier viel bewegt hat. Ihr alle habt Euer Teil dazugetan, um diesem lange anstehenden Vorhaben kräftigen Rückenwind zu verschaffen. Überall wurden Räume gefunden, in denen unsere Kinder unterrichtet werden. Viele Eurer Mitstreiter, die des Schreibens und Lesens mächtig sind, haben sich als Lehrer zur Verfügung gestellt. Dies wurde ausdrücklich als Übergang deklariert, um niemanden auszunützen. Es steht außer Frage, dieser Engpass muss bald und dauerhaft behoben werden. Wir haben als Zwischenschritt an den Universitäten und Hochschulen um jene Absolventen geworben, die sich als besoldete Lehrer verdingen wollten. Das zeitigte zwar Erfolg, war aber noch nicht die Lösung. Und diese ist nun in Sicht! An zwei Orten werden wir Hochschulen errichten und dort sechs Trimester lang Lehrer ausbilden. Damit werden in zwei Jahren die ersten Absolventen bereitstehen, denen dann weitere nachfolgen werden. Später werden wir diese Ausbildung auf acht Trimester erweitern, in denen die angehenden Lehrer unter Anleitung eines Tutors in der Praxis überprüfen können, ob sie für diesen Beruf geeignet sind. Es zeichnet sich also in naher Zukunft eine dauerhafte Lösung für dieses Problem ab."

Es wurden Stimmen laut, die wissen wollten, wo denn diese Hochschulen gegründet würden. Doch darauf gab ihnen ihr König keine eindeutige Antwort. „Es werden zwei Orte sein, die bisher keine höhere Schule vorzeigen können und etwas im Schatten stehen. Welche es sein werden, das ist heute noch ohne Belang. Bei den Universitäten und Technischen Hochschulen ist vieles geschehen, was Euch bekannt ist. Die zusätzlich geplanten Hochschulen und Fakultäten sind genannt worden.

Zu deren Errichtung und Unterhalt trägt die Krone mit einem erheblichen Zuschuss bei. Aber deren eigentliche Träger sind die Herzogtümer und die Studienstädte. Diese profitieren während der Zeit der Ausbildung und auch später, denn viele Absolventen werden am Studienort bleiben wollen. Alle anderen Schulen sind von den Gemeinden, Kirchen und Stiftungen selbst zu tragen. Nur dort, wo besonders erschwerte Bedingungen vorliegen, können bei der Krone Zuschüsse beantragt werden.“ Das war deutlich, mancher Schultheiß musste erst einmal schlucken.

„Nun zur dritten Frage, jene nach dem Straßenbau, die ich auf Verkehrswege erweitern möchte. Mir ist bewusst, dass das Euch allen ein großes Anliegen ist. Diese lang anhaltenden Maßnahmen stiften dem betroffenen Gebiet schon während der Bauphase Nutzen. Sie schaffen Einkommen für die Bauleute und deren Lieferanten, aber es spült auch Geld in die Kassen der Händler und Wirte. Derzeit wird nach wie vor an unseren drei großen Projekten gearbeitet. An der langen und schwierig zu erstellenden Straße von Seeburg nach Kronstadt durch das Tal der Neria kommen wir gut voran. Doch es wird noch Jahre dauern, bis die neue Reichsstraße durchgehend von Fuhrwerken genutzt werden kann. Bisher ist sie nur bis St. Peter voll befahrbar und eingeschränkt bis zum Neriasee. Die Gemeinden im Neriatal freuen sich schon an ihr weil viele Anwohner sie nützen können.

Der Schiffskanal zwischen Amelungia und Rhenia ist ebenfalls weit gediehen. Aber hier haben die Bedingungen der Natur meinem Drängen Grenzen gesetzt und uns nicht den raschen Erfolg beschieden, den ich mir gewünscht hätte. Dennoch bin ich inzwischen zuversichtlich, der Durchbruch durch den Berg ist bereits geschafft. Außerdem wurde der übrige Kanal an den meisten Stellen planmäßig vollendet. In diesem Zug müssen wir auch die Häfen in Terwingia und Seebrücke ausbauen. Noch fehlt uns der Überblick, ob dadurch der Fährverkehr auf dem Amelungensee anwächst. Sollte dies der Fall sein, wäre der Seehafen der Heiligen Stadt überfordert, es müsste ein weiterer Landeplatz angelegt werden. Alle hier tätigen Arbeitskräfte werden wir nach Beendigung des Kanals anderweitig benötigen. Beim Ausbau von Dämmen und dem Bau von sicheren Brücken in Rhenia, und auch an weiteren Erschließungsstraßen gibt es für viele Menschen Arbeit.

Die Verbindung von Rabenholm nach Hohenufer über die Isterberge nähert sich der Vollendung. Bedingt durch glückliche Umstände und einen klugen Baumeister haben wir dort weit mehr erreicht, als wir zuvor geplant hatten. Ursprünglich wollten wir dort nur einen bequemen Reitweg bauen. Doch nun fällt dieser „Weg“ um einiges weniger steil aus, als zuvor angenommen. Noch erfreulicher ist es, dass die neue Straße nun auch von Kutschen und kleineren Fuhrwerken sicher befahren werden kann. Damit nach Beendigung dieser Baustellen kein Leerlauf entsteht und unsere tüchtigen Bauleute nicht ohne Arbeit dastehen, sind weitere Nachfolgeprojekte angedacht. Wir werden auf der linken Sundseite die schmale und unbequeme Straße zur Reichsstraße ausbauen und schwierige Stellen entschärfen. Die Ausbaustrecke beginnt vorläufig in Westervik und führt im Norden über Gepidia bis hin zur Robbenbucht. Dort werden wir einen Fährverkehr hinüber nach Holmenland einrichten. Ihr anderer auch auszubauender Ast führt über den Siljapass nach Ermanaricia. Doch das ist noch nicht das Ende unserer großen Maßnahmen. Wir werden die Reichsstraße von Theodericia nach Seebrücke ausbauen müssen und auch die Straße von Kronstadt nach Seebrücke. Derzeit denken wir noch über eine direkte Verbindung von Westervik in die Heilige Stadt nach. Damit könnten wir die immer wieder von Steinschlag betroffene Straße von Westervik nach Hildebrandtsvik auf kürzerer Strecke umgehen und die Hafenstadt vom Durchgangsverkehr entlasten.

Ein besonderes Vorhaben, an dem schon länger gebaut wird, soll Euch nicht verschwiegen werden. In Isteria wird entlang der Salvia von Veendamm bis nach Schwarzberg eine befestigte Straße gebaut. Dank der Räuberschlucht werden sich dann die Drachenberge weit besser durchqueren lassen als derzeit. Damit erschließen wir auch das breite Salviatal, in dessen Landschaft wir nur wenig eingreifen werden. In diesem Zug entsteht in Veendamm nun eine zweite Brücke, um die überlastete Isterbrücke vor dem völligen Kollaps zu bewahren. Diese neue Straße dient zwar auch dem Handel, sie hat aber primär eine strategische Bedeutung. Dadurch können wir das Heer schneller an unsere früher so gefährdete Ostküste verlegen. Soweit zum Straßenbau.

Die Dezentralisierung unserer Flotte erfordert den Ausbau der Häfen Bardenstein, Steinstrand und Meerburg, was vor allem den lokalen Bauleuten Arbeit verschafft. Über weitere Vorhaben wird derzeit in den Ministerien für Handel und Verkehr und dem für Bergbau und Technik nachgedacht. Das Ergebnis dieser Beratungen wird Euch später kundgetan. Mehr können wir derzeit von unseren Kapazitäten her nicht leisten. Ich will unsere Bauwirtschaft nicht so aufblähen, dass sie danach wieder geschrumpft werden muss. Außerdem verschlingen solch große Vorhaben sehr viele Solidi, und Steuererhöhungen wollen weder ich noch Ihr. Eine Sorge, die bei Eurer Frage mitschwingt, die kann ich Euch nehmen, es wird keinen Stillstand geben und keine Bauarbeiter, die ohne Beschäftigung dastehen. Uns allen nützen gute Verkehrswege und tragen zum Wohlstand maßgeblich bei." Es gab noch eine Reihe weiterer Fragen, die der Herrscher beantwortete. Eines trieb die Delegierten besonders um, nämlich das Anliegen des Königs, den Gemeinden noch mehr Selbstverwaltung einzuräumen. Dazu hatten viele der Delegierten Fragen. Diese wollte der König am nächsten Tag beantworten, denn die anberaumte Zeit war schon überzogen worden.

Wie schon tags zuvor hatte der Rat der Stadt die Interessierten zu einer Aufführung im neuen Theater eingeladen. Auch ein Pferderennen wurde gegeben, und so verteilten sich die Delegierten. Die überwiegende Anzahl zog aber den Besuch anderer Orte vor, in erster Linie waren dies die Gasthäuser, aber auch die Therme lockte viele. Der Adel freute sich auf das Fest im Königshof, die vertraute Gemeinsamkeit und die dort gereichten Köstlichkeiten. Die vielen Auswärtigen genossen das quirlige Leben der Heiligen Stadt. Und dazu kam noch völlig unerwartet ein besonderes Erlebnis. Auf dem Kräutermarkt gab es nämlich eine Vorstellung für die Kleinen. Dorthin zog es die Kinder der Delegierten. Akrobaten, Gaukler und Spaßmacher sollten sie dort erfreuen.

Aber dieses Ereignis wurde auf einmal zweitrangig, denn von der Rechisstraße her ertönte auf einmal Jubel. Was tat sich hier? Sollte sich etwa ihr Herrscher zeigen und so die Wünsche vieler erfüllen? Schon die Lautstärke sprach dafür, und die Freudenrufe „unser König kommt!" bestätigten ihre Hoffnung. Geleitet von seiner Leibwache ritt der Herrscher auf dem schneeweißen Pegasus die Rechisstraße herauf, an seiner Seite ritt Herzog Wittich. Prinz Friedrich saß vor seinem Vater auf dem kleinen Aufstecksattel. Der kleine Junge winkte fast schon wie sein Vater und freute sich über den Jubel, der damit auch ihm galt. Neben den Flanierenden erreichte diese Woge auch die Menschen in den Läden und Gasthäusern. Sie strömten hinaus an den Weg des kleinen Zuges; alle wollten unbedingt **ihn** und seinen kleinen Sohn sehen.

Der kleine Trupp bog zuletzt auf den Theaterplatz ein und ritt hinein in den Kräutermarkt. Erst als dort der Jubel abgeebbt war, konnten die Spaßmacher ihr Programm beginnen. Der König wollte damit sein Söhnchen erfreuen, der von seiner hohen Warte herab, alles bestens im Blick hatte. Der Prinz war ganz auf die Gaukler und Spaßmacher ausgerichtet, die meisten anderen Kinder allerdings eher auf König, Herzog und Prinz. Der kleinen Königlichen Hoheit Freude über gelungene Späße erfreute die Spaßmacher und die Kinder samt ihren Eltern. Vater und Großvater ließen sich von seiner Freude anstecken. Da sein Fedi ja noch so klein war, wollte der königliche Vater ihn nur kurz in diese bunte Welt hineinschnuppern lassen. Als dann das Programm der Akrobaten anstand, da gab der König ein Zeichen, grüßte zum Abschied die jubelnde Menge.

Am Morgen stand die erweiterte Selbstverwaltung der Städte und Gemeinden auf der Tagesordnung. König Friedrich wollte diese bisher recht bescheidene Selbstverwaltung weiter ausbauen, den gewählten Vertretern mehr Rechte und Befugnisse einräumen. Dieses Ansinnen stieß bisher eher auf Vorbehalte. Die Bewohner der kleineren Gemeinwesen hatten sich oft direkt an die Verwaltung Thules gewendet, was dazu führte, dass sich diese mit Sachverhalten beschäftigen musste, die nicht ihrem eigentlichen Auftrag entsprach. Selbst vor Ort leicht zu regelnde Angelegenheiten wurden so nach „Oben“ geschoben, was sich bis hinauf in die hohen Ämter Thules auswirkte und mehr als ihm lieb war sogar den Herrscher involvierte. Friedrich hatte gemeinsam mit seinen Vertrauten Kanzler Rainald und Vizekanzler Thorismund d. J. ihre Tätigkeiten analysiert und festgestellt, dass ihnen selbst Sachverhalte zugeschoben wurden, die weit besser vor Ort oder im Ausnahmefall in den Ministerien erledigt werden konnten. Dies wollten sie nun gemeinsam mit den Herzögen, Regenten und Gaugrafen angehen. Ziel war es die Staatsorgane zu entlasten, den Städten und Gemeinden mehr Eigenverantwortung zuzubilligen und dadurch eine schnellere Bearbeitung der Anliegen zu erreichen. Als dieses Vorhaben auf die Ebene der Kommunen durchgesickert war, gab es statt der erwarteten Freude erst einmal lange Gesichter. Dies wollte der Herrscher heute klären.

„Meine Getreuen, mir ist zu Ohren gekommen, dass Ihr gegen meinen Wunsch Euch mehr Selbstverwaltung einzuräumen, Bedenken angemeldet habt. Daher will ich Euch heute mein Anliegen selbst nahebringen. Der Staat Thule soll für alle Thulaner vor allem folgendes leisten. Erstens: Rechts- und Planungssicherheit gewähren. Zweitens: Frieden im Inneren schaffen und Sicherheit vor Überfällen. Drittens: Die Rahmenbedingungen für mehr Wohlstand für alle Thulaner gestalten. Deswegen hat sich Thule übergeordnete Organe geschaffen: Gesetzgebende, Überwachende, Ausführende und Schlichtende. Die Gesetze erarbeiten die Ministerien, legen sie dem Kanzler vor, der diese dann mit mir, dem Herrscher abstimmt. Dies gilt auch für alle sonstigen hoheitlichen Aufgaben, welche die Autorität des Staates erfordern. Das sind: Art und Höhe der Steuern, Festlegen übergeordneter Vorhaben, wie der Bau von Reichsstraßen. Ihnen obliegt auch die übergeordnete Überwachung. wobei sie von den zweigegliederten Organen Thules vor Ort unterstützt werden. Mich vertreten in den Herzogtümern die Herzöge und Regenten, und diese werden in den Gauen durch unsere Gaugrafen vertreten.

Die Ministerien erfüllen ihren Auftrag vor Ort durch Vögte und Verwaltungsbeamte wie beispielsweise die Leiter der Schatzämter. Die Zusammenarbeit der beiden Organe läuft inzwischen gut; und allein in diesen Funktionen gibt es so viel Arbeit, dass inferiore Angelegenheiten nicht mehr dorthin gehören. Dafür sorgen nämlich die Rahmenbedingungen, innerhalb derer die Räte der Städte und Gemeinden frei walten und gestalten können. Nur die Fragen, die in der Gemeindeordnung nicht geregelt sind, müssen mit und von der übergeordneten Instanz geklärt werden. Sofern Gesetze verletzt werden ist zuerst einmal zu prüfen, ob dies vom Rat der Stadt behandelt werden kann oder nur vom Gericht. Die jeweiligen Befugnisse sind inzwischen klar abgegrenzt und es funktioniert auch erfreulich gut. Dies sicherzustellen, das ist der Auftrag unserer Gaugrafen. Sie setzen die vom Staat initiierten Maßnahmen um, sichern die Einhaltung der Gesetze, sie klären und schlichten bei Verstößen. So weit in gebotener Kürze, um Euch nicht zu langweilen. Und nun zu Euch, meine Getreuen.

Ihr kennt Euer Gemeinwesen und Eure Mitbürger am besten, wisst was gut läuft und keiner Änderung bedarf. Ihr wisst aber auch um jene Sachverhalte, die es zu verbessern gilt, und die ihr selbst gemeinsam beheben könnt. In diesem Punkt gibt es künftig nur noch ausnahmsweise Unterstützung durch die Organe des Staates und darf über guten Rat nicht

hinausgehen. Das Umsetzen und Überwachen bleibt Eure eigene Aufgabe. Ihr werdet dies meistern, werdet miteinander die wichtigen Aufgaben festlegen und angehen. Ich gehe zuversichtlich davon aus, dass ihr diesen Herausforderungen gewachsen seid. Ich hätte auch nichts dagegen, wenn die Gemeinden in einen konstruktiven Wettbewerb des Bewältigens eintreten würden. Dann könnt ihr stolz sein auf Euer Tun und ich auf Euch! Ich danke Euch im Voraus und wünsche Euch allen noch einen schönen Aufenthalt in der Heiligen Stadt und auch eine gute Heimreise!"
Der Herrscher segnete die Seinen und beendete die Volksversammlung.

Abb. 3 Die geplanten Verkehrswege.

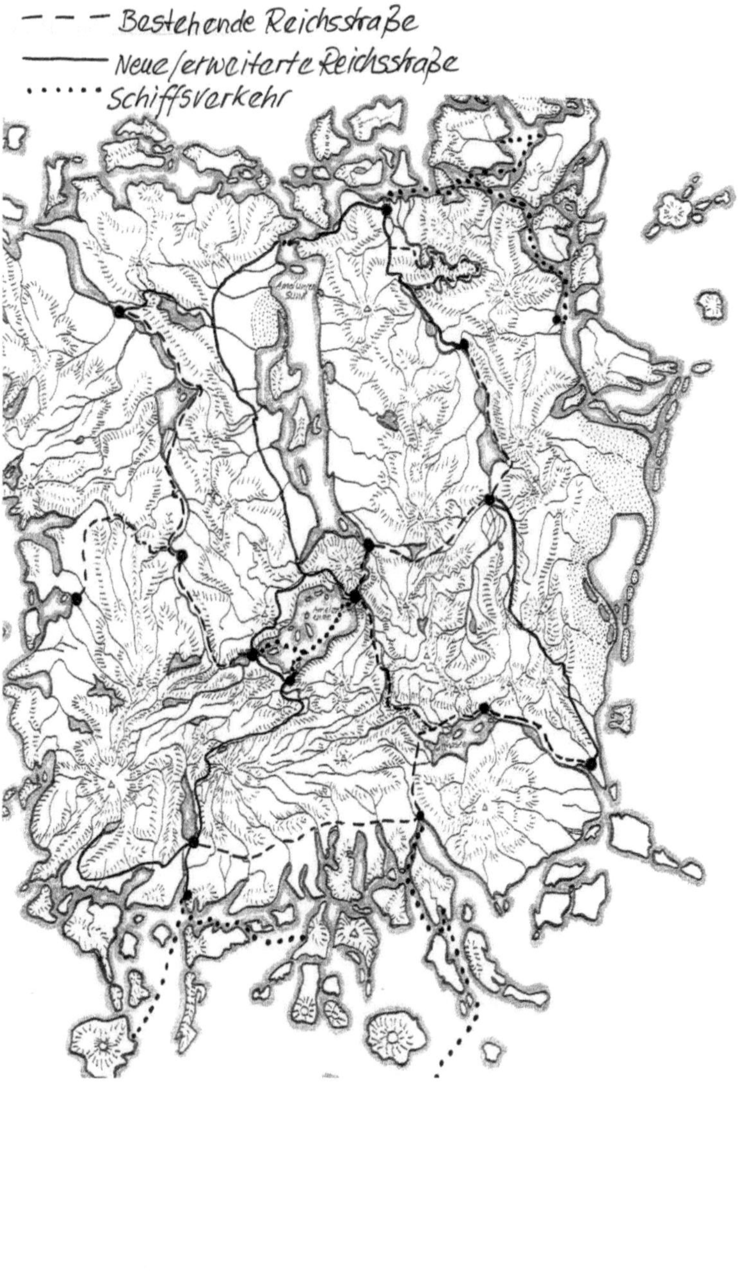

## Des Königs Gottesbild

Vier Jahre hatte sich der Prozess gegen Abt, Prior und drei Mönche des Klosters St. Paul hingezogen. Sie wurden wegen vieler Delikte angeklagt, deren gewichtigste waren Hochverrat, Mitwirken bei versuchtem Königsmord, Ermorden und Unterdrücken von Mitbrüdern. Mit ihnen angeklagt wurden die beiden überlebenden Mönche, die beim Mordversuch an König Friedrich und Herzog Alarich von diesen festgenommen wurden. Viel Zeit verstrich weil sich erst einmal ein innerkirchliches Gericht konstituieren musste, so wie es in der Synode festgelegt worden war. Da es sich um ein Novum in der Rechtsgeschichte Thules handelte, wurden dort erst einmal grundsätzliche Fragen geklärt, die mit dem eigentlichen Verfahren nichts zu tun hatten. Danach ergaben sich weitere Verzögerungen durch Zeugeneinvernehmungen, Formfehler und rechtsfremde, die Taten abmildernde Begründungen. Das Ergebnis dieser Beratungen wurde zweimal vom Königlichen Gericht als nicht rechtskonform zurückgewiesen. Daraus hatte sich eine heftige und langwierige Auseinandersetzung der beiden Gerichte ergeben. Nach vielem Hin und Her führte es letztlich doch noch zu einem Urteil. Bewusst hatte König Friedrich in diesen Prozess nicht eingegriffen und ihn den Gerichten überlassen. Das final zuständige Königliche Gericht verurteilte alle Angeklagten gemäß den Gesetzen Thules zum Tode durch den Strang.

Vergebens hatte Königin Amala versucht ihren Gemahl umzustimmen. Sie hatte ihn darum gebeten, die zum Tode durch den Strang verurteilten Mönche wenigstens zu lebenslanger Verbannung zu begnadigen. Sie konnte nicht einmal erreichen, dass er vom schmählichen Tod am Galgen absah. Der König hatte das nach langen Verhandlungen vom Gericht gefällte Urteil bestätigt und damit seine Gemahlin verstimmt. Es war sehr selten, dass das Königliche Paar einen Disput hatte, doch dieses Mal nahm die Königin eine Gegenposition ein. Sie warf ihm an den Kopf: „Friedrich, diese Mönche haben jahrelang der Kirche treu gedient und ihre Vorgaben befolgt. Sie hielten sich an des Berengar Auftrag, den ihm eine Reihe von Päpsten auferlegt hatten. Das war sicher nicht richtig von den Heiligen Vätern. Sieh die Geistlichen doch als Werkzeuge, die aus Gehorsam und ihrem Glaubensverständnis heraus so handeln mussten. Sie sind doch nicht die eigentlich Schuldigen, sondern irregeleitete religiöse Schwärmer. Lasse sie wenigstens den Tod durch das Schwert erleiden, wenn Du sie schon nicht zu Verbannung begnadigen willst. Damit schonst

Du die Gefühle der eng an die Kirche gebundenen Christen und der Familien der Verurteilten!“ Diese inständige Bitte der Königin an den Obersten Richter Thules, ihren König und Gemahl, hatten viele Geistliche in einer Petition an den Herrscher noch bekräftigt. Alle wussten, dass er sich im Allgemeinen einer solchen Bitte nicht verschloss und hofften auf Milde.

„Amala, ich kann und will diese zum Attentat anstiftenden Mörder, die noch dazu so gegen mich hetzten, nicht begnadigen. Unsere Gesetze gelten für alle gleichermaßen, ob Herzog oder Tagelöhner, jeder muss unterschiedslos für seine Verfehlungen bestraft werden. Was für einen Hochadeligen gilt, das muss für einen Geistlichen genauso gelten. Ich muss daher gerade in diesem Fall ein Exempel statuieren, um dem Recht der Gleichbehandlung aller Genüge zu tun. Ich verlasse hierbei weder das Recht noch die Gerechtigkeit.“ Er bemerkte seiner Gemahlin Erschrecken und Unverständnis, und ergänzte seine Aussage noch. „Zwei Sachverhalte bewegen mich dazu. Nach dem großen Prozess, in dessen Mittelpunkt der oberste Würdenträger der Katholischen Kirche Thules stand, musste es jedem Thulaner klar sein, dass dies ein Schlussstrich war. Damals habe ich der heutigen Amtskirche und ihren Vertretern, wie den Angehörigen der Bruderschaft vom Heiligen Geist Milde entgegengebracht. Hätte ich damals meinen Begnadigungsspielraum nicht überzogen und alles den Gerichten überlassen, dann wären einundvierzig Todesurteile vollzogen worden. Dies war eine letzte Mahnung, was ich so auch deutlich und unmissverständlich ausgesprochen habe. Von da an konnte es keine Milde mehr geben! Wer künftig, aus welchen Motiven auch immer, zum Sturz des Königs hetzt oder zum Mord an ihm auffordert, der erfährt die volle Härte des Gesetzes. Dabei muss ich bleiben, damit nicht nur meine Herrschaft und mein Leben geschützt bleibt, sondern auch Deines und das unserer Kinder. Wir müssen davon ausgehen, dass der nächste Papst die Verfolgung von uns Staufern wieder aufnehmen könnte. Kardinal Donato hat mir berichtet, uns feindlich gesinnte Guelfen und von Anjous abhängige Kleriker sind nach wie vor gegen uns aktiv. Daher werde ich jeden Versuch im Keim ersticken, der darauf abzielt bei uns einen Brückenkopf aufzubauen. So lange ich lebe wird die Kirche bei uns keine weltliche Macht bekommen!“

Hart war des Königs Gesicht geworden, es wirkte auf einmal bedrohlich und ängstigend. Kurz war wieder der grimmige Teja aufgeblitzt, den auch Königin Amala fürchtete. Erschrocken aber auch aufgebracht, entschlüpfte ihr eine unbedachte Bemerkung. „Friedrich, Du bist im tiefsten Inneren gar kein Christ. Du bist und bleibst ein Feind der Kirche!“ Richtig wütend war sie auf ihren unbeugsamen Gemahl. Sie erwartete, was sie nicht geschreckt hätte, eine heftige Reaktion des allmächtigen Herrschers von Thule, der ihr Mann war. Sie war daher überrascht und aus dem Konzept gebracht, als er völlig anders reagierte.

Mit nachdenklicher Stimme antwortete er: „Vielleicht hast Du recht. Ein Christ, so wie ihn sich der Klerus wünscht bin ich sicher nicht. Es kann durchaus sein, dass ich mit meiner Sicht von Gott mit dem Klerus nicht übereinstimme. Kirchengläubig und Kirchentreu werde ich in meinem Leben sicher nicht mehr werden, denn das ist nicht meine Vorstellung. Was dank dieser verblendeten Kirchenmänner aus dem Christentum geworden ist, das habe ich in Italien mit machtlosem Ingrimm und Abscheu verfolgt. Was diese erbarmungslosen Folterknechte in geistlichem Gewand aus Gott und seiner Kirche gemacht haben, das ist wahrlich ungeheuerlich. Wie diese Mörder frei von Nächstenliebe und christlicher Barmherzigkeit ihre Freveltaten ungehindert ausleben ist abscheulich, es verdreht das Christentum ins Gegenteil. Wie sie die Heilige Schrift in ihrem Sinne verbiegen und missbrauchen ist wahrlich verbrecherisch. Sich gegenseitig um des Glaubens willen mit Kriegen zu überziehen, tausendfaches Leid über Unschuldige zu bringen, ist das von Gott gewollt? Sind die Ströme von Blut, die auf den Kreuzzügen geflossen im Sinne Gottes gewesen? Wenn dies so gewesen ist, dann sage ich mich von solch einem Gott los; und hindere dort wo ich die Macht innehabe seine Verkünder an ihren Gewalttaten!“

König Friedrich war sichtlich aufgewühlt, erhob sich und blickte hinaus auf den friedlich daliegenden Amelungensee. Seine Gemahlin hatte eine wunde Stelle bei ihm berührt und begriff noch immer nicht, was sie ihm damit antat. Er wandte sich wieder ihr zu: „Mein Gott ist ein gütiger Vater, kein Strafender und schon gar nicht ein Eiferer. Letztere sind wie die Pest, sie überziehen diese schöne Welt mit Dogmatismus, Fanatismus, Terror und Elend. Das Schlimme daran ist ihre Unbeirrbarkeit, was immer sie den Menschen antun, sie entwickeln kein Unrechtsbewusstsein. Gäbe es diesen Gott wirklich, auf den sich diese Ungeheuer berufen, wäre ich lieber ein Atheist.“ Bitter hatte es Amalas Gemahl gesagt, sein Antlitz wirkte gequält. Doch die Königin konnte dies vor Entsetzen nicht wahrnehmen, ihr geliebter Gemahl glaubte nicht an Gott. Er glaubte zwar an ein höheres Wesen, aber nicht an das Gottesbild der Kirche. Und er erschütterte Amala noch weiter und versetzte sie in Unruhe.

„Der Gott, den ich mir vorstelle ist tolerant, misst die Menschen an ihrem Leben, an ihrer Menschlichkeit und daran wie sie mit ihren Nächsten und ihren Nachbarn umgehen. Gott fragt nicht nach der Religionszugehörigkeit, er sieht nur das Tun." Was der König von Thule hier von sich gab, das war aus Amalas Sicht die pure Häresie. Das würde ihn jenseits des Ozeans im christlichen Europa unweigerlich vor die Gerichte der Kirche führen, wenn er dort nicht zu Mächtigen gehören würde. Friedrich sah das Entsetzen in den Zügen seiner geliebten Frau, doch er hielt nicht inne. „Nun zu Deinem Anwurf ich wäre ein Feind der Kirche. Verhielte sich die Kirche Thules so wie jene drüben auf dem Festland, dann wäre ich tatsächlich ihr Feind. Dann müsste ich so wie mein Ahn Kaiser Friedrich II. umlauert von Verrätern und gedungenen Mördern „leben". Aber so wie die Kirche und deren Vertreter in Thule auftreten, und wie sie den Gläubigen dienen, besteht nicht der leiseste Grund zur Feindschaft. Ganz im Gegenteil, ich unterstütze sie bei ihrem Wirken mit den Möglichkeiten, die mir gegeben sind. Sobald sie jedoch ihren Auftrag nicht gottgefällig erfüllen, zwingen sie mich zum Eingreifen. Ich erwarte von den Priestern, Nonnen und Mönchen, dass sie sich redlich darum bemühen, den Stand der Gottesgnade zu erreichen. Wie kann jemand Gottes Wort verkünden dürfen, oder gar die Sakramente spenden, wenn nicht mit dieser Haltung!"

Mit diesen Worten gab Friedrich der Befürchtung seiner Gemahlin, er sei ein Ketzer, weitere Nahrung. Und er setzte noch eines drauf. „Diese Auffassung vertraten zur Zeit des Untergangs des mächtigen Römischen Reiches, die von der Amtskirche verfolgten Donatisten. Meiner Ansicht nach hatten diese Gläubigen mit ihrer Forderung völlig Recht. Ähnlich sahen es Jahrhunderte später die Katharer, die nur den Vollkommenen das Recht zubilligten, das Consolamentum zu erteilen. Auch wir, die bis vor kurzem die letzten Arianer waren, hatten Schwierigkeiten damit, Christus als eins mit Gott anzusehen. Wir billigten ihm, dem edlen reinen Menschen, nur Gottähnlichkeit zu. Um Dich nun vollends zu erschüttern will ich noch etwas dazu anmerken. Wie sich die Kirche auf dem Festland zunehmend gibt, stimmt so einiges nicht überein mit dem reinen Christentum. Diese ausufernde Verehrung, ja Anbetung der Heiligen, gepaart mit einem übersteigerten Marienkult, ist eine Verirrung. Letzteres erinnert mich an den heidnischen Urmutterkult. In diesem eigenartigen Verhalten wirkt die Kirche auf mich so, als sei sie eine polytheistische Organisation. So war es dereinst sicher nicht gedacht, und auch nicht, dass Menschen zu den Ehren der Altäre erhoben werden, die dies nicht verdient haben. Der „heilige“ Dominikus, dessen Jünger eifrig und grausam die Inquisition betreiben, und die ungerührt von menschlichem Leid Scheiterhaufen errichten und entzünden möge Dir als ein Beispiel von vielen genügen.“

Die Königin blickte sich um, sie hatte Angst, dass einer der Leibwächter oder ein Vertrauter im Arbeitszimmer des Herrschers weilte. Das was ihr Herr hier aussprach, hätte keiner von diesen sonst so Verschwiegenen für sich behalten können. Er wäre unweigerlich in einen Konflikt mit Gott und seiner Kirche gekommen, bei aller Treue und Loyalität zum verehrten König. Doch das Königspaar war allein und musste keine Zeugen befürchten.

Aber auch so fühlte sich die Königin zum ersten Mal in ihrer Ehe allein und verlassen. Ihr innig geliebter Gemahl hatte ihr Einblicke in sein Denken gewährt, die sie nicht zu fassen vermochte. Sie sah darin den Abgrund seiner Seele. Amala kämpfte mit den Tränen, fühlte sich in ihren Grundfesten erschüttert und hilflos. Verzweifelt stellte sie ihrem Gemahl noch eine Frage: „Friedrich, mein Herr und König, warum hast Du dann für Dich und Dein Volk den Katholischen Glauben angenommen?“ Sie war nicht imstande, ihn mit dem vertrauten Fried anzusprechen, konnte ihn auch nicht als Geliebten sehen. Er war in diesem langen Augenblick so weit weg von ihr wie sie sich dies selbst in ihren schlimmsten Albträumen nicht auszumalen vermochte. Ihr schien es den Boden unter ihren Füßen zu entziehen. Alles woran Amala fest glaubte, das stellte er in Frage.

König Friedrich holte sie aus ihren Gedanken zurück in diesen schönen Raum. „Amala, es waren keine religiösen Gedanken, die mich dazu bewegten, und auch keine Überzeugung. Ich habe es lediglich aus politischem Kalkül getan. Mir ging es darum Schaden von Thule abzuwenden. Damit wollte ich „christliche“ Invasionen eindämmen und Einheit im Glauben möglich machen. Dadurch, so meine Erwartung, sollten die uns immer stärker gefährdenden Auseinandersetzungen der

Kirchen ein Ende finden. Meine Sicht auf die schuldbeladene Katholische Kirche war dabei so unerheblich wie meine Religiosität. Ich wäre lieber Arianer geblieben, verhehle auch nicht meine Sympathie für die echt monotheistischen Religionen. Haltung und Lebensweise unserer Katharer bewundere ich, sie sind wirklich Reine. Nein, es ist mehr Amala, es ist Neid. Neid darauf, dass ich so weit weg davon bin vollkommen zu sein, obwohl ich danach strebe, ein gerechter und menschlicher Herrscher zu sein. Wäre mir Kardinal Donato nicht so weit entgegengekommen, hätte ich die Vereinigung der beiden Kirchen scheitern lassen. Es wäre dann sehr schwer geworden für mich, denn es hätte im schlimmsten Fall eine tiefe Spaltung Thules nach sich gezogen. Eine, die mich dazu gezwungen hätte, mit dem Stahl für Ruhe zu sorgen und meinen Traum vom anhaltenden Frieden in Thule zu beerdigen. Meine Forderung von Toleranz für andere Religionen in Thule war für den Kardinal eigentlich unannehmbar, denn sie stand im Gegensatz zur offiziellen Haltung der Katholischen Kirche. Toleranz fordern deren hohe Herren für ihr oft wenig gottgefälliges Leben ein, verstecken sich hinter der Unantastbarkeit ihres Amtes und bauen auf die Unterwürfigkeit der Gläubigen. Glücklicherweise kam als Nuntius ein Würdiger zu uns, einer der das Christentum lebt und an so manchem seiner Kardinalskollegen leidet. Ich hatte meine eigene Sicht von Gott, Kirche und Religionen stets tief in mir verschlossen gehalten. Dies gebietet mir mein Amt als König von Thule. Würde ich diese meine Ansicht offen äußern, würde ich viele Thulaner in große Verwirrung stürzen, selbst die Gebildeten. Diese denken zwar über vieles nach, aber nie über Gott und die Kirche, denn dies ist ja unantastbar vorgegeben. Mein getreues Volk soll mich nicht an meiner Gläubigkeit und Kirchentreue messen, sondern an dem, was ich mit Hilfe meiner Getreuen für ihr Wohlergehen tue.

Wenn ich meinen letzten Gang angetreten habe und vor Gottes Richtstuhl niederknie, soll der ewige Vater mich und mein Tun wägen. Meine Ahnen sollen dann aus Überzeugung für mich Fürsprache halten, wenn sie denn für mich zeugen wollen, jedoch nur wenige Geistliche wie unser Oheim Konrad.“ Friedrich war bei seinen Worten im Zimmer auf und ab gegangen, zu sehr trieb ihn dieses seiner Amala erstmals Offenbarte um. Alles was er in seinem Ringen mit der Kirche und ihren Vertretern erlebt hatte und das sein Leben mit tiefem Leid erfüllt hatte, trat in diesen Momenten wieder vor sein inneres Auge. Dann wandte er sich wieder der Königin zu, die wie erstarrt wirkte. Er konnte sie, seine

Vertraute und Geliebte nicht „verschonen“. Wenigstens sie sollte ihn verstehen und sich kein Bild aufzwingen lassen, das unstimmig und gegen die Frauen gerichtet war.

„Gott siehst du mit dem Herzen, empfindest Göttlichkeit mit den Sinnen. Das Evangelium ist ein wunderbarer Leitfaden zu gottgefälligem Leben und eine großartige Offenbarung. Doch es wird oft genug umgedeutet, um den Zielen machtgieriger Kleriker zu dienen. In den Händen von Fundamentalisten, engstirnigen und verbohrten Menschen wird es sogar zur Waffe. Sie geben vor genau zu wissen was der Schöpfer wollte. Sie sehen bewusst darüber hinweg, dass fehlbare Menschen die göttlichen Weisungen und Offenbarungen festgehalten haben. Dennoch billige ich ihnen zu, dass sie tiefgläubige Menschen waren. Ich bleibe dabei, es war nicht Gott, der dies niedergeschrieben hat. Wer die Bibel buchstabengetreu auslegt, der begibt sich auf einen gefährlichen Pfad. Er kann unter Umständen zum Opfer jener Selbstsüchtigen werden, die damit manipulieren und Macht ausüben wollen. Bigotterie ist das Ergebnis der Unterwerfung unter jene, die Gottes Willen bewusst verfälschen. Sie nennen es Demut, Glaubensfestigkeit oder wie auch immer sie dies tarnen, um ihr vordergründiges Ziel der völligen Unterwerfung zu erreichen. Diese „Priester“ machen aus dem gütigen Schöpfer ein Drohgespenst und einen furchterregenden Richter. Sie verkünden doch stets die eine Forderung: Ausschließlich jene, die die Weisungen der „unfehlbaren“ Kirche vorbehaltlos befolgen, können der ewigen Seligkeit teilhaftig werden. Nur der „echt“ Gläubige kann durch sie, die Gottes Diener sind, aus der irdischen Bedrohung erlöst werden.“

Seine Gemahlin wirkte nun als hätte sie der Donner getroffen, was Friedrich nicht entgangen war. „Amala, Dir scheint das, was ich über Gott, Christentum und die Evangelien denke nicht zu gefallen. Du nimmst zu diesem Thema eine feste, in Kinder- und Jugendtagen eingepflanzte Position ein. Ich kann mich daher nur noch einmal wiederholen. Halte Dich nicht sklavisch an die Buchstaben, orientiere Dich lieber an dem Sinn dessen, was damit ausgedrückt werden sollte. Menschlichkeit, Brüderlichkeit und Mitgefühl mit den Leidenden leuchtet aus diesem Opus der Evangelisten. Es fordert uns zu Taten auf, zum Tun im Sinne des Schöpfers. Dem zu folgen, das ist gottgefällig, das andere ist Unterwerfung unter unlautere Absichten und ungehemmtes Machtstreben falscher Priester. Ich möchte Dich heute bitten einmal darüber nachzudenken, mehr kann und will ich jetzt nicht sagen."

„Friedrich, Du stellst die Heilige Schrift und das Gottesbild der Kirche in Frage und verstößt gegen die fundamentalen Positionen des Christentums. Ist Dir dies überhaupt bewusst, König von Thule?" Sie hatte es hinausgestoßen in ihrer seelischen Not. Amala hatte in diesem Augenblick ganz vergessen, dass Friedrich ihr Gemahl war und nicht nur der absolute Herrscher von Thule. Ihr war nur zu bewusst, dass ihm seine Thulaner sogar bei diesen wahrlich häretischen Gedanken folgen würden. Was für ein Abgrund tat sich hier für sie auf.

König Friedrich schüttelte resigniert den Kopf. Er schaute seine Frau so an, als wollte er in ihr Innerstes blicken, er sah auch ihre Not, doch ließ er sich nicht beirren. Mit seiner Antwort erschütterte er Amala erneut. „Cara, ich kann mir vorstellen, wie Dir nun zumute ist. Ich habe an den Grundfesten Deines Glaubens gerüttelt. Doch ich will Dich nicht täuschen, auch um den bitteren Preis eines Streites. Seit ich einigermaßen klar denken und beobachten kann, wälze ich diese und andere Gedanken in mir. Viele Generationen nach uns wird es Menschen geben, die so ähnlich denken werden und es auch dürfen. Die Menschen unseres Zeitalters können nicht anders als all das, was ihnen vorgesetzt wird, kritiklos zu glauben. Noch sind die meisten von ihnen nicht in der Lage, eigenständig Überlegungen anzustellen und den Glauben in seinem tiefsten Sinn zu erkennen. In unseren Schulen und Universitäten beginnen wir damit, das Denken zu lernen und vieles von dem zu reflektieren, was einst niedergelegt wurde. Lange wird es dauern bis wir die Früchte dieses neuen Denkens ernten dürfen, es werden leider auch faule und verkümmerte darunter sein. Rückfälle ins Mystische, und auch das Vorgesetzte unhinterfragt hinzunehmen, wird es noch lange geben, womit wir als Menschheit leben müssen. Dessen ungeachtet muss der Anfang gemacht werden, der die innere Freiheit zum Ziel hat. Ich selbst werde dies nicht mehr erleben, lange Jahrzehnte nach uns wird es hoffentlich so sein, falls wir Geduld und Glück haben. Eine Prämisse muss ich dabei voraussetzen, falls die Kirche es überhaupt zulässt. Und da bin ich mir alles andere als sicher. Schwache, oder noch schlimmer bigotte Könige werden ihr vielleicht zum Opfer fallen und als deren willfährige Werkzeuge alles zurückdrehen. Dessen ungeachtet hänge ich einer Vision nach und wünsche mir dieses Menschenbild von ganzem Herzen. Einer geläuterten, die Menschen verstehenden Kirche bleibt dann immer noch eine große Aufgabe.

Amala war unfähig ihm zu antworten. Sie war innerlich viel zu weit weg von diesem König, der ihr Gemahl war und den sie zum ersten Male nicht verstehen konnte. Schweigend zog sie sich aus des Herrschers Arbeitszimmer zurück und stieg wie in Trance die Treppe hoch, die zu den privaten Gemächern des Königlichen Paares führte. Oben angelangt konnte sie ihren Tränen freien Lauf lassen, und sich mit dem Ungeheuerlichen befassen, das Friedrich ihr unterbreitet hatte. Mit dem Gehörten fertig zu werden war für die Königin unendlich schwer und überforderte sie. Zum Glück kündigte ihr ein Leibwächter bald darauf die Prinzessin an. Adelheids schwesterlicher Beistand half ihr und richtete sie wieder auf. „Schwesterlein, Ihr hattet Streit, ich sehe es Dir an." So begrüßte die Schwester des Königs ihre Schwägerin. „Adli, es ist schlimmer, nein viel schlimmer, es war kein Streit sondern ein Erdbeben für mich. Alles woran ich fest glaube hat Friedrich zu erschüttern versucht. Er sieht weder Gott, noch den christlichen Glauben und auch die Kirche nicht so wie ich. Er hat mich zwar nicht dazu aufgefordert es so zu sehen wie er selbst. Aber wie kann ich denn mit einem Mann leben, der meine tiefsten Überzeugungen nicht teilt?"

Amala war wieder in Tränen ausgebrochen, sie war völlig verzweifelt und erstmals irregeworden an ihrer Liebe zu Friedrich. Ihr Mann Friedrich ein Atheist, ein Ketzer und ein Autokrat, der alles in Frage stellte, was ihr heilig war und für sie unumstößlich festlag. Adelheid nahm sie in die Arme und ließ Amala weinen, sie fühlte ihre Verzweiflung. Als sich die Königin wieder einigermaßen gefasst zeigte, ergriff Adelheid das Wort. „Amala, lieben kann und darf man sogar einen Heiden. Er muss nur edel und anständig sein und der Liebe wert. Auch ich hatte oft genug Schwierigkeiten in Frieds Denken einzudringen. Doch wenn ich es geschafft hatte, empfand ich es fast immer wie eine Erleuchtung. Du hast dies anscheinend noch nie so intensiv erlebt, weil alles andere, was über Dich hereingebrochen ist bisher Vorrang hatte. Doch nun treten auch die Themen in den Vordergrund, die ihr unterschiedlich betrachtet und wertet. Ohne diesen Diskurs geht es leider oder glücklicherweise nicht. Wenn Ihr es dann aber ausdiskutiert habt, so sehe ich es aus meiner Erfahrung, lässt es Euch noch tiefer zusammenwachsen. Bitte erzähle mir doch was ihr erörtert habt, oder Fried versucht hat, Dir nahe zu bringen."

Nun fühlte sich Amala dazu in der Lage, ihrer Schwägerin den langen von ihr selbst nur selten unterbrochenen Monolog Friedrichs darzulegen. Adelheid hörte interessiert zu, fragte ab und an hinein, um es richtig zu verstehen, unterbrach aber Amala ansonsten nicht. Der Königin tat es gut mit ihrer vertrauten „Schwester“ zu reden. Ihr gemeinsames Abklopfen dessen, was ihr der Königliche Gemahl zum Nachdenken auferlegt hatte, löste nun auch bei Amala Fragen aus. Daraus ergab sich eine Schlüsselfrage, welche Quellen bestimmten bisher Amalas eigenes Gottesbild und ihre Sicht auf die Ecclesia? Dabei standen zwei Quellen dominant im Zentrum. Am stärksten und am nachhaltigsten hatte die Äbtissin Mechthildis sie geprägt, und etwas weniger stark Amalas Großmutter Valeria. Als sie die beiden Frauen vor ihrem inneren Auge aufscheinen ließ und begann, die beiden mit ihrem Gemahl Friedrich zu vergleichen, da gewann sie an Erkenntnis. Ihre Großmutter hatte einen festen, aber aus Amalas heutiger Sicht beinahe schlichten Glauben, den sie weder hinterfragte noch hätte infrage stellen lassen. Valeria von Rosenburg war zwar eine kluge, aber nicht sonderlich gebildete Frau.

Und wie verhielt es sich mit der Äbtissin Mechthildis? Leicht ist es Heranwachsende zu beeindrucken, denen kein Vergleich möglich ist und deren Suchen und Schwärmen einen Ankergrund sucht. Sie hatte indoktriniert, ihre Sicht von Gott und der Kirche als die einzig gültige Wahrheit dargestellt. Die Äbtissin hatte jeden Zweifel durch ihre Frömmigkeit und formale Autorität zu unterdrücken gewusst. Dort oben im Kloster St. Maria in den Bergen war sie die Autorität schlechthin und unangreifbar. Blickte Amala heute auf diese Zeit und vor allem auf die Äbtissin zurück, musste sie sich jetzt eingestehen: Mechthildis war eine enge, bigotte Frau, die Bibel und Religion in ihrem Sinne zu instrumentalisieren wusste. Sie übte als Äbtissin ihre Macht aus, überzog dabei auch den ihr vom Gesetz her eingeräumten Rahmen. Sie hetzte gegen den König, anerkannte nur eine Macht, nämlich die der Katholischen Kirche. Sie negierte dabei die uralten Gesetze und Gebote Thules, was nach dem Rechtsverständnis als Hochverrat galt. Außerdem wusste Amala inzwischen so manches Abträgliche aus ihrem und gegen sie sprechenden Vorleben. Sie war doch eine in Sünde gefallene und in das Machtgeflecht des verbrecherischen Erzbischofs Berengar einbezogene Mitläuferin.

Und ihr Friedrich, wie sah Amala ihn? War er denn eng? Gar ein Ketzer, ein Antichrist? Was war er, wenn sie ihn einmal nicht als ihren Ehemann und Herrscher betrachtete? Er hatte klare und abgewogenen Vorstellungen, sinnierte und grübelte, dachte über Vieles nach und zog seine Schlüsse daraus. Er las dazu in den einschlägigen Schriften, die er entweder in seiner Bibliothek fand oder sich aus dem Staatsarchiv beschaffen ließ. Was Friedrich von sich gab, war fundiert und kaum zu erschüttern, dies hatte sie inzwischen oft erlebt. Er war sehr freigebig, tat vieles für diejenigen, die nicht auf der Sonnenseite des Lebens standen. Seine Mildtätigkeit und Großzügigkeit wurde allseits gerühmt, ebenso sein Ringen um den inneren Frieden in Thule. Und wie war sein Verhältnis zur Kirche? Er unterstützte die Klöster – und nicht nur die Reichsklöster – erwartete ihr Mitgestalten bei der Betreuung der Notleidenden und beim Kultivieren des Landes. Das war aus der Sicht aller rechtens und nicht zu viel gefordert.

In die Ausübung der eigentlichen Funktion der Priester hatte er nie eingegriffen. Selbst sein Einschreiten gegen den Katholischen Geistlichen, der den arianischen Waisenkindern in Hildebrandtsvik den Zutritt zu seiner Kirche und dessen Friedhof untersagt hatte, war vom Recht gedeckt. Der König hatte alle Versuche der kirchlichen Würdenträger in die weltlichen Belange Thules einzugreifen, vehement zurückgewiesen, was auch für die Übergriffe staatlicher Amtsträger galt. Alles musste sich im Rahmen des Festgelegten bewegen, darüber wachte der Herrscher mit Argusaugen. Gerechtigkeit war ihm ein hohes Anliegen und dies unterlegte er sowohl den Gesetzen, als auch seiner Herrschaft. Hier verhielt sich König Friedrich mustergültig und stieß damit auf große Zustimmung.

Nachdem Amala und Adelheid diese doch wesentlichen Aspekte des Handelns von Mann und Bruder erörtert hatten, konnten sie sich nun jenem kritischen Feld zuwenden, bei dem es zwischen Friedrich und Amala zum Dissens gekommen war. Sie begannen mit des Königs Sicht des Ewigen Gottes. War denn diese so falsch, wie sie Amala in der ersten Aufwallung erschienen war? Für ihn ist Gott ein gütiger Vater, einer, der sich der Menschen fürsorglich annimmt und sie auf den richtigen Pfad führen will. Diese Sicht teilte Amala doch auch, warum hatte sie es denn dann so sehr erschüttert? War es vielleicht etwas anderes, was sie so aus der Fassung gebracht hatte? Als sie einen Moment dabei blieb, dämmerte es ihr, warum sie so aufgebracht war. Es war weder Friedrichs Gottesbild noch seine Zweifel an der Integrität so manches Priesters. Auch seine Haltung der Amtskirche gegenüber hatte sie nicht aus der Fassung gebracht, es war etwas anderes und in Amala angelegtes.

Erstmals hatte ihr Friedrich eine Bitte abgeschlagen, war nicht bereit gewesen ihr entgegenzukommen. Unbewusst hatte Amala dies als Sieg der Staatsraison über die Liebe gestellt, welch ein „verrückter“ Anspruch von ihr. All dies hatte sie mit der Freundin und Schwägerin eingehend erörtert. Adelheid stellte ihr dazu zumeist nur Fragen, ergriff keine Partei, und half so Amala ihre Fassung durch Reflektion und Einsicht wieder zu gewinnen. Wichtig war dabei eine Aussage: „Schwesterlein, Du musst noch lernen, in einigen Situationen zwischen Friedrich als Herrscher und Deinem Fried als Geliebtem zu unterscheiden, was gar nicht so leicht ist. Er hat seinen Auftrag als König und Oberster Richter, dem er folgen muss, so wie es alle seine Vorfahren auf dem Thron getan haben. Dies ist sein Rechts- und Pflichtverständnis, es bestärkt die Würde des hohen Amtes und seine Autorität in Thule. Als Gemahl und Geliebter muss er sich selbst diesem Anspruch unterwerfen, sonst herrscht Amor in Thule und Du gefährdest seine Autorität. Ich weiß, dass Du dies nicht willst und auch nicht wollen darfst. Er ist zu allererst unser aller Herr, meiner wie Deiner, und erst dann Dein Gemahl und mein Bruder.

Dass er uns und unseren Rat anhört, ernst nimmt und würdigt ist etwas Außergewöhnliches. Schaue doch mal hinüber ins Abendland wie es dort zugeht. Dort herrscht Willkür und Unterdrückung seitens der Herrschenden, nicht selten der Kirche! Heirat aus Staats- oder Familienraison ist das „Normale“, und Liebe ist dabei eine mit Verwunderung betrachtete Ausnahme. Als Ratgeberin geachtet zu werden, liegt außerhalb des Vorstellungsvermögens der Mächtigen in dieser von Männern geprägten und beherrschten Welt. Wir, Schwesterlein sind nicht nur durch unseren hohen Rang privilegiert, sondern auch dadurch, dass in Thule die Frau nicht als zweitrangig angesehen, sondern zumeist als Partnerin gewürdigt wird. Dies würde die Vorstellungskraft der Abendländer übersteigen und ist dort für Frauen überhaupt nicht denkbar. Dort berufen sich die Väter und Brüder in den Familien, die Mächtigen und allen voran die Geistlichen auf die von Männern niedergeschriebene Heilige Schrift. Sie fordern von uns Frauen daher völlig selbstverständlich die Unterwerfung in jeder Hinsicht. Die Frau sei dem Manne untertan, so steht es doch wie in Stein gemeißelt unverrückbar fest.

Amala, Fried kämpft auch für uns und unsere Geltung, das sollte sich im Bewusstsein aller Frauen verankern. In einem bin ich mir mit meinem großen Bruder völlig einig. Gelebtes Christentum ist nicht das permanente Gebet, es wird von unserem Tun bestimmt. Messe unseren Fried daran, und sieh wie er Dich ehrt und sich zu Dir verhält. Denk daran, wie sehr Du beneidet wirst um diesen Gemahl, der Dich liebt und Dir große Freiheit lässt. Da hat buchstabengetreue oder lediglich nachgekaute Auslegung der Heiligen Schrift keinen Platz. Und noch ein letztes dazu, damit es nicht zu einer Philippika ausufert. Mein großer Bruder ersetzte mir einst Vater und Mutter, er war der Mensch, den ich am besten kannte und zutiefst liebte. Aber vor einigen Jahren musste ich mich gegen ihn auflehnen, um meine eigene Identität zu finden. Dies war schmerzlich und mündete bei mir nicht selten in ein schlechtes Gewissen, denn oft genug war ich schlicht töricht und unreif. Wir haben uns gestritten, waren oft nicht einer Meinung, doch nie hat unsere Liebe zueinander darunter gelitten. Mich hat diese Erfahrung letztlich bereichert und mir vor allem den Blick geweitet. Sie lehrte mich, mehr und auch anders zu sehen, kritisch aber nicht destruktiv zu werten. Ich gebe ja gerne zu, dass unser Fried nicht immer leicht auszuhalten ist, er ist und bleibt ein Übervater für mich, und ist doch auch mein geliebter Bruder. Du hast sicher noch einige dieser schwierigen Auseinandersetzungen vor Dir, aber die tiefe Liebe, die Euch beide verbindet, ist Euer festes Fundament."

Adelheid lachte, nahm Amala in die Arme und sagte: „Jetzt habe ich fast so wie Fried geredet, dabei wollte ich seine Anschauungen weder bestätigen noch verwerfen, denn das soll ganz alleine Dir überlassen sein." „Adli, das wird es, doch Du hast mir dabei sehr geholfen. Durch unser Gespräch hat sich mein Blickfeld wieder geweitet, das meine Enttäuschung eingeengt hatte. Du hast schon recht damit, wenn Du meinst Fried sei nicht immer leicht auszuhalten. Sie belegen ihn mit bewundernden Namen, sei es Titan, Magier oder Philosoph auf dem Thron. Diese Überhöhung durch unsere Thulaner würde mich ohne unsere Liebe ganz klein werden lassen, vielleicht sogar erdrücken."

## Der neue Kanal

Nach fast zehnjähriger Bauzeit wurde der Kanal endlich fertiggestellt, der nun die Flüsse Amelunga und Rhenia verband. Wobei die Aussage „endlich" überwiegend zum Wortschatz des ständig antreibenden Herrschers zählte. Ungeduld war ein gewichtiger Teil seines Wesenskerns, worunter nicht nur die Bauleute zu leiden hatten, sondern alle, die sich einer wichtigen Sache anzunehmen hatten. Dieser Kanal war für alle Beteiligten zu einer gewaltigen Herausforderung geworden. Viele tüchtige Menschen hatten in unermüdlichem Ringen einen Berg durchstoßen und einen Tunnel ausgehauen, den jetzt sogar Schiffe passieren konnten. Dies beschränkte sich allerdings auf Flussschiffe mit abnehmbaren Masten und auf große Kähne. Der Königliche Bauherr hatte vorgegeben, dass alle Schiffe, die bisher die Oberläufe der beiden Flüsse befuhren, nun auch den Kanal benützen konnten. Die Güter sollten ohne Umzuladen, einfacher und schneller zum Ort ihrer Bestimmung gebracht werden. Diese Vorgaben verlangten einen breiten Kanal und ein vertieftes oder angestautes Kanalbett. Das bedeutete erhebliche Mehrarbeit, aber die größte Herausforderung verlangte der Durchbruch unter dem Raniapass. Er musste breit und hoch und fast zwei Meter tief werden.

Um diese ehrgeizige Vorgabe meistern zu können, galt es zuerst zwei Nebenflüsse der beiden Ströme zu regulieren, nämlich die Lungia und die Rania. Beidseits dieser Gebirgsflüsse waren daher die Talabhänge zu terrassieren, denn das Kanalniveau sollte maximal zwanzig Meter über demjenigen der Rhenia liegen. Der immense Aushub wurde im Rheniatal für Flussdeiche und erhöht liegende erbreiterte Straßen benötigt. Geeignete Steine wurden auch noch zum Bau von Häusern, Brücken und Hangstützen verwendet. Vier Schleusen auf jeder Seite sorgten dafür, dass die Schiffe die Höhenunterschiede gut bewältigen konnten. Die sich zum Raniapass hinauf windende Reichsstraße lag nun hoch über dem tief unten liegenden Kanal. Beidseits des Kanals wurden Treidelpfade angelegt, auf denen die Lohntreidler die Schiffe in die gewünschte Richtung ziehen konnten. Dies galt besonders für den Tunnel, angesichts des schmalen Kanalbetts war dort das Rudern fast nicht möglich. An den Wänden des Tunnels sorgten Öllampen für ein schummeriges Licht. Es durften nur wenige sein damit die ohnehin gerade ausreichende Belüftung nicht gefährdet war. Es galt daher für die Schiffer, sich beidseits konsequent rechts zu halten, um im Dämmerlicht nicht einen der vielen mächtigen Stützpfeiler im Tunnel zu rammen. Genau in der Mitte des Tunnels hatten die Bauleute einen breiteren Bereich ausgebrochen, um bei einem Unfall Wendemanöver zu ermöglichen.

Alle Flussschiffe und großen Kähne der Gegend schienen sich zur Eröffnung des Kanals eingefunden zu haben. Geduldig warteten deren Besatzungen auf die Durchfahrt und hatten aus dem Warten ein kleines Volksfest gemacht. Wechselgesänge beflügelten die Festtagsstimmung. Die unmittelbaren Anwohner, aber auch viele Menschen aus den oberen Tälern säumten den Kanal, als der König und seine inzwischen groß gewordene Familie angekündigt wurden. Bejubelt von den Seinen zeigte sich jetzt in der Ferne das prächtige Flussschiff des Herrschers. Bald konnte jeder der Wartenden den König von Nahem sehen und ihm zuwinken. Das Königliche Paar und seine Kinder waren über den Kleinen Amelungensee in die Lungia gefahren und dann in den neuen Kanal eingebogen. Zu ihnen gesellt hatte sich das Prinzenpaar Theodemir und Adelheid mit ihren beiden Kindern. Weitere hohe Herrschaften folgten ihnen mit ihren Schiffen nach.

In der Mitte des Tunnels war ein Zusammentreffen mit Markgraf Bodo dem Regenten von Rhenia geplant. In der Tiefe des Gebirges und an der hier neu markierten Grenze der beiden Herzogtümer würde dies der Höhepunkt der Kanaleinweihung sein. Der Eingang des Kanals war mit Girlanden bekränzt, viele bunte Fähnchen steckten in den Girlanden, große Fahnen kündeten von dem festlichen Ereignis. Die Löwenfahne symbolisierte Thule, zwei andere zeigten die Wappen der Herzogtümer Amelungia und Rhenia, die vierte Fahnc trug das Adlerwappen der Hohenstaufen. Die wartenden Menschen hatten dem Anlass gemäß ihre besten Gewänder angetan. Strahlende Mienen gaben ihre Feierstimmung wieder. König Friedrich durchtrennte das purpurfarbene Band, das die Tunneleinfahrt verwehrt hatte. Unbeschreiblicher Jubel begleitete diese Zeremonie, die ein Dankgebet endete, welches vom Herrscher angestimmt wurde. Der Bischof von Amelungia besprengte den Eingang mit Weihwasser. Damit waren Tunnel und Kanal offiziell eröffnet.

Zur Feier des Tages wurde daher die Mitte des Tunnels heller ausgeleuchtet. Dort trafen der Herrscher und sein Regent Bodo umgeben von ihren Familien zusammen. König Friedrich und sein Freund Bodo reichten sich über die Bordwände hinweg die Hände, während sich alle anderen durch Zuruf begrüßten. Der nun achtjährige, wie immer übermütige Kronprinz konnte es nicht lassen und schwang sich hinüber auf das Schiff des Regenten, zur Freude der Kinder von Bodo und Gerlind. Nun hielt es des Königs zwölfjährige Patentochter nicht mehr auf dem Schiff des Regenten, Agnes setzte zu Oheim und Tante über. Nach wiedererlangter Ruhe stimmten alle in das Gebet des Königs ein, um den Segen Gottes für das neue Bauwerk zu erbitten und für alle, die künftig darauf fahren würden. Das Schiff des Regenten wendete und ordnete sich nach dem Königsschiff ein. Die aus Rhenia kommenden Schiffe fädelten sich in den Konvoi des Königs ein. Am anderen Ende des Tunnels, nun wieder im hellen Licht Rhenias, gab es dann zwei kurze Ansprachen durch König Friedrich und Markgraf Bodo. Damit die Bürger des nahebei gelegenen kleinen Städtchen Rania nicht völlig im Abseits zu liegen kamen, entboten ihnen die beiden Herren ihre Grüße. Der Bitte des Schultheißen entsprechend, erteilte der König ihnen seinen Segen. Nun war der Form Genüge getan und der Herrscher konnte den Kanal für die Allgemeinheit freigegeben.

Doch damit hatten hier die Feierlichkeiten erst ihren Anfang genommen, denn der festliche Höhepunkt würde in Terwingia stattfinden. Dort hatte Regent Markgraf Bodo eine große Feier anberaumt. Damit erlebte Terwingia, das sonst meist von den hohen Herrschaften auf der Reichsstraße von Theodericia nach Tejaholm ohne Halt durchquert wurde, seinen großen Tag. Friedrich begrüßte des Freundes Idee, dieser Landstadt die Ehre der Einweihung zu übertragen. Zumal er selbst gerne wieder etwas für die schöne Stadt tun wollte, die in den letzten Jahren nicht sonderlich begünstigt worden war.

Entlang des am Kanals wie danach vom rechten Ufer der breiten Rhenia aus erhielten die Reisenden von den begeisterten Menschen jubelnde Zurufe. Den beiden vornehmen Schiffen waren mit Girlanden und Fahnen geschmückte Schiffe und Kähne gefolgt. Die festlich gestimmten Menschen wollten sich Terwingias Festtag auf gar keinen Fall entgehen lassen. Doch sie mussten sich in Geduld üben, denn es ging gemächlich dahin, und dauerte so seine Zeit bis vor ihnen die Silhouette der auf einem Felsrücken direkt am Strom liegende Stadt auftauchte. Dann galt es noch unter der dreigeteilten Brücke hindurch zu fahren, welche die Rhenia überspannte, um danach den Hafen anzusteuern. Die begeisterten Menschen, die dicht an dicht auf der Brücke standen, winkten, jubelten und sangen, gaben einen ersten Vorgeschmack auf das, was sie in Terwingia erwartete.

Diese Fröhlichkeit und ungezügelte Freude war ansteckend. Es schienen Dämme zu brechen, ließen eine lang zurückgestaute Feierstimmung in die Stadt hineinströmen. Dichtgedrängt standen die Menschen an den Straßen, die zum Herzen der Stadt führten, dem schildförmigen Theoderichplatz. Es war anrührend wie sie den König und seine Familie, aber auch deren großes Gefolge staunend begrüßten. Die Menschen schienen es noch immer nicht zu glauben, dass ausgerechnet sie selbst am heutigen Tag im Mittelpunkt von Thule stehen sollten. Denn nicht nur der Herrscher und ihr Regent mit deren Familien hatten sich eingefunden, auch die „große Familie“ des Hochadels war fast vollzählig mit von der Partie. Markgraf Bodo hatte es sich nicht nehmen lassen, zu diesem so wichtigen Ereignis die Kollegen und ihre Familien einzuladen. Friedrich lästerte leise zu seiner Amala: „Cara, nicht nur die Bewohner von Terwingia sind anscheinend auf das Feiern versessen, auch unsere Vertrauten lassen sich diese Chance wieder einmal nicht entgehen.“ Mit großem Hallo hatten sich auch die Kinder der hohen Gäste begrüßt und gleich zusammengetan.

Dieser große Platz hätte nicht ausgereicht, um alle Gäste, die Terwingianer und ihre Nachbarn aus dem Umland, aufzunehmen. Daher wurde auch der darüber liegende Lindenhof einbezogen. Dort unter den Schatten spendenden alten Linden waren die Tafeln für die hohen Gäste eingedeckt worden. Überall roch es nach Gebratenem, warteten volle Fässer auf den Anstich. Doch zuvor gab es, Brauch und Erwartung folgend, einige Reden. Nachdem sich König Friedrich und Markgraf Bodo in der Sakristei von St. Michael dem Anlass gemäß hatten umkleiden lassen, konnte der zeremonielle Teil beginnen. Gemeinsam traten die Freunde an die Brüstung vor der Kirche und baten den Stadtprinzipal hinzu. Bodo, der Gastgeber, hielt die Begrüßungsansprache, die Dankesrede kam vom Stadtprinzipal und zuletzt folgte der mit Spannung erwartete Auftritt des Königs.

Mucksmäuschenstill war es nun geworden, ihren König nicht nur zu sehen, sondern auch zu hören, war bei großen thulanischen Feiern das Unverzichtbare. Zumal es die hiesigen Einwohner noch nie direkt in ihrer Stadt erlebt hatten. Mit Krone und Purpurumhang angetan zeigte sich ihr großer König – wie er vom Stadtprinzipal begrüßt wurde– er drückte seine Freude aus, nach langer Zeit wieder einmal offiziell in der schönen Stadt weilen zu können und den großen Platz von oben zu genießen. Seine Terwingianer in solch fröhlicher Stimmung anzutreffen, das erfreue ihn. Sodann ging er auf den Anlass des Festes ein, gab zu erkennen, dass er den Tag der Flutung des Kanals und die erste Fahrt auf ihm voller Ungeduld erwartet habe. „Alle habe ich mit meinem ständigen Nachfassen „genervt“. Ich habe zwar den großen Fleiß der hier Arbeitenden gesehen, aber ich hatte wohl trotzdem noch auf ein zusätzliches Wunder gehofft. Doch solche gibt es auf diesem Gebiet eigentlich nie. Gut Ding muss Weile haben, dies musste ich dabei lernen. Aber nun bin ich es tatsächlich zufrieden und bedanke mich herzlich bei Euch, die Ihr geplant, gebaut, Material geschleppt und Euch auch in anderer Weise für den Bau eingesetzt habt. Ihr alle habt zusammen ein gutes Werk erbracht und für Thule Geschichte geschrieben. Die Bauern und Handwerker von Rhenia, deren Erzeugnisse nun besser ins Mittelland gebracht werden können, schließen sich meinem Dank sicher an!“ Der nun ausbrechende Jubel bekräftigte die Worte des Herrschers.

König Friedrich endete mit seiner berühmten Geste den Jubel und fuhr fort. „Ich, Ihr Fleißigen, will es diesmal nicht bei guten Worten belassen, ich möchte Euch auch noch ein geprägtes Wort zukommen lassen. Ich habe für diesen besonderen Anlass Doppeldenare prägen lassen, die Euch als Dank zufließen sollen. Euer Leiter und seine Helfer werden jedem von Euch für jeden Monat, den ihr am Kanal gearbeitet habt, eine dieser besonderen Münzen aushändigen. Da die Arbeitslisten genau geführt worden sind, könnt Ihr nun Euren Extralohn im Amtshaus abholen. Da Ihr ja wisst, wie lange Ihr dabei gewesen seid, steht auf jeder der dort für Euch geltenden Türen eine Jahreszahl. Wer also die vollen langen acht Jahre mitgearbeitet hat, der betrete den Raum mit der Zahl acht. Einen Wunsch gebe ich Euch noch mit auf Euren weiteren Weg. Ihr habt Euch auf der Baustelle, was Bier und Wein anging, mustergültig verhalten, pflegt bitte diese gute Sitte auch weiterhin. Eure Familien werden es Euch danken und das dadurch Ersparte ist außerdem ein guter Grundstock für das Alter. Empfangt nochmals meinen königlichen Dank, ich wünsche uns allen nun ein gelungenes Fest.“

Zuerst herrschte ungläubiges Staunen bei den Menschen, ganz besonders bei den Betroffenen. Aber dann brandete ein riesiger Jubel auf, der hin zur uralten Rundkirche St. Michael gerichtet war. Von dort aus hatte der Herrscher und Bauherr des Kanals seine Ansprache gehalten. Doch noch wich keiner, erst nach seinem Segen wendeten sich die Menschen ihren Plätzen zu. Dort warteten sie auf den Becher, der ihrem Herrn kredenzt wurde, und aus dem er auf aller Wohl trank. Damit war das Fest eröffnet, wie ein Mann standen alle auf und tranken dem Herrscher Bescheid. So diszipliniert wie hier lief es in anderen Städte nicht ab, aber es imponierte dem Hochadel. Dies galt auch für das Verhalten der Bauleute, die in einem langen und geordneten Zug hin zum Amtshaus des Gaugrafen strebten, der hier den Regenten vertrat. Bis tief in die Nacht hinein ging die Feier. In der lauen Abendluft durften auch die Kinder dabei sein und sich an den Künsten der Gaukler und Spaßmacher erfreuen. Diese Vergünstigung hielt die Kinder, selbst den übermütigen Kronprinzen, zu einigermaßen gesittetem Verhalten an.

Abb. 4 Der Kanal des Königs

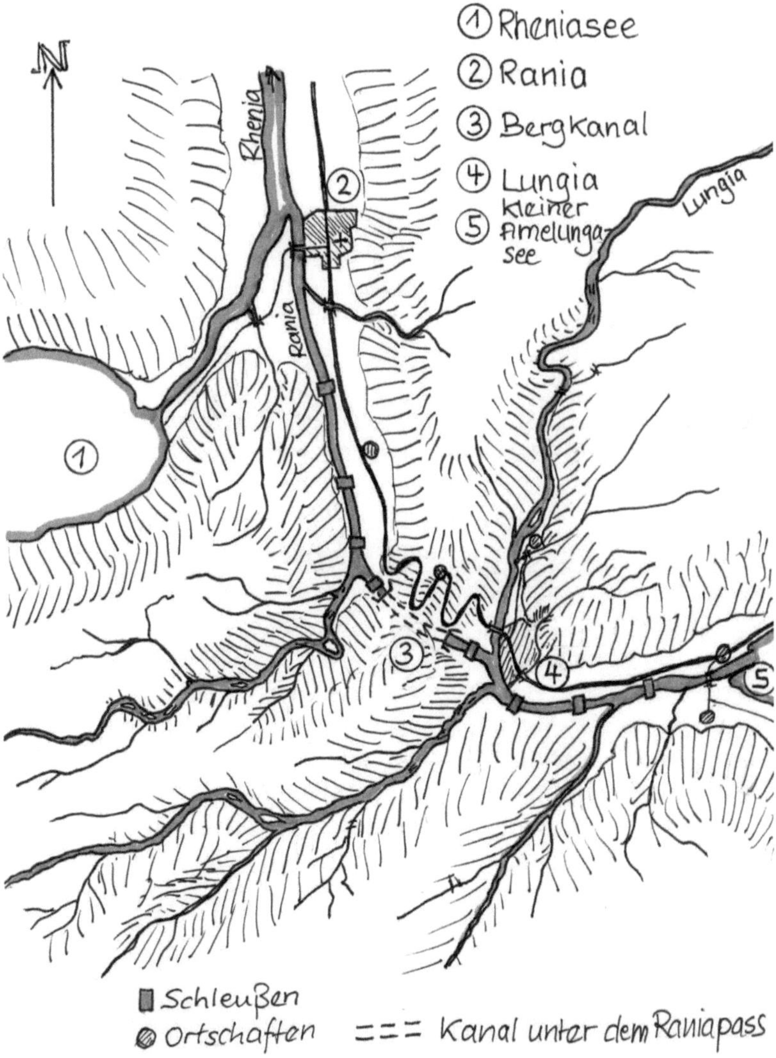

### Terwingia

Am nächsten Morgen leerten sich die Gaststätten und Herbergen. Manch übernächtigter Gast bestieg sein Schiff, um nach Hause zu reisen. Die Einheimischen öffneten, wenn auch oft später, ihre Geschäfte oder Werkstätten. Die Bauleute zogen zu den neuen Baustellen, die der König einrichten ließ. Dieses Mal stand der Straßenbau im Vordergrund. Die Reichsstraße von Seebrücke nach Tejaholm sollte verbreitert und einige zuführende Straßen ausgebaut werden. Auch ein weiteres, den Anwohnern so wichtiges Projekt wurde fortgeführt, der die Hochwasser bändigende Damm an der Rhenia nördlich von Tejaholm. Damit war der Regent Bodo einer Sorge ledig, der befürchtet hatte, am Ende des Kanalbaus würde es bei ihm in Rhenia Bauleute geben, die ohne Arbeit dastanden.

Die Königliche und die „große Familie“ trafen sich zu einem gemeinsamen Frühmahl, das sich etwas hinzog. Der Magistrat von Terwingia hatte um die große Ehre gebeten, ihnen ihre Stadt zeigen zu dürfen. Nun mussten einige der hohen Herrschaften eingestehen, die Stadt allenfalls von der das Zentrum umgehenden Reichsstraße her zu kennen. Obwohl diese Durchgangsstraße die Reisenden in der Nähe des Stadtkerns mit guten Geschäften lockte, hatten hier nur wenige ihre Reise unterbrochen. Selbst Herzog Wittich, der Vater der Königin, hatte sich hier nur einmal länger aufgehalten. Die hohen Herrschaften zog es stets nach Seebrückc oder Tejaholm, um dort ihr Zwischenquartier aufzusuchen. Auch Königin Amala zählte sich zu Jenen, die hier durchgereist waren, aber nie Station gemacht hatten. Daher freute sie sich auf diese ausgedehnte Besichtigung. Mindestens so großes Interesse hatte sie jedoch an den Gesprächen, die sich auf dem Rundgang mit Verwandten und Freunden ergeben würden.

Terwingia gehörte zu den größeren Städten Thules, die sich selbst verwalteten. Der überwiegende Teil der Stadt lag auf einer Halbinsel, welche die Flüsse Rhenia und Terwingia formten. Drei kleinere Inseln lagen in der sich verästelnden Terwingia, eine davon nahm das Frauenkloster St. Agatha ein. Im Süden war eine Insel mit einer typischen Vorstadt bebaut, deren meist niedrige Häusern darauf hinwiesen, dass hier die Ärmeren lebten. Die breite Reichsstraße teilte die Klosterinsel. Auf deren kleinerem Teil nutzten vier Mühlen die Kraft des fließenden Gebirgsflusses. Zwei befestigte Brückentore gaben den Zugang zur Insel frei, ein drittes schützte die Kernstadt. In der Einmündung der Terwingia in die Rhenia lag eine unbewohnte Insel, dicht daneben, bereits von der Rhenia umspült, zeigte sich eine mit Bäumen bewachsene Insel. Ausgerechnet auf diese Insel wollten die beiden Königssöhne hinüber, um ein Lagerfeuer zu entfachen. Ihre Tante Adelheid versprach ihnen das andernorts nachzuholen, damit gaben sie sich zufrieden.

Die Kernstadt wurde durch die Topographie in drei Bezirke eingeteilt. Die unteren Stadtteile umfassten die Innenstadt in einem Halbkreis. Im Norden lag der Hafen und eine breite Straße führte hinunter zum Brückentor an der Rhenia. Jenseits der Brücke lag die bäuerlich geprägte Rheniavorstadt, von der aus sich das jenseitige Hinterland erschloss. In dieser fruchtbaren Gegend wuchsen Getreide, Reis und Gemüse. Bis hin zur Herzogstadt Tejaholm war dies die einzige Brücke über die Rhenia. Den mittleren Teil der unteren Stadtbereiche prägten die breite Reichsstraße und der Indulfplatz. Dort lagen die meisten Geschäfte der Stadt und boten unter den Laubengängen ihre Waren feil. Zwei Läden zogen die Kinder der großen Familie an, im einen gab es verlockenden Honigkuchen und im anderen Spielzeug. Für jedes reichte es zu einem Lebkuchen, aber der andere Laden blieb den Kleinen verschlossen. Dort wo die Reichsstraße abbog, wies die geradeaus führende Straße ins Viertel der Handwerker. Davon nahmen die Herrschaften jedoch Abstand. Daher wendeten sich die Ratsherren nach rechts, statt der nach Süden zum Mittelland führenden Reichsstraße zu folgen. Sanft stieg die Rathausgasse an und entließ sie hinein in den Großen Platz, er hieß eigentlich König Theoderich der Große-Platz. Über dem Platz zeigte sich ihr späteres Ziel der Dom St. Ulfilas oben auf dem Burgberg.

Frei bot sich der Große Platz den Blicken dar, nichts erinnerte mehr an das große Fest. Ihn umringten ansehnliche Gebäude, wobei das Rathaus, die Kirche St. Peter und vor allem die beeindruckende Rundkirche St. Michael herausstachen. Auch die anderen Gebäude, Zunfthäuser und Stadtpaläste, alle mehrstöckig in hellem Stein erbaut, mussten sich nicht verstecken. Mitten im Großen Platz, so wie der von Bäumen umringt, lag der schöne Brunnen. Auf ihm thronte gut sichtbar eine neue große Statue. Als sich die Gruppe dem Brunnen näherte, da wurde der Magistrat unruhig, was dem König nicht entgehen konnte. Seine kleine Tochter hatte des Vaters Hand gesucht und genoss es sichtlich ihn für sich zu haben. Bestens gelaunt konnte König Friedrich darüber wegsehen, dass ausgerechnet seine lebensgroße Statue den Brunnen krönte. Die kleine

Adelheid, im Familienkreis Ahei genannt, sprach es aus. „Papa, das bist ja Du, und ich kann Dich gar nicht anfassen!“ Friedrich nahm sein Töchterchen hoch, aber auch so konnte sie nicht zur Statue hinauf reichen, was ihr nicht gefiel. „Ahei, Du kannst ja Deinen lebendigen Papa anfassen, das ist doch viel besser, oder?“ Die Kleine schlang ihre Ärmchen um Papas Hals und küsste ihn liebevoll auf die Wange. Herunter von ihrem Vorzugsplatz wollte sie jetzt nicht, sehr zum Verdruss von Manfred, der gerne mit ihr den Platz getauscht hätte. Wohlwollend sagte König Friedrich zum Magistrat: „Meiner Tochter gefällt diese Figur, sonst hätte sie diese ja nicht anfassen wollen. Dann hat sie auch mir zu gefallen, und ich rüge Euch daher nicht, meine Getreuen, wie ich es vielleicht noch vor kurzem getan hätte.“ Den Stadtherren sah man die Erleichterung an, gestern noch hatte Regent Bodo bei der neuen Statue Bedenken geäußert. „Ihr wisst doch, unser König schätzt den Kult um seine Person nicht, mal sehen, was unser Hoher Herrscher dazu anmerkt.“ Seines königlichen Freundes gelöste Stimmung erleichterte daher auch ihn. Beigetragen hatte sicher auch, dass sich der Herrschers im Kreis der großen Familie wohlfühlte.

Über viele Treppen ging es danach hinauf zum Burgberg, der Terrasse oberhalb des Lindenplatzes. Von der einstigen Burg war nur noch die kreuzförmige Burgkapelle vorhanden und der an zwei Türme angebaute hufeisenförmige Palas. Dort hatten die Königliche Familie und die anderen hohen Gäste genächtigt. Auf der höchsten Stelle des Felsrückens thronte St. Ulfilas, das mächtigste Gotteshaus der Stadt. Diesen Dom betraten sie jetzt, um dort ein Gebet zu verrichten, und in ihr die Blicke schweifen zu lassen, was sich lohnte. Wundervolle Mosaiken zierten die Kirche, die zu den ältesten und schönsten Gotteshäusern Thules zählte. Vom Platz vor der Kirche aus genossen die Gäste weitere Eindrücke von Stadt und ihrer Umgebung. Tief unter ihnen floss die Rhenia, die hier von einer schiffsförmigen Insel geteilt wurde. Jenseits des Stroms zeigten sich die weite Ebene und das Gebirge im Westen. Dörfer lagen wie bunte Tupfen mitten in ihren Feldern, zeugten von der Fruchtbarkeit des Landes. Die dort hinüberführende große Christopherusbrücke war nun gut zu sehen, sie stützte sich auf zwei natürliche, von Eilanden gebildete Widerlager. Eine Kapelle, drei alte Bäume und eine Mühle zierten die stadtnahe Insel. Auf der anderen Seite lag ihnen Terwingia zu Füßen. Unter ihnen war der Lindenhof, wo sich gerade ihre Kinder beim Fangen austobten und die größeren Buben im hinteren Brunnen Holzstücke zu

Schiffchen umwidmeten. Was für ein schöner Blick eröffnete sich den Betrachtern, die von hier oben große Teile der Stadt überblicken konnten. Es ließen sich die Innenhöfe einiger höherer Gebäude einsehen, der Verlauf der Straßen verfolgen und auch die Arme der silbern gefärbten Terwingia. Ins Auge stach neben dem großen Platz auch St. Agatha, dessen hohe Gebäude nun sichtbar wurden. Der König beglückte seine Gastgeber mit der Aussage: „Liebe Ratsherren, Ihr regiert ein Schatzkästchen, das es wahrlich wert ist, von vielen Thulaner näher kennen gelernt zu werden!“

Ob der König damit den Anstoß gab, dass die schöne Stadt künftig vermehrt aufgesucht wurde? Die Räte glaubten daran und sahen künftig in ihrer Stadt ein „Patenkind“ des Hochverehrten. Sie waren ohnehin beeindruckt von König Friedrich. Bisher war ihr Herrscher für sie eine ferne, erhabene Heldengestalt, die sich in ihrer Stadt gerade mal flüchtig aufgehalten hatte. Und nun schenkte er ihnen viele Stunden. Sie erlebten ihn dabei sogar im Rahmen seiner Familie und des Hochadels. Von wegen entrückte Hohe Majestät, das war er in diesem erlauchten Kreis keineswegs. Für den Hochadel war er Friedrich, der bewunderte Herrscher und als Mensch ihr Freund und Vertrauter. Deren Kinder versuchten seine Hand zu erhaschen, die ganz Kleinen wollten vom Oheim König auf den Arm genommen werden.

Anfangs wussten die Räte nicht so recht, wie sie sich verhalten sollten, aber der König zog immer wieder eine kleine Gruppe von ihnen ins Gespräch. Darüber nahm er ihnen so allmählich Scheu und Hemmungen. Was war ihr König denn nur für ein einmaliger Herr, einerseits der hochverehrte und bewunderte Vater des Volkes und andererseits ein derart liebenswürdiger und nahbarer Mensch. Ihn so erleben zu dürfen, empfanden die Stadtherren als ein Erlebnis und als ein großes Geschenk. Der Kämmerer flüsterte dem Patrizius zu: „Egbert, unseres Herrn bronzenes Abbild hat uns ja so was von Glück gebracht. Es wird uns auch künftig vor Unbill bewahren!“ Was ihm der Angesprochene von Herzen bestätigte: „Unser großer König hat uns gesegnet und uns seine Gunst gewährt. Lasst uns in St. Michael unserem ewigen Vater für das Gottesgeschenk König Friedrich danken!“ Die Räte fassten zwei Beschlüsse, wissend, dass ihnen alle Terwingianer zustimmen würden. An der Stelle vor St. Michael, von der aus ihr König zu ihnen gesprochen und das Königsheil erteilt hatte, würden sie eine große vergoldete Bronzetafel anbringen. Im Überschwang benannten sie den Theoderichsplatz um in Friedrichsplatz, was volle Zustimmung fand. Einer der Räte brachte den Stein ins Rollen: „Liebe Kollegen, König Theoderich ist sicher eines großen Platzes würdig, aber er hatte ja mit Thule nichts tun, ihm sollten wir einen anderen Platz widmen. Unser schönster Platz soll auf immer mit unserem großen Herrscher verbunden werden. König Friedrich ist fürwahr ein Gottesgeschenk und unglaublich beeindruckend. Er hat uns gestern und heute seine Gunst in überreichem Maße zu Teil werden lassen, dafür sollten wir ihm mit dieser Geste danken!"

Nach dem Mittagsmahl trennten sich die Wege der Herrschaften. Die Herren hielten ein Consilium ab, die Damen folgten Herzogin Elsa. Die Äbtissin des Nonnenklosters St. Agatha war nämlich ihre Schwester, die sie ehren wollte, indem ihr die Damen des Hochadels einen Besuch abstatteten. Es war ein kurzer Weg bis zur Klosterinsel. Ein unscheinbares Tor, das vom Tejaholmer-Torplatz ausging, ließ die Damen und deren Kinder in eine stille Welt eintreten. Eigentlich sollten die Kinder in der Obhut der Erzieher, Kindermädchen und Zofen zurückbleiben. Doch daraus wurde nichts, denn ihr Anführer, des Königs Ältester, erhob Einspruch, er wollte mit und alle anderen Kinder auch. Da Königin Amala von Fedi die Zusage bekommen hatte, er würde die kleine Rasselbande im Griff behalten, durften die Kinder mit. Auf dem Weg zur Kirche, wo sie erwartetet wurden querten sie den Wirtschaftshof. Groß war die Freude der Äbtissin und der Nonnen, die sich über die Kinder freuten, die sich mustergültig verhielten. Nicht nur der Engel von Thule, Königin Amala, wurde neugierig bestaunt, sondern auch ihr ältester Sohn Friedrich, dereinst König Friedrich III. Er war vor kurzem von seinem Vater zum König erhoben worden, und wurde dadurch zum zweithöchsten Thulaner. Die Kirche St. Agatha war ein schlichter Bau, mit einem Chor, der genauso mit bunten Fresken ausgemalt war wie die Kirche selbst. Sie stellten Geschichten aus dem Leben und Leiden heiliger Frauen dar. Es gab nur eine kurze Andacht, auch aus Rücksicht auf die Kinder. Danach folgte eine Begehung der Klosteranlage.

Beiderseits der Kirche waren vierstöckige Gebäude angebaut, die je einen Innenhof mit umlaufendem Kreuzgang ausbildeten, was in Thule einzigartig war. Beide Innenhöfe waren trotz unterschiedlicher Nutzung beeindruckend. In einem wurden rings um einen großen flachen Brunnen Heil- und Zierkräuter angebaut, luden Bänke zum Ausruhen. Den anderen

Innenhof prägte ein hoher filigraner Zierbrunnen, der die Kinder anlockte, und die sich die im Gesprenge versammelten Figuren zu erklären versuchten. Daran scheiterte sogar die kluge Agnes, das Patenkind des Königs. Äbtissin Felicitas ihre Großtante, half den wissbegierigen Kindern weiter. Im vorderen Gebäude befanden sich die Wirtschaftsräume und das Spital. Im größeren südlichen Gebäude gab es die Dormitorien und das schön ausgestaltete Refektorium. Kirche und Hauptgebäude gegenüber lag die Verwaltung des Klosters und darüber die Räume der Äbtissin. Bedingt durch die schmale Insel war alles auf kleinem Raum gedrängt und mit wenigen Schritten zu erreichen.

Hinter dem größten Gebäude schloss sich der Friedhof an, den viele Gräber füllten. Dahinter, etwas durch alte Bäume versteckt, zeigte sich eine Kapelle mit Doppelchor. Wie die Äbtissin erklärte, sei dies die zweitälteste Kirche Terwingias und letzter Rest des ursprünglichen Klosters, sie würde daher in Ehren gehalten. In der Kapelle wurden die verstorbenen Nonnen aufgebahrt, was auf Wunsch auch den Gönnerinnen der Klostergemeinschaft gewährt wurde, die ihre letzte Ruhestatt im Klosterfriedhof haben wollten. Die Kapelle, die eine stille Würde und ergreifende Schlichtheit ausstrahlte, wurde ansonsten nicht mehr genutzt. In deren Apsiden waren die schönen Mosaiken, noch so erhalten wie in den ersten Inseljahren. Viele adelige Witwen verbrachten im Kloster ihre letzten Lebensjahre. Es nahm daher nicht wunder, dass fast alle der Damen auf Gräber von Verwandten stießen, nicht jedoch die Königin. Während die Mütter und Großmütter die Gräber abschritten, hatten sich ihre Nachkommen etwas Lebendigem zugewendet. An der Spitze der schmalen Insel fütterten sie Fische. Prinz Manfred, der schlechte Esser, hatte im Ratskeller einige Scheiben Brot eingesteckt, die er nun verteilte, damit alle die Fische füttern konnten. Ein niederer Zaun schützte die Übermütigen vor dem Sturz in die Terwingia.

Königin Amala erlebte zum zweiten Mal eine Äbtissin in ihrer eigentlichen Umgebung. Äbtissin Felicitas hatte eine gewinnende Art und beeindruckte Amala durch Offenheit und Klugheit. Diese Geistliche ruhte in sich, erstarrte weder in der Würde ihres Amtes noch im Dogmatismus mancher Amtskolleginnen. Amala verglich sie mit der Äbtissin Mechthildis, die Amala ja einige Jahre als Äbtissin und Lehrerin erlebt hatte. Der Vergleich ging nicht zum Vorteil „ihrer“ Äbtissin aus. Äbtissin Felicitas wirkte auf sie menschlicher und toleranter und hatte ein Herz für

Kinder. Sie hatte mitbekommen, was die Kinder zum Fluss hingezogen hatte und hörte deren Bedauern, als ihnen das Brot ausging. Sie flüsterte einer Schwester etwas zu, die verschwand und mit einem Brot zurückkam, das sie den Kindern gab. Als die Mütter ihre Kinder ermahnten, sich ruhiger zu verhalten, da wehrte ihnen die Äbtissin. „Unschuldiger Kinder Lachen und Freude ist gottgefällig. Für viele der hier ruhenden Verstorbenen waren sie sicher ein Lichtstrahl ihres Daseins. Die jungen Herrschaften verhalten sich doch bestens, bringen Freude und Abwechslung in unser stilles Kloster."

Die hohen Damen wurden anschließend zu einem kleinen Mahl gebeten, das im Refektorium an einer langen Tafel gereicht wurde. Die Königin war nun wegen der Sitzordnung gefordert, welche der Äbtissin Kopfzerbrechen bereitete. In Thule war die Sitzordnung etwas, das immer wieder zu Verstimmungen führte, und jetzt ergab sich eine verzwickte Situation. Denn der achtjährige König Friedrich war formell der Ranghöchste im Raume. Seine Mutter löste diesen Thulanischen Knoten gelassen. Herzogin Elsa saß zur Linken der Äbtissin, ihrer Schwester, die Königin nahm den Platz an deren anderer Seite ein. Friedrich saß der Äbtissin gegenüber, er wurde eingerahmt von seinen Tanten Prinzessin Adelheid und Herzogin Adelheid. In dieser miteinander vertrauten Gesellschaft machten die weiteren Platzierungen keine Umstände. Ungewöhnlich für ein Kloster ergab sich ein angeregtes Gespräch. Einige Besucherinnen interessierten sich für den Ablauf im Kloster und die Einstellung der Nonnen. „Wir halten hier nichts von einer dogmatischen Strenge und kapseln uns daher nicht von der Außenwelt ab. Wir gehören zu Terwingia und legen Wert darauf, uns in diese Gemeinschaft einzubringen. Wir sind im Stadtbild präsent, unsere mit ihren speziellen Tätigkeiten betrauten Schwestern machen in der Stadt ihre Besorgungen. Gestern Abend war unser Kloster verwaist, wir alle wollten unseren hochverehrten Herrscher sehen und hören. Königliche Hoheit, und dies war wirklich ein einmaliges Erlebnis. Euer Gemahl ist wahrlich ein Gottesgeschenk, so wie es uns die alte Weissagung versprochen hat. Und nun seid sogar Ihr, der Engel von Thule, mit Euren Kindern Gast in unserem bescheidenen Kloster. Das ist das zweite Geschenk in diesen denkwürdigen Tagen."

Im Gespräch erfuhren die Besucherinnen von der Äbtissin vom Einsatz der Nonnen für die Barmherzigkeit. Sie pflegten im Spital St. Georg die

Kranken und betreuten im nahen Altenheim die Alten. Doch nicht nur bei diesen Anliegen des Königs brachten sie sich ein, auch bei der schulischen Bildung wirkten sie engagiert mit. Das Kloster hatte eine eigene Mädchenschule, daneben waren noch vier Schwestern als Lehrerinnen an der Schule der Stadt tätig. „Unsere Novizinnen durchlaufen unsere Schule selbst, danach können sie als Nonnen den Betreuten noch besser helfen. Bei der Ausbildung in der neuen Krankenpflegeschule tragen wir einen großen Anteil. Aber es gibt noch andere Berührungspunkte mit den Bewohnern Terwingias. Unsere Klosterbäckerei wird gerne aufgesucht, denn unsere Brote sind begehrt. Unser zweiter Laden in der Stadt bietet Stickereien, Kinderspielzeug und Devotionalien feil. Der Ertrag beider Läden ist erfreulich, so wie unser Ansehen bei den Bewohnern. Darüber kommt bei uns das Gebet nicht zu kurz, aber eben in Maßen. Wir wissen doch, was unser König zu Recht von uns erwartet. Daher sind wir im Dienste Gottes und dem unseres Herrschers tätig für diejenigen, denen das Leben nicht gewogen ist. So wie es uns König Friedrich vorlebt, wollen auch wir den Heranwachsenden helfen, die lernen wollen.“ Soweit die Äbtissin, die damit die hochadeligen Damen beeindruckte und für ihre segensreiche Arbeit warb. Alle hatten inzwischen die an diesem Tage übliche Kost zu sich genommen, die einfach aber schmackhaft und auskömmlich war. Als die Herrschaften nach drei Stunden das Kloster wieder verließen, tobten sich die Kinder in lustigem Fangen aus. Selbst die beiden Großen Agnes und Leonora, das angenommene Kind der Gräfin Beatrix, ließen sich anstecken. Zuvor hatte die Königin der Äbtissin für ihre Gastfreundschaft und die angeregten Stunden gedankt. So wie am Abend zuvor ihr Gemahl, unterstrich sie ihre Worte durch eine ansehnliche Summe, um das Wirken des Klosters St. Agatha zu unterstützen. Sie verhielt sich hier so, wie sonst ihr Königlicher Gemahl.

Abb. 5 Terwingia

## Das Schloss der Prinzessin

Früh am Morgen galt es Abschied zu nehmen von den nordwärts reisenden Verwandten und Freunden. Königin Amalas gleichnamige Tante und Herzogin zog mit Bruder und Schwester an den Hof nach Ermanaricia. Dort wollte die Tante ihren Sohn Adalbero aufsuchen, der am Herzogshof seinem Oheim Herzog Wittich zur Hand ging. Zum Kummer von Agnes, die doch so gerne noch mit den anderen Kindern zusammen gewesen wäre, zog es ihre Eltern und Großeltern nach Tejaholm. Hier wollte das Regentenpaar Bodo und Gerlind mit Herzog Beowulf und Herzogin Elsa noch einige gemeinsame Tage verbringen, frei vom Trubel der großen Familie. Erfüllt und zufrieden ging man auseinander, auch für die Kinder war es eine ereignisreiche Zeit gewesen. Ungern trennten sie sich von Agnes, aber als die fünf kleinen Königlichen Hoheiten mitbekamen, welche Kinder noch auf die Schiffsreise zum Rheniasee mitkommen würden, da waren sie es zufrieden. Neben den „Großeltern“ Adelheid und Hildebrandt, stiegen nämlich drei ihnen vertraute junge Ehepaare und ihre Kinder auf das Königliche Flussschiff. Am Hafen von Terwingia hatten sich viele Neugierige eingefunden, auch der Rat der Stadt ließ es sich nicht nehmen, die illustren Gäste zu verabschieden.

Gegen den Strom ankämpfend dauerte die Reise nun länger. Die Erwachsenen fanden Gelegenheit zu Gesprächen oder betrachteten die Gegend. Vom Schiff aus wirkte die Landschaft weiter als von der nahebei auf einem Damm verlaufenden Reichsstraße. Die Rhenia floss hinter ihnen breit und behäbig gen Norden. Da sie jedoch in der Gegenrichtung fuhren änderte sich dieser Eindruck so allmählich. Je näher das Schiff den Bergen im Süden kam, desto schmäler wurde die Rhenia und desto kräftiger stellte sie sich dem Schiff entgegen. Die Kinder hatten einen neuen Spaß entdeckt, sie angelten in der fischreichen Rhenia. Damit waren sie beschäftigt und die Erwachsenen hatten Ruhe. Auf einmal ertönten Freudenrufe, der Strom gab einen großen Fisch preis. Prinz Manfred hatte einen Huchen an der Angel. Sein großer Bruder zog mit ihm den mächtigen Fisch ins Schiff. Ein Ruderknecht weidete ihn aus und versprach dem Prinzen, diesen heute Abend über offenem Feuer zu braten. Der großzügige „Fredo“ lud sofort alle Kinder dazu ein. Weil der Huchen aber nicht für alle ausreichte, holten die Ruderknechte noch einige Fische aus dem Wasser. So konnte es am Abend am Strand des Rheniasees ein Lagerfeuer geben, wozu die Kinder ihre Eltern und Verwandten einluden.

Auf dieses Ereignis freuten sich die Kleinen während der ganzen Flussreise, denn auch für die „Großen“ sollte dies eine willkommene Abwechslung werden. Bis dahin gab es vom Schiff aus immer wieder etwas Neues zu entdecken. Immer wieder kam Wild aus dem schmalen Auwald, einmal sogar ein mächtiger Hirsch. An der rechten Seite der Rhenia lagen nur wenige Ortschaften direkt am Fluss, zumal es hier keine Brücke über die Rhenia gab. Außerdem waren diese Orte gegen das Hochwasser landeinwärts besser geschützt. Auf der anderen Flussseite herrschte dank des neuen Kanals lebhafter Schiffsverkehr. Nach der Einmündung der Rania fuhr das Königsschiff allein auf der Rhenia. Aus dem bisher trägen Fluss wurde ein kräftig fließender Bergfluss. Die Männer hatten Mühe gegen die starke Strömung anzukämpfen und wechselten häufig. Die Berge traten näher an den Fluss, der wegen der Kiesbänke nun immer schwieriger zu befahren war. Als es schien, die wackeren Ruderer seien am Ende ihrer Kräfte, wurden sie erlöst. Mit letzter Anstrengung trieben sie das Schiff in einen See hinein.

Ein herrliches Panorama zeigte sich der Reisegesellschaft. Steil ansteigende Berge umfassten den tiefblau schimmernden Rheniasee. Zu beiden Seiten ragten lotrechte Felswände auf und ließen weder Raum für einen Pfad, geschweige denn für eine Straße. Wenige schüttere Büsche krallten sich in die kahlen Wände und einige genügsame Bäume fanden Halt in Spalten der Felswände. Hier gab es keinen flachen Uferbereich, dafür aber einige in den See stürzende Wasserfälle. Wo sollten hier denn Menschen wohnen oder auch Prinzessin Adelheids Burg Sonnberg liegen? Nirgendwo zeigte sich menschliches Leben. Diejenigen, die mit dieser Gegend vertraut waren, ließen die Gäste weiter im Unklaren. Wenige Schritte neben dem Ausfluss der Rhenia aus dem See war ein Anlegesteg zu sehen, an dem vier Boote vertäut lagen. Hinter diesem Steg begann ein Fahrweg, der nach Rania führte, wie der König den Nachfragenden bestätigte. Im Seebereich waren aber die Boote und eine Fähre das einzige Verkehrsmittel, selten würde sich hier ein Schiff zeigen.

Gegen die vorherige Mühe sei es geradezu ein Vergnügen auf dem Rheniasee zu rudern, fand der Schiffer. Die Unkundigen hatten einen kleinen Bergsee erwartet, wurden aber eines besseren belehrt. Er sei etwas mehr als doppelt so groß wie der Kleine Amelungensee erfuhren die Gäste vom Herrscher. Bald entfernten sich die Ufer voneinander, der See wurde immer breiter und erst nach einer Stunde rüstigen Ruderns verjüngte er sich wieder und endete in der Ferne an dem tief eingeschnittenen Tal der Oberen Rhenia. Durch die vielen Zuflüsse in den See wurde die Rhenia zum wasserreichen Strom. Die schroffen Wände traten zurück und machten Platz für eine Bucht.

Einer Fata Morgana gleich tauchte aus der wildschönen Natur eine Burg vor den Reisenden auf. Sie war aus rotem, in der Nachmittagssonne glühendem Stein erbaut und leuchtete ihnen einladend entgegen. Als sie sich dem Bauwerk näherten, verwandelte sich die rote Burg in ein Schloss. Entkleidet aller Wucht wirkte sie nun in ihrer Regelmäßigkeit wie ein Kleinod. Sonnberg lag auf einer Halbinsel im Rheniasee. Hinter der Burg ging diese in einen sanft abfallenden, von Blumen übersäten Wiesenhang über. Der Staufer Herzog Hildebrandt sagte andächtig: „Dies ist Arkadien in Thule, ein idyllischer Ort an dem die ganze Welt ausgeblendet zu sein scheint. Meine Lieben hier liegt das Reich der Stille!“ Treffend hatte es der Oheim des Königs beschrieben, obwohl er diesen Ort noch nie gesehen hatte.

Als das Schiff um die Burg herumfuhr ließ der König das Rudern einstellen. Seine Schwester hatte ihn gebeten, den Mitreisenden, die Geschichte dieses Ortes nahebringen, aber die einleitenden Worte sprach sie selbst. „An diesem See hat sich unser Großvater König Manfred I. eine Jagdhütte errichten lassen. Er genoss die Aufenthalte in dieser abgeschiedenen Bergwelt, er entzog sich hier für einige Zeit seinen Amtspflichten und wollte in dieser Welt nicht gestört werden. Allerdings gab es eine große Ausnahme und das war Prinz Sonnenschein, wie mein Bruder Friedrich damals am Hof genannt wurde. Als kleiner Junge war er der erklärte Liebling unseres Nonno. Einige Male durfte er alleine mit seinem Großvater die Gegend erkundigen. Wie Ihr wisst, war König Manfred Theoderich vernarrt in seinen Enkel. Er erkannte früh dessen besondere Anlagen und von ihm stammt ein Ausspruch, den mein Bruder nicht gerne hört: „Der Fried wird uns einmal alle überragen, mit seinen Gaben ist dieser Junge ein unglaubliches Geschenk für uns.“

König Friedrich unterbrach seine Schwester: „Adli, der Nonno hat über mich allerdings auch etwas weniger Hehres gesagt. Mein Enkel ist der frechste Kerl, der mir je untergekommen ist!“ Sein Oheim Hildebrand meinte dazu in seiner trockenen Art: „Mein Oheim König Manfred hat diesen Ausspruch seiner Schwester Helena gegenüber sofort wieder revidiert, lieber Fried, und das habe ich noch gut im Ohr. Meine Mutter hat es mir so berichtet: Mein Königlicher Bruder ist riesig stolz auf unseren Prinz Sonnenschein, alles erwartet er von unserem Fried. Er will aber auch etwas noch nicht Mögliches von ihm. Sein Enkel soll sich schon jetzt als ein Junge so verhalten wie später als König. Manfred hat sich als einziger daran gestört, dass sein Enkel auch ein richtiger Lausebengel ist, der mit seinen Streichen das ganze Schloss in Atem hielt. Und dies obwohl er selbst herzlich darüber lachen konnte. Mein lieber Neffe, bei meiner fröhlichen Mutter hattest Du ohnehin einen riesigen Stein im Brett. Sie hat sich über Deine Streiche köstlich amüsiert. Besonders gefreut hat sie sich darüber, wie ihr sonst doch so gestrenger, ja gefürchteter Bruder Dir gegenüber so etwas von „hilflos" war. Die geziemende Anrede Majestät hast Du ihm verweigert, wie den Herrscher mit Euch und Ihr anzusprechen, was ich als sein Neffe zu befolgen hatte. Wir haben den strengen Oheim daher gemieden. Aber Du als kleiner und unerschrockener Birichino hast ihn einfach an der Hand gefasst und mit: „Nonno, komm spielen", nur als Deinen Großvater angesehen. Ich bin mir sicher, dies hat dem Oheim mächtig imponiert. Er sah darin ein Maß an Durchsetzungsvermögen, das ein starker König aufweisen muss. Ein weiteres Indiz dafür, wie er zu Dir stand, das dokumentiert diese stille Welt. Kein anderer aus unserer Familie durfte ihn hierher begleiten und auch sonst keine hohen Herrschaften. Dass er sich nur mit Dir in diese Einöde zurückzog, zeugte von seiner Liebe zu Dir."

Was würde König Friedrich hierauf entgegnen, es interessierte alle an Bord, selbst die größeren unter den Kindern. „Lieber Oheim, hier war Nonno nicht die Hohe Majestät, sondern nur mein Großvater. Er brauchte diese Auszeit vom erdrückenden Amt, und das ist jetzt ein wenig ketzerisch, auch von seiner Gemahlin Greta. Wenn wir hier in den See hinein fuhren, blieb die Welt für ihn zurück, die Sorgen hingen am Anlegesteg fest. Hier sind wir miteinander durch die Gegend gestromert, haben nach besonderen Steinen gesucht, Fische gefangen, sie zubereitet und am offenen Feuer gebraten. Nonno war dann ein Anderer, ein lieber Mensch und Naturfreund. In diesem schönen Tal konnte er seine purpurne Hülle verlassen und seiner inneren Einsamkeit entkommen. Es war schön und spannend mit ihm, wir haben versucht, uns gegenseitig an Einfällen zu übertreffen. Und was ihm alles an Spannendem eingefallen ist, das war schon erstaunlich. Miteinander haben wir kleine Rinnsale aufgestaut, Schiffchen mit Bastsegeln angefertigt und in den Bächen tanzen lassen. Er hat mir aus Haselzweigen Pfeifchen gebastelt, mit denen ich verschiedene Töne erzeugen konnte. Nonno war ein Meister darin dünne breite Steine flach über den Seespiegel schliddern zu lassen, und er ließ sich von meiner Freude daran selbst anstecken. So viel hat er im Schloss nie gelacht, und derart herzlich und fröhlich war er dort schon gar nicht. In Theodericia war er gefangen in seiner Rolle der Erhabenheit und Majestät, nur hier draußen, abgeschieden von seinem Thule, konnte er Mensch und lieber Großvater sein. Für mich war diese Zeit allein mit dem Großvater herrlich, es waren Tage, die ich nicht missen möchte. Ein normales Kind sein zu dürfen, das war uns beiden immens wichtig, denen die Last des derzeitigen, und so wie bei mir des künftigen Königsamtes auferlegt worden war." Er signalisierte den Ruderern das Schiff nun wieder in Bewegung zu setzen. Gemächlich kamen sie voran und hatten nun das weite Seebecken vor Augen.

Bald kam die kleine Siedlung Sonnmatt in Sichtweite, die an einem sanft ansteigenden Hang emporwuchs. In ihrer Mitte, unterhalb der Kirche, drängten sich mit Steinplatten eingedeckte graue Häuser. Außerhalb des Ortskernes lagen über den Hang verteilte Gehöfte. Schmale Wege wanden sich zu ihnen empor. Dahinter stieg ein Felsenhang steil an, über diesem trugen die Berge ein grünes Band von Laubbäumen. Die Blicke der Ankommenden blieben jedoch eher an den einladenden grünen Matten hängen. In sie hineingetupft leuchteten die farbsatten Holzhäuser. Jedes dieser außerhalb des Dorfkerns liegenden Häuser war umgeben von Gärtchen und Weidegrund. Kühe grasten darauf, auch einige Pferde waren zu sehen. Auf dem kleinen Platz am Landesteg warteten die Bewohner des Dörfchens, sie hatten das große Schiff mit den hohen Herrschaften längst kommen sehen. Hoch- und Jubelrufe schallten den Ankommenden entgegen. Den Damen und selbst den kleinen Mädchen wurden Blumenkränze umgehängt. Jeder Junge bekam ein kleines bunt angemaltes Holzpferdchen, ein Erzeugnis des Tales.

Der Pfarrer hielt eine Ansprache und drückte in schlichten Worten die Freude aller Sonnmatter über den hohen Besuch aus. Er tat auch kund, dass er und seine Gemeinde schon viel zu lange auf den Besuch der verehrten Prinzessin als Herrin von Burg und Dorf gewartet hatten. Auch die Hohe Majestät sei schon lange nicht mehr hierhergekommen. Aber alle hier wüssten ja, wie sehr ihn sein hohes Amt binde und dass das Wohl und Wehe aller Thulaner ihm viel Zeit abverlange. Dafür sei ihre Freude heute besonders groß über den so überraschenden Besuch so vieler edler Herrschaften. Jetzt war es an der Prinzessin als Herrin des Tales, dem Pfarrer und den Bewohnern von Sonnmatt für das Willkommen zu danken. Zuvor hatte Adelheid hilfesuchend zu ihrem Bruder geblickt, sie wollte, dass er diese Ansprache übernahm. Doch Friedrich, fröhlich grienend und bester Laune sagte zu ihr: „Schwesterlein, Du bist hier die Herrin, ich bin „nur“ der König. Diesmal bist Du dran.“

Amala fand in diesem Moment dass ihr Fried manchmal richtig schadenfroh sein konnte, was sie so nicht kannte. Prinzessin Adelheid hielt nur eine kurze Dankesrede. Daran anschließend stellte sie alle Herrschaften vor, die mit dem König gekommen waren, auch die Kinder. Zuletzt bat sie ihren Bruder darum den Sonnmattern seinen Segen zu geben. Dieser Bitte folgte der Herrscher gerne. Alle knieten nieder, auch der Pfarrer und entblößten die Köpfe. Es war kein Zweifel daran, sie glaubten fest an die Wirkung des Königlichen Segens und wirkten fast entrückt. Hier war der König von Thule nach wie vor der Mittler zu Gott, was auch der Pfarrer so sah. Der Herrscher war für diese Menschen nach wie vor ihr von Gott eingesetzter weltlicher und geistlicher Herr. Dieses in der Synode eigentlich aufgegebene Königsbild aus der Gotenzeit, das in Thule über sieben Jahrhunderte gegolten hatte, blieb offensichtlich auf dem Lande ungeschmälert erhalten.

Nach Beendigung der Vorstellungsrunde machten die Menschen respektvoll Platz für den König und die mit ihm gekommenen Herrschaften. Gefolgt von der Bevölkerung schritten sie die breite Dorfstraße hinauf, die in den Kirchplatz überging. An den Häusern beiderseits der Straße fielen Holzschnitzereien oder Kratzputz an den Steinhäusern auf. Eine mächtige Mauer umgab die Kirche, auf deren Eingangsseite war ein großes Fresko des Christopherus abgebildet. Links des Gotteshauses ragte ein mächtiger Campanile auf, dahinter zeigten sich höhere Gebäude, zu denen es die Kinder des Dorfes gezogen hatte. Diesem Ensemble wollten sich die Gäste später zuwenden, erst einmal zog ein anderes Gebäude die Blicke auf sich.

Schräg gegenüber der Kirche lag das Talamt, in dem der Talvogt residierte, und in dem an zwei Abenden der Schultheiß von Sonnmatt zu finden war. Außerdem trafen sich hier alle vierzehn Tage die Gemeinderäte zu ihrer Sitzung. Dieses große Gebäude war verputzt und bemalt mit den besonderen Ereignissen, die sich im Tal zugetragen hatten. Adelheid machte ihre Gäste auf eines dieser naiv gemalten Bilder aufmerksam. Es zeigte einen älteren Herrn in vornehmer Kleidung, der einen Goldreif im dunklen Haar trug und einen Bogen auf dem Rücken mit sich führte. An der Hand hielt er einen Jungen, dessen dunkler Lockenkopf auch von einem goldenen Reif umfasst wurde. In seiner freien Hand hielt der Junge eine kleine Angelrute. „Hier ist mein damals noch kleiner Bruder und unser Großvater König Manfred I. dargestellt. So haben die Bewohner von Sonnmatt und Umgebung die Beiden damals erlebt, wenn sie durch die Fluren streiften. Fast nicht zu entziffern steht unter dem Bild: Zwei Könige haben uns beehrt und Glanz in unser Tal gebracht." Königin Amala fand, dieses Bild sei zwar gut gemeint, die Ähnlichkeit mit ihrem Gemahl aber nur mit Phantasie zu erahnen. Zu sehr hatten die Bilder des genialen Malers Theodosius ihre Wahrnehmung geprägt. Auf der Fassade des Amtshauses waren gerade noch zwei Flächen unbemalt geblieben. Vermutlich würde eine davon später von ihrem heutigen Besuch künden. Der Bilderzyklus war das Geschichtsbuch der älteren Bewohner, die noch überwiegend Analphabeten waren.

Inzwischen hatte sich jedoch vieles verändert. Bildung war eines der zentralen Ziele des Herrschers, dessen Anliegen vom Hochadel kräftig unterstützt wurde. In Sonnmatt gab es schon seit fünf Jahren eine Schule. Diese hatte die Patronin des Tales, Prinzessin Adelheid zur Freude ihres Bruders gestiftet. Inzwischen waren die Sonnmatter stolz auf dieses Geschenk, die einstigen Bedenken hatten sich ins Gegenteil verkehrt. Nach dieser Einführung gingen die Gäste die Treppe zur Kirche hinauf, warfen einen Blick in das schlichte Kirchenschiff. Über dem Altar schwebte ein mächtiges Kruzifix, dessen Christus ein Kunstwerk von Rang war, ein Geschenk König Manfred Theoderichs an die Gemeinde.

Danach blickten sie noch in den angrenzenden Schulhof. In dieser Schule wurden die Kinder von Sonnmatt und der Ansiedlungen in den Tälern und den Hochlagen unterrichtet. Überwiegend siedelten diese über dem oberen Rheniatal, wie der Pallia, auf den sonnigen gegen Südwesten ausgerichteten Matten. Die von dort stammenden Kinder wohnten die Woche über im Internat neben der Kirche, sie wurden vom Lehrerehepaar und zwei älteren Damen betreut. Sonnmatt, so klein es auch anmutete, war der Hauptort des Berglandes rechts der oberen Rhenia. Die Kosten der Schule und des Internats übernahm die Krone, denn die Einheimischen waren wenig begütert. Am zentralen Platz lag mit dem Gasthof „Burg Sonnberg“ der einzige des Tales. Nahebei stand das Siechenhaus, in dem die Kranken zeitweise wohnten und jene Alten ständig, die ohne Angehörige waren. Sie konnten dort umsonst wohnen, mussten sich aber, soweit sie noch rüstig waren, der Kranken annehmen.

Nach diesem Einblick in die soziale Struktur des Tales schlugen die hohen Gäste den Weg zur Burg ein. Der anfangs platzartige Weg verengte sich und zwei Bauwerke tauchten vor ihnen auf. Links lag ein großes, von Maulbeerbäumen umstandenes Holzhaus, das „Jagdschloss“ von König Manfred I. Dieses hufeisenförmige Gebäude bewohnten der Vogt des Schlosses und seine große Familie. Daneben lag das Haus des Burgjägers, der den Königshof mit Wildbret belieferte, da es in dieser Gegend reichlich Wild zu jagen gab. Das Haus des Burgfischers lag unten am See, mehrere Boote und Fischernetze zeigten, wer hier wohnte. Dort wurden die begehrten Seeforellen geräuchert und andere Fische in Salz konserviert.

Der Weg hatte sich wieder erbreitert und gab den Blick frei auf die mächtige Burg. Wie ein quadratischer Schild wirkte deren Eingangsbereich, den ein breites Tor unterbrach. Über diesem kündeten zwei Wappen vom hohen Rang der Burgbesitzer. Der Staufische Adler mit der Krone der Prinzessin und das Wappen des Prinzen Theodemir. Hinter dem Eingang lag ein langgezogener, mit Bäumen bestandener schmaler Platz, der zu einer von zwei Statuen flankierten Steinbrücke führte. Beidseits säumten Ökonomiegebäude den Platz. Über die Brücke ging es zum inneren Tor und danach betraten die Gäste ein wahres Juwel. Ein regelmäßig geformter Platz nahm sie auf. Zwei Durchlässe durchbrachen dessen Geschlossenheit und öffneten ihn für die Außenwelt. Der Architekt dieses Bauwerks hatte den Innenhof als gebrochenes Oktogon angelegt. In jedem der vier Eckbereiche hatte er einen Brunnen platziert, in der Mitte erhob sich ein marmorner Pavillon, der die Form des Platzes aufnahm. Dadurch entstand ein Kontrast zu den grauen Granitsäulen der Laubengänge und dem roten Stein der den Innenhof umrahmenden Gebäude. Alles wirkte leicht, elegant und zugleich majestätisch repräsentativ. Die Gäste wähnten sich in einem Traum gefangen, dies war pure Schönheit, welch ein herrliches Schloss bot sich ihnen dar. Staunen begleitete sie beim weiteren Rundgang durch die Burg, die aber alle als Schloss ansahen. Die Dächer der Bauten waren flach angelegt, mit glasierten Ziegeln eingedeckt, den Trauf belebten Figuren und Tiergestalten. Immer wieder blieben die Blicke am Pavillon hängen. Aus der Nähe ließ sich seine Funktion erkennen. Um einen großen achteckigen Brunnen herum waren Tische und Bänke angeordnet. Der Steinmetz, der diese filigranen Gebilde erschaffen hatte, musste ein großer Könner sein. Dieser so lichte wie lauschige Ort lud förmlich ein, hier zu tafeln und sich zu unterhalten.

Doch erst einmal stand eine Führung durch das Innere des Schlosses an. Die Eingangsbereiche ragten etwas hervor, ihre Dächer wurden von auf roten Löwen ruhenden Granitsäulen getragen. Zwei riesige Platanen säumten diese Eingänge. Die Gäste betraten eine Eingangshalle, von der aus es in die Räume des Erdgeschosses ging. Das Treppenhaus erschloss das obere Stockwerk. Hinauf führten breite rotmarmorne Stufen mit zierlichem Messinggeländer. Der Architekt griff hier erneut die Form des Oktogons auf und brachte sie als Gitter zwischen den tragenden Stäben an.

Die Gäste betraten den nach Westen ausgerichteten Wohnbereich von Adelheid und Theodemir. Die Räume waren schön gestaltet und mit erlesenem Mobiliar ausgestattet. Genau in der Mitte des erstens Stockwerkes lag der große Aufenthaltsraum, von dem aus sich ein überdachter Balkon betreten ließ. Dort ließ sich der größte Teil des Sees überblicken. Die gesamte Bergkette, die ihn umrahmte, war zum Greifen nahe. Der Neraberg, einer der höchsten Berge Thules zeigte sich im Hintergrund. An seiner Flanke entsprang die Nera, die sich in Balthensvik ins Westmeer ergoss. Dorthin zu gelangen war jedoch nur über gefährliche Saumpfade möglich. Einer Mauer gleich versperrte das Rheniagebirge den Zugang zu den Ebenen des Westmeergaus. Jenseits des Sees ließ sich das enge Tal der Rhenia einsehen und die Hochterrassen erahnen, auf denen die meisten der hiesigen Almbauern siedelten.

Unter dem Söller lag ein Teil des Gartens, der die beiden Gebäude zum See hin umgab. Hier blühten, so wie fast überall in Sonnmatt die Hortensien, die neben der selteneren Thuleblume die besondere Flora Thules bestimmte. Sie wuchs überall, zierte die Hausgärten, rahmte Wege und Weiden und fand sich selbst oben in den Bergen und den Matten. Beim Blick nach unten war die Burganlage als ein unregelmäßiges Achteck erkennbar. Die Berührungspunkte der Ecken hatte der

Baumeister als halbrunde „Bastionen“ ausführen lassen. Nachdem die Gäste sich in ihren Räumen eingerichtet hatten, zog es sie ins Freie, um den herrlichen Sonnentag zu genießen.

Amala und Adelheid, gefolgt von den anderen Damen, begaben sich nach unten, um nach Männern und Kindern zu schauen. Sie mussten nicht lange suchen, ausgelassene Kinderfröhlichkeit wies ihnen den Weg zum Brunnenhof. Und was sahen sie hier? Ihre Kinder lieferten sich im rechten Brunnen eine Wasserschlacht, aus der sich nur Leonora, der Gräfin Beatrix Adoptivtochter heraushielt. Wie immer waren es die Unzertrennlichen Fedi und Agi, die alle anderen angestiftet hatten. Die Königin wollte dem Treiben Einhalt gebieten, aber die Väter Friedrich, Theodemir, Arnulf und Thorismund ergötzten sich daran. Sie wollten dem fröhlichen Spiel jetzt nicht wehren. Bisher mussten sich die Kinder nach den Erwachsenen richten, nun durften sie ihren Eingebungen folgen, so der Vater und König. Adelheid, die ihrer Schwägerin prüdes Verhalten belustigte, sagte lächelnd: „Schwesterchen, gegen das Machtwort der höchsten Instanz kommen wir nicht an, schicken wir uns eben drein!“

Der Brunnenhof lag an der Südwestspitze des Burgareals. Zwei rechteckige Brunnbecken, getrennt durch zwei Linden hatten ihm den Namen eingetragen. Dicht vor der Brüstung standen zwei den Großeltern von Friedrich und Adelheid gewidmete Denkmale. König Manfred Theoderich kannte zwar den Ort, nicht aber die Burg, Königin Greta war hingegen nie in Sonnmatt gewesen. Weitere acht Statuen, flankierten die Giebelseiten der sich einander zuwendenden Gebäudekomplexe. Auf der Seeseite waren es die Abbilder der Eltern und Urgroßeltern des König und der Prinzessin, nahe des Tores nahmen Kaiser Friedrich II. und König Indulf I. die eine Seite ein, die andere Seite zeigte König Theoderich und Herzog Totila, den anderen Großvater der Königlichen Geschwister.

Herzogin Adelheid war beim Eintritt ins Burgareal achtlos an den Denkmälern vorbei gegangen, zu sehr faszinierte sie der schöne Innenhof. Doch jetzt, beim Rundgang mit ihrer Nichte blieb sie wie vom Donner gerührt vor dem Abbild ihres Vaters stehen. Diese Ehrung für ihn hatte sie hier nicht erwartet, war davon aber sehr angetan. „Liebe Tante, all das, was hier gestaltet ist, das habe ich bereits vorgefunden. Ich habe mich auch sehr über die Statue meines Großvaters gefreut, der ja leider schon lange vor meiner Geburt gestorben war.“

Die Hausherrin ließ ihre Gäste wählen, an welchem Ort das abendliche Mahl eingenommen werden sollte. Im Pavillon, umfangen von den beiden Gebäuden oder im Brunnenhof mit Blick über den See und auf die Berge? Ahei war am schnellsten und bat ihre Tante darum, im weißen Pavillon essen zu dürfen. Die Mädchen, obwohl in der Mehrzahl, hatten inzwischen genug von der Wasserschlacht und der Dominanz der Jungen, und schlossen sich der kleinen Prinzessin an. Die jungen Herren votierten dagegen vehement für den Brunnenhof. Bevor es zum Streit kam, entschied ein väterliches Machtwort zugunsten der Mädchen. Die Jungen wurden durch den Hinweis auf das anschließende Lagerfeuer „versöhnt".

Zuvor fanden die Erwachsenen viel Zeit, um sich auszutauschen. Des Kanzlers Gemahlin Winthala, interessierte die soziale Struktur der hiesigen Bevölkerung. Sie, die in Theodericia aufgewachsen war, hatte daher nur wenig Berührung mit der ländlichen Bevölkerung. Die Prinzessin bat ihren Bruder dies zu beantworten, der mit dem Leben auf dem Lande weit mehr vertraut sei als sie selbst. „Deshalb hatte die hochnäsige Adelsopposition meinen Bruder doch ab und an als „Bauernkönig" geschmäht." König Friedrich kannte Sonnmatt und das umgebende Gebirgsland aus Begehungen und gab gerne Auskunft. „Dieses Dorf hat – und das würde ich mir für viele andere ländlichen Gemeinden wünschen – eine gesunde Struktur. Hier leben und arbeiten Bauern, Holzknechte, Steinbrecher, Steinmetze und Bergleute. Dazu gesellen sich Hirten, Köhler, Fischer und Jäger. Im Dorf gibt es einen Bootsbauer, einige Nebenerwerbshandwerker und sogar einen Krämerladen. Die in der Burg beschäftigten Mägde, Knechte, Gärtner und Wächter finden dadurch auch ihr Auskommen. Als oberste Honoratioren fungieren der Talvogt und der Burgvogt. Die Leiter der Bergwerke, des Steinbruchs und des Meierhofs genießen auch großes Ansehen. Das gilt etwas abgeschwächt für den Schultheiß, den Pfarrer und die beiden Lehrer. Diese gemischte Struktur beruht darauf, dass es hier eine Kupfermine gibt und Edelsteine gefunden werden. Der Steinbruch, in dem jenes rote Gestein abgebaut wird, das dem Porphyr ähnelt, ist der größte gewerbliche Brotgeber. Die Burg ist auch aus diesen Steinen erbaut worden. Was ich ganz besonders schätze, an einer Stelle des Steinbruchs findet sich eine gediegene Ader reinen Porphyrs. Der wird allerdings nur bei besonderem Bedarf abgebaut, denn dieses einzige Vorkommen Thules ist leider in absehbarer Zeit erschöpft."

Durch Fragen animiert gab der König noch weitere Auskünfte. „In dem schmalen Einschnitt des Abhangs im Norden fließt ein Flüsschen dem See zu. Folgt man dem parallel dazu verlaufenden Weg, dann weitet sich das schmale Tal nach einer Viertelmeile zu einem weiten Talkessel. Dort liegen der Steinbruch und die Siedlung der Bergleute. Hier zweigt der Weg zu den Minen ab, der in einem Seitental am Mineneingang endet. Außerdem führen zwei Pfade hinauf zu den Almen, die an den Felswänden enden. Im Talkessel gibt es Weidegründe der Bauern, aber auf den Almen liegen die besten für die Rinder. Daher ziehen viele Bauern im Sommer hinauf. Der dort erzeugte Käse ist eine Delikatesse, er und die hiesige Butter werden am Hofe gereicht. Im Spätherbst ziehen die Bauern mit ihren Herden wieder ins Tal. Dieses halbnomadische Dasein ist häufig in unseren Bergregionen und unterläuft unser Bestreben, auf dem Lande schulische Bildung zu vermitteln. Die Kinder sind seit jeher die Hüter des Viehs und daher für uns im Sommer nicht zu erreichen. Etwas habe ich vergessen, was für ganz Thule gilt. Die Bauern haben in begrenztem Umfang auch ein Jagdrecht. Umfang und Jagdzeit stimmen sie mit dem Talvogt ab."

Der Talvogt näherte sich demütig dem König und bat ihm eine Petition vortragen zu dürfen, was der Herrscher ihm gewährte. Er legte dar, Steinbruch und Mine würden die Sonnmatter tagtäglich belästigen. Deren Fuhrwerke, beladen mit erzhaltigem Gestein oder roten behauenen Steinen rumpelten mitten durch das Dorf zur Mole. Dies gäbe ständig Ärger und bedeute auf der abschüssigen Straße permanente Gefahr. Nachdem sich vor wenigen Tagen ein schwerer Unfall ereignet hatte, bei dem eine alte Frau ums Leben gekommen sei, sehe er sich gezwungen eine Bitte an die Hohe Majestät zu richten. Er bitte um Genehmigung in der Nähe des Engtals eine Mole und einen Lagerplatz anlegen zu dürfen. Der König bewilligte dies sofort, denn dem unhaltbaren Zustand müsse schnellstmöglich ein Ende bereitet werden. Freudestrahlend entfernte sich der Vogt mit vielen Verbeugungen. Der König kommentierte es, das hätte der Vogt selbst veranlassen können, vor allem nachdem sich die Lage so zugespitzt hat. Dies sei leider ein Beispiel dafür, wie wenig Eigenverantwortung in Thule übernommen würde. „Viel zu viel wird noch immer nach „Oben" abgeschoben. Dies gilt selbst für die großen Städte, von denen wir uns weit mehr Selbstverwaltung wünschen." „Majestät, ich bin da inzwischen etwas zuversichtlicher als Ihr. Diese ungewohnte Freiheit kann nur allmählich reifen, und wird immer selbstverständlicher werden!“ So Kanzler Markgraf Rainald. Sein Interesse galt dann dem Jagdrecht in dieser Gegend. „Rainald, wir haben hier eine Sondersituation, dennoch gilt wie überall in Thule: Adler, Bären und Gerfalken sind streng geschützt, dürfen weder gejagt noch gefangen werden.“

Sich wieder der Gemahlin seines Kanzlers zuwendend fragte er, ob ihr seine Auskunft genüge? „Danke ganz bestimmt, ich wundere mich immer darüber, wie genau Ihr Bescheid wisst, Majestät.“ „Das erklärt sich daraus, dass ich bereits als Kind mit Vater und Großvater auf Reisen gehen durfte. Früh ist mir dabei eines aufgegangen: Wenn ich einmal selbst meine Herrschaft antreten muss, will ich die Sachverhalte kennen, die mich direkt betreffen. Denn sonst übernähme ich das, was mir vorgetragen wird, oder ich den schriftlichen Gesuchen entnehmen muss. Damit ich meinem Auftrag gerecht werden kann, muss ich die wesentlichen Gegebenheiten und Strukturen Thules aus eigener Kenntnis beurteilen können. Im Jahr vor Antritt meiner Herrschaft habe ich unser Thule intensiv bereist und mit vielen Menschen jedweden Standes gesprochen. Ich habe mich ab und an auch inkognito bewegt und so vieles direkt und ehrlich erfahren. Auch in Zukunft werde ich mich eher auf meinen eigenen Eindruck verlassen. Inzwischen sind etliche Herrschaften vorsichtiger geworden, wenn sie mir oder meinen Vertrauten etwas vortragen. Dies wird mir zwar als Misstrauen ausgelegt, ich sehe es allerdings als Beitrag zur Objektivierung. Vermutungen ohne Substanz, geschweige denn mystische und auf Aberglauben basierende Berichte kommen bei mir gar nicht gut an, bei ihrem Gemahl zum Glück auch nicht.“

Graf Thorismund setzte nach: „Majestät, hat dies denn einer Ihrer Vorgänger so ähnlich gehalten?“ „Lieber Graf, dazu würde ich gerne meinen Oheim um Stellungnahme bitten, Herzog Hildebrandt weiß aus eigenem Erleben Genaueres. Mein Oheim hat doch noch seinen Großvater König Friedrich Theoderich erlebt und auch meinen Großvater, seinen Oheim König Manfred Theoderich. Mit meinem Vater König Manfred Totila, seinem vertrauten Cousin und Schwager hat er vieles unternommen und kann uns dazu sicher Näheres sagen.“ Herzog Hildebrandt dachte kurz nach und folgte der Bitte seines Neffen. „Mein Großvater hat nur wenige Reisen oder Begehungen gemacht. Er ist allenfalls mal in die Herzogstädte oder zu dem einen oder anderen Kloster gereist. Er blieb am Liebsten in seinem Schloss zu Theodericia oder den anderen Lieblingsorten in der Nähe. Dies gilt auch für meinen Oheim und bedingt für meinen Schwager. König Friedrichs Vater hat mehr Reisen unternommen und Begehungen durchgeführt, auch in entlegene Regionen. Schon recht früh waren mein Neffe dabei und häufig auch meine Schwägerin Königin Agnes. Aber so intensiv wie mein Neffe König Friedrich Thule erkundet hat, und dies ja noch tut, hat es meines Wissens kein Hohenstaufen und auch kein Indulfinger getan. Das, lieber Kanzler, ist ja einer der Gründe, weshalb mein Neffe von seinem Volk so verehrt wird. Er kümmert sich wie ein guter Vater um die Seinen." „Und er kann zuhören und solange nachfragen bis er voll im Bilde ist. Damit hat uns unser Neffe schon als Junge von einer Verlegenheit in die nächste gestürzt, er wollte stets alles ganz genau begründet haben. Sonst hat er es uns nicht abgenommen, nicht einmal seinem deswegen manchmal etwas genervten Großvater." Lachend und erkennbar stolz auf ihren Neffen brachte es Herzogin Adelheid ein.

„Tante, ich weiß, meine Nonna hat mich ein Staufisches Scheusal genannt, eines, das nichts glauben würde und alles hinterfragen müsse. Ich habe ihr das abergläubische und – man sehe es mir nach – bigotte Gehabe nicht abgenommen", schickte der König nach. „Du und Deine Großmutter, ihr ward ohnehin wie Feuer und Wasser, sie hat Dich nie verstanden und war mit Dir schlicht überfordert. Tante Greta, die Königin, hatte nicht nur einen ausgeprägten religiösen Bezug. Sie legte großen Wert auf Würde, Etikette und Gepränge. Doch Du, der kleine Wirbelwind, hast dieses Gebäude ein ums andere Mal zum Einsturz gebracht, und Tante Greta außer Fassung." Die geliebte Tante freute sich sichtlich darüber, woraus Königin Amala schloss, dass Königin Greta bei ihr nicht unbedingt in bestem Gedenken stand. Darüber wollte sie mehr wissen, denn Königin Greta war die Schwester ihrer Großmutter Herzogin Valeria; also musste sie und ihr Gemahl eine gemeinsame Urgroßmutter haben. Bis dahin hatte sie darüber nie nachgedacht, sie war mit anderem und aus ihrer Sicht auch wesentlich Wichtigerem beschäftigt gewesen.

Ihr Cousin und Schwager Prinz Theodemir kam ihr mit der Frage zuvor: „Tante Adelheid, hatte unsere Großmutter Valeria Ähnlichkeit mit ihrer Schwester Königin Greta?" „Aber nein, mein Junge, sie war zwar auch eine gut aussehende Frau, doch keine solche Schönheit wie ihre ältere Schwester, und sie war viel herzlicher, zugewandter und auch unkomplizierter. Amala hat viel von ihr, allerdings kommt Euer beider Aussehen von den Rosenburgern. Meine Tanten Greta und Valeria mochten sich von klein an nicht. Sie sind sich auch später, soweit dies in der „Großen Familie" überhaupt möglich war, aus dem Weg gegangen. Herzog Konrad, beider viel jüngerer Bruder, hat sich mit seiner Schwester Greta auch nicht verstanden, aber mit seiner Schwester Valeria und seinem Schwager König Manfred Theoderich bestand ein gutes Einvernehmen." Ihr Gemahl schob sich dazwischen und ergänzte den Beitrag seiner Frau: „Auf der nächsten Ebene, jener der Cousins und Cousinen Manfred, Wittich, Amala und Winthala auf der einen Seite und meinem jung gestorbenen Bruder Aligern und mir sah dies anders aus. Wir sechs mochten uns und nutzten jede Gelegenheit, einander zu besuchen, zumeist gelang uns das am Königshof."

Die Prinzessin fand, das Thema Königliche Familie langweile die Gäste, stieß aber auf „Protest". Graf Arnulf fand diesen Einblick höchst aufschlussreich. Ihm sei das enge Geflecht der alten Familien bisher nicht so detailliert bekannt gewesen. „Stimmt es, dass zu Zeiten der Indulfinger die Hohenberger, Löwenberger und Rosenburger neben dem Königshaus das Sagen hatten?" Wieder ergriff Herzogin Adelheid, die letzte Löwenbergerin, das Wort. „Ja, lieber Arnulf, das galt lange Jahrhunderte, aber so allmählich kamen noch andere Geschlechter dazu. An erster Stelle die Theodinger und Rabenholmer, dank der Geltung des Helden Witold sind auch dessen tüchtige Nachkommen in den Hochadel aufgestiegen. Meine Mutter hat ja, so wie Eure Väter Beowulf und Thorismund, Markgraf Witold zum Ahnen. Dein Vater, mein Cousin Beowulf, wurde von unserem König zum Herzog und mein Cousin Thorismund zum Markgrafen erhoben. Aber ich muss Dir insoweit recht geben, als dass nur die drei alten Geschlechter durch ihre häufige Einheirat in das Königshaus damals für die Nachfolge der Indulfinger in Frage kamen."

Graf Thorismund gab sich noch nicht zufrieden: „Warum wurde nach dem Tod des letzten Indulfinger dann ein König aus fremdem Land erwählt und keiner von den drei alten Geschlechtern?" Ohne es zu wollen hatte der Vizekanzler damit einen wunden Punkt angesprochen. Die Herzogin zögerte ein wenig, aber sie wich dieser verfänglichen Frage nicht aus. „Hätte einer von ihnen die Herrschaft angetreten, wäre ihm die Gegnerschaft der anderen sicher gewesen. Vermutlich hätten sich auch andere einflussreiche Familien dagegen gestellt. Dieser Machtkampf, den der Hohenberger Heinrich auslöste, hat unserem Thule sehr zugesetzt. Weder Wittich, der Urgroßvater der Königin, noch mein Großvater Totila, wollten sich mit einem König aus anderer Familie Thules abfinden. In den Jahrhunderten seit der Besiedlung Thules hatte sich diese Balance der Macht unterhalb der Indulfinger Könige herausgebildet. Stets war sie labil und abhängig von der Loyalität zum Herrscher. Es kam noch erschwerend hinzu, dass keiner der drei Fürsten jene Autorität hatte, über die ein König von Thule verfügen muss. Mein Töchterchen, dies galt für Deinen wie auch für meinen Ahn. Obwohl mit einer Rosenburgerin verheiratet, war er für die beiden anderen doch als König nicht akzeptabel. Dank der Weisheit des verdienstvollen Grafen Ardarich und der Kühnheit des Markgrafen Witold konnte sich Thule aus dem Würgegriff des üblen Bruderkriegs befreien. Der Glücksfall einen Hohenstaufen, also einen aus dem ersten Geschlecht der Christenheit, als König von Thule zu gewinnen, hat unsägliches Leid von Thule ferngehalten. Es hat uns eine große Zeit beschert und mir einen Staufer als Gemahl. Meiner Schwester Agnes war es sogar vergönnt, die Gemahlin des späteren Königs Manfred Totila zu werden.

Zufall oder Vorbestimmung hat meinen Neffen Friedrich und Wittichs einzige Tochter Amala zusammengeführt. So sind die Rosenburger wieder zur alten Bedeutung gelangt. Durch die Verbindung meiner Nichte Adelheid und Theodemir ist auch der Aufstieg der Theodinger besiegelt worden. Da die Rosenburger eng mit den Theodingern verwandt sind, und die wiederum mit den Seeburgern versippt, ist für die Nachfolge unserer drei aussterbenden Geschlechter gesorgt. Wir Löwenberger sind im Männerstamm erloschen und Dein Vater, liebe Tochter, ist der letzte Rosenburger. Doch unser Blut lebt in edlen Geschlechtern fort, was ein kleiner Trost ist. Aber ich klage nicht, und Wittich lebt nun durch seine Königlichen Enkel fort.“ Die sonst so fröhliche Herzogin war ernst geworden, der Gedanke daran, das innerhalb weniger Generationen die vier Familien aussterben würden, die Thule über Jahrhunderte geprägt hatten, stimmte sie traurig.

Daher war es gut, dass Gräfin Beatrix, die bisher nur interessiert zugehört hatte, ein anderes Thema anschnitt. Sie wandte sich an die Prinzessin mit der Frage, wer denn der Baumeister dieses so vollkommenen Schlosses sei? Die Hausherrin deutete auf ihren Bruder,

der gerade abgelenkt war. Seine Tochter Ahei wollte nämlich unbedingt auf ihres Vaters Schoß sitzen. Dies hatten auch andere Kinder gewollt, aber die kleine Prinzessin triumphierte letztlich. „Liebe Beatrix, Ihr habt schon Recht, Sonnberg ist eigentlich eher ein Schloss als eine Burg. Es ist zwar erst seit zwölf Jahren fertig, war aber viele Jahre zuvor schon geplant worden. Es wurde unter Ausnutzung der Gegebenheiten des Geländes nach den Vorgaben meines Bruders erbaut. Als ich, die damalige Studentin, diese Pläne erstmals einsehen durfte, war ich davon angetan. Aber dann, als ich dieses Kleinod mit eigenen Augen bewundern durfte, war ich geradezu hingerissen von ihm, was meinem Bruder nicht verborgen blieb."

Nach einem neuerlichen Intermezzo der Kinder, war der König wieder ganz Ohr. „Meiner Schwester Begeisterung von dem Schloss hatte ich nicht vergessen. Trotz aller Steine, die ihr die so gegen studierende Frauen eingestellten Professoren in den Weg geworfen hatten, machte sie einen sehr guten Abschluss. Ich war richtig stolz auf meine ehrgeizige und kluge Schwester. Also musste sie, die erste Doktorin Thules, dafür ein adäquates Geschenk erhalten, allerdings mit einer kleinen Auflage. Ich schenkte ihr Sonnberg, habe aber mir und meiner künftigen Familie ein ewiges Wohnrecht ausbedungen. Ich habe mir schon als Kind für diese Kuppe eine Burg ausgedacht. Erste „Skizzen" haben wir, mein Großvater und ich, dort wo nachher das Lagerfeuer sein wird in den Kies geritzt. Diese Idee ließ mich nie mehr los. Zur Bauform inspirierte mich letztlich das Castel del Monte, wobei ich eine reine Kopie dieses einmaligen Monumentes meines Vorfahren vermeiden wollte. Ich wollte etwas thulanisch Heiteres bauen. Nachdem die Pläne festlagen wurden die Bäume im späteren Innenhof gesetzt. Das war eine harte Arbeit, diese großen Bäume per Frachtkahn und zuletzt mit Fuhrwerken hierher zu befördern. Doch ich wollte dies, und manchmal habe ich eben meinen eigenen Kopf!" Letzteres setzte er entschuldigend hinzu. Ausgerechnet seine Amala korrigierte ihn: „Manchmal, mein Fried, ist das nicht eine gelinde Untertreibung? Du hast fast immer Deinen eigenen Kopf." Ihr Lachen wurde zustimmend aufgenommen. Des Königs Einwand ließ nicht lange auf sich warten: „Beatrice, nun steht doch wenigstens Ihr zu mir, ist es denn so schlimm wie die Königin behauptet?" Seinem Feixen war zu entnehmen, er meinte es nicht ernst, was Gräfin Beatrix zu einer launigen Antwort bewegte: „Majestät, es ist ja noch schlimmer, denn fast immer habt Ihr auch noch recht!"

Bevor sich daraus ein weiteres Geplänkel entwickeln konnte, intervenierte Prinz Fredo: „Papa, wann gehen wir zum Lagerfeuer und braten die Fische, es wird doch schon dunkel." „Mein Bärchen, hast Du denn schon Hunger?" „Nein, aber ein Lagerfeuer habe ich noch nie gehabt, nur der Fedi, und ich will doch auch mal eines haben, Papa!" „Ja dann folgen wir Dir jetzt alle." So geschah es dann, jedes Kind bekam eine Laterne oder eine Fackel in die Hand. Angeführt von dem glücklichen Fredo ging sein Gefolge mit ihm über einen schmalen Weg den Hang hinunter zum See. An der Seeklause, die sich König Manfred I. hatte errichten lassen, loderte bereits ein mächtiges Feuer. Die auf Stöcke gezogenen Fische lehnten an der Hüttenwand. Fredo bestimmte nicht nur, wer welchen Fisch bekommen sollte, sondern auch wer bei wem sitzen durfte. Er selbst bei seinem Papa, und mit ihm Leonora, die ihn auch sonst umsorgte. Durch seine Einteilung kam eine ungewöhnliche Runde zustande, denn jeder der „Großen" hatte nun neben sich ein Kind sitzen. Sein großer Bruder sollte bei Oheim Toti, und die kleine Schwester zwischen den „Großeltern", dem Herzogspaar sitzen. Die Knechte kümmerten sich um die Fische und Fredo, dem die Rolle des „Chefs" sichtlich behagte, forderte alle zum Singen auf.

Damit brachte er seinen Vater etwas in Verlegenheit. Der liebte zwar den Gesang, konnte selbst aber nicht singen. Was er von sich gab, war ein Gemisch aus Krächzen und Brummen und konnte nicht unkommentiert bleiben. Der Kanzler ließ sich darüber fast schadenfroh aus: „Majestät, ich konnte nicht schwimmen, und Ihr brachtet es mir bei, doch wer soll Euch das Singen lehren?" Adelheid, die eine schöne Singstimme hatte, neckte ihren Bruder: „Fried, Du hast Dich als Kind zu viel bei den Pferden herumgetrieben und von denen das „Singen" gelernt!" Dies gab sie übermütig lachend preis. Der König lachte selbst herzlich mit und gab zum Besten. „Adli, schon unsere Mutter ist daran gescheitert, mir das Singen beizubringen, doch alle ihre Mühe war hier vergebens." Fedi, der diesem Necken überhaupt nichts abgewinnen konnte, verteidigte seinen Vater: „Mein Papa kann alles, das sagen auch die Oheime Rainald und Thori!" „Und mein Papa sagt das auch", pflichtete ihm seine Cousine Agnes bei. „Mein Oheim ist der große König, und damit jetzt basta!" Richtig aufgebracht war die kleine Prinzessin, und sie bekam von den anderen Kindern lautstarke Unterstützung. Ganz ernsthaft waren die Kleinen geworden, sie hatten die Neckerei nicht verstanden. Erstaunt stellten die Erwachsenen fest, dass keines der Kinder die Autorität des Königs angekratzt sehen wollte. „Nun meine Lieben, Ihr seht meine nächste Garde ist bereit. Unser Nachwuchs legt schon heute eine Lanze für mich ein, da habt Ihr Spötter gar keine Chance“, war Friedrich zu vernehmen. Spät wurde es, alle genossen den lauen Abend am dunklen See. Der Mond verzauberte ihn mit silbrigem Schein, und die flackernden Flammen mischten in Ufernähe ihren gelbroten Schimmer hinein.

Abb. 6 Burg Sonnberg und Sonnmatt

**Im Holzland**

König Friedrich hatte sich am Abend mit seiner Schwester über den einstigen Obergärtner des Königlichen Schlosses in Theodericia unterhalten, der aus diesem Tal stammte. Er war für den damaligen Prinzen Sonnenschein eine von ihm gemochte und respektierte Persönlichkeit gewesen. Immer wieder hatte er damals den Obergärtner Johannes und seine Frau Hertha in ihrem Haus im Michaelerhof aufgesucht. Diese beiden waren dem kleinen Prinzen von Herzen zugetan. Ihre eigenen Kinder waren zu dieser Zeit schon lange ausgeflogen, und sie vermissten deren kindliche Umtriebe.

Vermutlich war Johannes nicht mehr am Leben, dennoch befragte er den Burgvogt, von dem der König wusste, dass er mit dem Obergärtner verwandt war. „Hohe Majestät, mein Oheim Johannes und seine Frau Hertha leben noch, sind rüstig und genießen ihre alten Tage. Sie wohnen etwa drei Stunden von hier entfernt oben im Weiler Holzland. Der Weg dort hinauf ist mühsam, denn er führt teilweise steil bergauf. Dort oben auf den sanften Hängen über der Rhenia ist es dafür aber wunderschön. Diese meine Kinderheimat suche ich daher immer mal wieder auf."

„Ich freue mich über diese Auskunft und möchte morgen in der Frühe die beiden alten Leute Johannes und Hertha besuchen. Veranlasst bitte alles, was dafür nötig ist." „Hohe Majestät, wie viele der hohen Herrschaften werden Euch dabei begleiten? Es sollen doch jenseits des Sees ausreichend Maultiere bereit stehen." Eigentlich wollte der König alleine hinauf reiten, um dieser Phase seiner glücklichen Kinderzeit nachzuspüren. Aber es wollten auch Schwager, Gemahlin und Schwester dabei sein, die versprachen sich zurückzunehmen. Graf Arnulf bat darum mitkommen zu dürfen. Klein-Friedrich hatte mitbekommen, dass ein Abenteuer bevorstand, was er sich nicht entgehen lassen wollte, und sein Vater genehmigte es ihm. Die kleine Agnes bettelte solange, bis auch sie sich ihrem Cousin anschließen durfte. Mit den Leibwächtern und den Knappen waren es damit elf Personen, die sich nach Holzland auf den Weg machten.

Geführt vom Burgvogt ging es früh am nächsten Morgen mit dem Königsschiff hinüber über den See. Unweit der Stelle, an der sich die Rhenia in den See ergoss gingen sie an Land. Dort warteten elf Bauern mit ihren Maultieren auf die Herrschaften. Kurz vor dem Königsschiff hatten sie die Tiere mit dem Frachtkahn des Steinbruchs herübergebracht. Der Burgvogt hatte den Kahn kurzerhand requiriert. Die Bauern wussten vor lauter Scheu nicht, wie sie sich nun verhalten sollten. Doch als sie ihr Idol freundlich begrüßte und ihnen dafür dankte, dass sie sich heute am Sonntag bereitgefunden hatten sie zu führen, löste sich deren Anspannung. „Eure Hohe Majestät, es ist doch für uns eine riesengroße Ehre“, stammelte einer der Bauern. Jeder von ihnen führte ein Maultier am Zügel, der Burgvogt hatte sich die Ehre vorbehalten, den Herrscher selbst zu führen. Ein junger Bursche, der sich nun zeigte, ging voraus um den Weg zu sichern.

Zuerst ging es auf einem schmalen Weg entlang der hier schnell fließenden Rhenia. Ein wildromantisches Engtal nahm sie auf, in dem ein halbzerfallenes Haus noch von Menschen zeugte. Nachdem sie die Engstelle passiert hatten, belebte sich die Szenerie. Inmitten eines Wiesengrundes zeigten sich etwa zwanzig Gehöfte, die jeweils Sichtkontakt zu den Nachbarn hatten. Ein Sägewerk direkt am Fluss lag still in der Sonntagsruhe. Ihr Weg führte sie jedoch nicht in diese Idylle hinein, denn der Führer wendete sich nach rechts den bewaldeten Berghängen zu. Ein Saumpfad mit vielen Kehren stieg steil hinauf zu den Hochterrassen. Der Bergwald gab immer wieder den Blick frei auf den tief unten liegenden Rheniasee. Als der Zug nach geraumer Zeit den steilen Anstieg gemeistert hatte, atmeten alle auf. Bald darauf ließen sie den Bergwald hinter sich und wurden belohnt.

Vor ihnen breiteten sich sattgrüne Matten aus, die sich bis an den oberen Bergwald heranschoben. Hinter dem dunklen Waldgürtel jenseits der Matten dräuten graue Felswände des fast lotrecht aufsteigenden Gebirges, das sich in lichten Höhen verlor. Da wendeten sie sich doch lieber der sanft ansteigenden lieblichen Wiesenlandschaft zu. Zwischen den blumenübersäten Gefilden strömten muntere Bächlein zu Tale, und zahlreiche Schmetterlinge tanzten vor ihnen her. Blumen und blühende Büsche säumten die Wege und Bäche. Burgvogt Heinrich deutete auf die Mitte des Gebiets, dem Ziel der Reisegruppe. An einer Kuppe lag der Weiler Holzland, der sich um seine kleine Kirche scharte. Im Weiler, wie auf den umliegenden Höfen und Almhütten lebten mehr als 300 Menschen, so der Burgvogt. Der helle Klang einer Kirchenglocke schwebte zu ihnen hin, er verkündete das Ende des Gottesdienstes.

Die aus der Kirche kommenden Menschen erkannten nun die große Gruppe und die blaue Fahne Thules, die sich im Wind blähte. Wer mochte dies sein? Hier oben war doch seit vielen Jahren keine solch große Reitergruppe erschienen, und der Reichsfahne nach zu schließen musste ein Hoher Herr unter ihnen sein. Der Junge, der auf dem Weg vorangegangen war, hastete den Herrschaften voraus. Außer Atem rief er den Leuten zu: „Unglaubliches steht uns bevor. Er selbst kommt, er unser allmächtiger Herr und Heldenkönig!" Das konnte doch nicht möglich sein, was veranlasste die Hohe Majestät dazu, ausgerechnet diese abgelegene Ecke Thules aufzusuchen? Wäre der Gekreuzigte lebendig geworden und vom Kreuz herabgestiegen, die Aufregung hätte nicht größer sein können. Als sich der Zug näherte, da sahen sie ihn, der einen goldenen Reif trug, aber keinen Purpur. Aber wer waren die anderen Herrschaften, die ihn begleiteten? Noch dazu waren zwei schöne und edle Damen und zwei Kinder dabei.

Freudige Unruhe ergriff die Menschen, ihr Herrscher hatte den beschwerlichen Weg auf sich genommen, um ihnen einen Besuch abzustatten. Was für eine schwer fassbare Überraschung und Freude! Sie drängten zum Ortseingang, um dort den König und sein Gefolge willkommen zu heißen. Dann war er da und neben den zwei schönen und vornehmen Damen, zwei edle Herren und vier weitere Personen. Obwohl die Holzländer ihre Sonntagskleidung trugen, fühlten sie sich angesichts der vornehmen Herrschaften fast wie nackt. Mitten unter ihnen, ganz offensichtlich auch hier eine Respektsperson, stand des Königs ehemaliger Obergärtner Johannes und seine Frau Hertha, die hier ihren Lebensabend verbrachten. Wie staunten der uralte fast kahlköpfige Mann und seine weißhaarige Frau. Ihre runzligen Gesichter strahlten, Frau Hertha weinte vor Freude.

Nachdem der Herrscher die Holzländer begrüßt hatte, wandte er sich den beiden Alten zu. „Lieber Johannes und liebe Frau Hertha, Euch wollte ich aufsuchen und freue mich darüber Euch so rüstig vorzufinden." „Ihre Hohe Majestät, wegen uns beiden alten Leuten habt Ihr den beschwerlichen Weg auf Euch genommen? Damit macht Ihr uns eine riesengroße, kaum zu fassende Freude!" Friedrich lachte herzlich: „Lieber Johannes, ich mache mir damit auch eine Freude und darf Euch jetzt meine Begleitung vorstellen." Danach waren die Menschen noch mehr beeindruckt. Die höchsten Herrschaften Thules waren gekommen, das war mehr als die Phantasie dieser Bauern, Hirten und Holzfäller hergegeben hätte. Die Autorität des alten Johannes, dem sie diese Gnade verdankten, wuchs himmelwärts. König Friedrich gab den Umstehenden seinen Segen. Wie schon die Sonnmatter knieten alle nieder und erlebten den Sonntag ihres Lebens. Dieser ging alsbald als Königssonntag in die Annalen des Holzlandes ein.

Johannes bat seine Gäste zum größten Haus des Weilers, das direkt neben dem Kirchlein lag. Dieses behäbige noch recht neue Gebäude kündete vom Wohlstand des Besitzers. Das alte Ehepaar lebte dort im Kreise seiner großen Familie, umgeben von einem ihrer Söhne, den Enkeln und Urenkeln. Im großen Wohnraum fanden alle Gäste Platz, an die mächtige Eckbank wurden Stühle angestellt. Johannes wollte dem König seinen Platz abtreten, was dieser ablehnte: „Johannes, dies ist Euer Platz und soll es bleiben, ich bin hier Euer Gast und nicht die Majestät.“ Der Alte ließ dies so nicht gelten: „Das geht doch nicht, stets seid Ihr unser verehrter König und die erhabene Majestät. Bitte Majestät duzt mich doch so wie einst, wir sind es nicht gewohnt, so vornehm angesprochen zu werden. Hier oben in den Bergen, da duzen sich alle Leute. Aber wenn von Euch die Rede ist, dann verbeugen sich alle und reden stets von Euch als unsere Hohe Majestät, König Friedrich. Nur der Allmächtige und Ihr werdet bei uns nicht geduzt. Und es ist oft von Euch die Rede, auch von dem verehrten Prinzenpaar Adelheid und Theodemir. Seit einiger Zeit schließen wir in diese Verehrung auch den Engel von Thule ein, unsere edle Königin mit allen Königkindern.

Die verschüchterte Schwiegertochter brachte frische Milch, würzigen Käse und als besonderen Gruß ein duftendes noch warmes Brot. Geduckt von Ehrfurcht verhielt sich die Familie von Johannes fast devot, selbst Frau Hertha getraute sich nicht zu reden. Doch so allmählich löste sich ihre Befangenheit, wozu in erster Linie die umgängliche Art des Königs beitrug. Ein weiterer Impuls kam von Fedi und Agi, die es nicht mehr auf der Bank gehalten hatte. Sie hatten den großen löwenfarbigen Hund der Familie zu sich her gelockt. Kurz darauf tollten sie mit ihm in der Stube herum. Außerdem entdeckten sie auch noch ganz kleine Katzen, an denen sie große Freude hatten. Nach wie vor gab es nämlich im Königsschloss weder Hunde noch Katzen. Lediglich bei einigen höheren Bediensteten, die in den davor liegenden Höfen lebten, wie im Handwerkerhof des Unteren Schlosses gab es einige. Allerdings mussten diese Tiere zahm und still sein, allen war eines bewusst, ihr Herr würde es sonst nicht dulden.

Die Prinzessin und die Königin wollten vom Obergärtner Johannes wissen, wie er König Friedrich als Kind erlebt hatte. „Wir, die einfachen Leute am Hof, freuten uns über ihn und über sein Interesse an unserer Arbeit. Wenn wir im Königlichen Privatgarten arbeiteten, dann war er oft in der Nähe und beobachtete unser Tun. Er stellte dazu schon als kleines Kind Fragen, wie sonst nur viel Ältere. Unser Prinz Sonnenschein war ein unglaublich aufgewecktes Kind und ein rechter Lausbub dazu. Mir hat er ja noch einigermaßen zugehört und „gefolgt", doch bei anderen hörte er oft gar nicht hin. Oft lachte er schelmisch und hatte schon wieder einen Streich ausgeheckt. Wenn ich den damals Vierjährigen darauf hinweisen musste, die Blumen in Ruhe zu lassen, gefiel ihm das nicht immer. Dann wurde er schon mal ernst und sagte: Johannes, dann mag ich Dich auch nicht mehr! Das tat mir richtig weh, denn wir mochten den fröhlichen Prinzen von Herzen und buhlten alle um seine Gunst. Unsere Kinder waren längst aus dem Haus und unser kleiner Prinz brachte Leben in unser still gewordenes Heim. Nie sagte er, ich bin ein Prinz und Ihr müsst, das war nicht seine Art. Er erreichte auch so was er wollte, alle wollten ihm doch gerne etwas zu Liebe tun. Getrieben von Neugier suchte er uns und einige andere Bedienstete auch in deren privatem Heimen auf. Er wollte wissen, wie es bei uns aussah und wie wir lebten. Ich hatte aber den Eindruck, er kam am liebsten zu uns." Dies bestätigte ihm König Friedrich, er habe sich im Häuschen und Garten von Johannes und Hertha immer willkommen gefühlt und sei daher immer mal wieder dorthin entwischt.

Prinzessin Adelheid sprach einen sie beschäftigenden Punkt an: „Johannes, eines interessiert mich. Wie war denn das Verhältnis meines Bruders zu meinen Großeltern und zu den hochrangigen Herrschaften am Hof? Es kamen ja auch viele Hochadelige ins Innere Schloss. Oder ist davon nichts durchgesickert?" „Königliche Hoheit, es blieb nie viel geheim, die Dienerschaft wie die Wachen bekamen vieles mit, und nicht über alles musste ausdrücklich geschwiegen werden. Außerdem waren wir, die Vorgesetzten auf der unteren Ebene eine verschworene Gemeinschaft. Wir waren vor allem einig gegen den tyrannischen Burggrafen und die anderen Zuträger von Königin Greta. Ihr herrisches und hochnäsiges Verhalten warf über das Klima am Königshof einen düsteren Schatten. Darunter hatte nicht zuletzt unser Prinz Sonnenschein zu leiden. Er bekam mit seiner strengen Großmutter, Königin Greta häufig Schwierigkeiten. Sie verbot ihm wiederholt sich bei dem Gesinde aufzuhalten und verlangte von ihm ein gesittetes und vornehmes Verhalten. Die Hohe Herrin tadelte ihren Enkel öfters für seine „wilde" und ihr gegenüber unangemessene Art. Deswegen kam es zu massiven Vorhaltungen ihrem Sohn gegenüber, dem Kronprinzen Manfred. Sie warf ihm vor, er würde seinen Sohn Friedrich nicht richtig erziehen und ihm viel zu viel durchgehen lassen. Ihr Hauptvorwurf lautete: Aus Prinz Friedrich würde nie ein guter König werden, allenfalls einer, der sich mit dem Volk gemein macht und vergisst, wer er ist und wofür er zu stehen hat. Wir, die Bediensteten, bekamen sehr viel mehr mit, als es sich die Königin vorstellen konnte. Und wir waren alle einmütig auf der Seite ihres Sohnes und des Enkels. Königin Greta mochten wir nicht und fürchteten sie. Sie war unnahbar und streng zu allen Bediensteten, nie gab es für uns von ihr ein gutes Wort."

Königin Amala wollte wissen, wie Johannes Königin Agnes, ihre Schwiegermutter erlebt hatte. „Königliche Hoheit, ich könnte es mir nun einfach machen und sagen, sie war das krasse Gegenteil der Mutter ihres Gemahls. Doch damit würde ich ihr nicht gerecht werden. Diese schöne und warmherzige Frau, der Ihr so sehr gleicht, wurde von allen verehrt, aber leider von ihrer Schwiegermutter nicht. Prinzessin Agnes sah was wir taten und wie wir uns mühten, sie lobte uns und fand stets persönliche Worte für uns. Sie war unsere große Hoffnung auf bessere Zeiten, aber danach sah es ja lange Zeit nicht aus. Das Herrscherpaar stand in den besten Jahren, es war zu befürchten, dass das Kronprinzenpaar alt werden musste bevor es selbst die Herrschaft antreten konnte. Das Schicksal hat es aber zweimal anders bestimmt. Die Vergiftung des Herrschers erzwang den Wegzug des Königspaares. Danach lichtete sich der Nebel, und sonnige Tage zogen im Schloss wie in ganz Thule ein."

„Johannes, wie nahmt ihr Bediensteten unseren Vater wahr? Ich selbst habe ihn und auch meine Mutter ja leider nur noch als kleines Kind erleben können." „Königliche Hoheit, Ihr ward damals das drollige Prinzesschen, das alle mochten. König Manfred, Euer Hoher Vater war zu uns immer freundlich, wirkte aber oft abwesend. Wir hatten den Eindruck, ihn trieb dann wieder etwas Wichtiges um. Er war ja die Hohe Majestät, vor der wir große Ehrfurcht hatten. Wir fürchteten ihn nicht wie seinen

Vater König Manfred Theoderich, dennoch genoss er unser aller Respekt.“ „War denn unser Großvater ein so strenger Herr?“ „Dies war er sehr wohl, aber nicht wie seine Gemahlin Königin Greta aus purem Stolz, sondern weil ein Herrscher so zu sein hatte. Dies würdigten alle Thulaner, im Schloss wie im ganzen Land, aber einen Einzigen kümmerte es nie. Unser geliebter Prinz Sonnenschein, dem niemand böse sein konnte, er schaffte es seinen ernsten Großvater zum Lachen zu bringen und abzulenken, was die Königin nicht gut fand. Daher freuten wir uns diebisch, wenn der Prinz ihr wieder einen Streich gespielt hatte.

Einer davon hat uns allen die Lachtränen in die Augen getrieben. Wie auch immer es unser Prinz geschafft hatte, er schmuggelte eine Maus in das Schlafzimmer der Königin. Und das, was er damit erreichte, amüsierte alle im Schloss. Die Königin hatte in ihrem Schreck vor dem Tierchen all ihre Würde vergessen und kreischte vor Entsetzen. Auf einem Stuhl stehend beschimpfte sie die Diener unfähig zu sein, die Maus einzufangen. Ihre Drohungen gegen den Übeltäter reichten bis zu schlimmen Strafen, aber es war nur hilfloses Geschrei.“ Den alten Mann schüttelte es vor Lachen, ihm kamen die Tränen. Die Schadenfreude hatte offensichtlich all die vielen Jahre überdauert. „Wir wussten bald wer der „Übeltäter“ war. Mein Freund der Oberdiener sah den kleinen Schelm auf dem Arkadengang schadenfroh herumtanzen und sich vor Lachen ausschüttend!“ Wieder lachte er: „Auch Euer Vater, damals noch der Kronprinz, ertappte seinen kleinen Sohn dabei, nahm ihn an der Hand und entschwand mit ihm. Ihr Lachen erschien meinem Freund wie das von Komplizen zu sein, es war noch vom Treppenhaus her zu vernehmen. Unten am Ausgang der Treppe wartete Graf Beowulf, der Freund Eures Vaters, der gerade zu Besuch kam. Als der edle Graf und heutige Herzog von diesem Streich erfuhr, erdröhnte der Flur von seinem Gelächter.“ Sich an den Herrscher wendend, der genauso in der Erinnerung schwelgte und herzlich mitlachte, setzte er hinzu: „Hohe Majestät, er warf Euch voller Freude in die Höhe, was ihr immer so geliebt habt, und rief dazu: Friederich, Du Drachenschreck. Du bist mir vielleicht ein freches Kerlchen! Und was gabt Ihr ihm zur Antwort? Oheim Beowulf, leider habe ich die große Ratte nicht erwischt, nur die kleine Maus. Eure Großmutter kam zum Glück nicht auf die Idee, dass ihr Enkelsohn es gewagt hatte, ihr diesen Streich zu spielen. Sie hätte sich sonst sicher eine strenge Strafe ausgedacht und damit uns alle betrübt. Ja, verehrte Königliche Hoheit, und nun ist aus meinem kleinen Freund und Genießer der Honigplätzchen, unser großer König geworden. So wie es Graf Beowulf immer vorhergesagt hatte. Er hat alle die Könige, die vor ihm herrschten übertroffen, wurde zu unserem hochverehrten Heldenkönig und Vater aller Thulaner. Und nun ist er, so als wenn dies völlig selbstverständlich wäre, mitten unter uns einfachen Leuten."

König Friedrich fühlte sich aufgefordert Stellung zu nehmen: „Lieber Johannes, ich bin doch für alle Thulaner da, ob sie von Adel sind oder den Acker bestellen. Und noch eines dazu, ich bin ein Mensch und kein Monument. Mir ist von Gott und meinen Ahnen eine große Verantwortung auferlegt worden, der ich gerecht werden muss. Ich will mit vielen meiner Getreuen reden, will wissen, wo sie der Schuh drückt und was getan werden muss, um jedem Thulaner ein gutes Leben möglich zu machen. Würde ich mich im Schloss einigeln, dann wüsste ich bald nicht mehr wie es bei uns wirklich aussieht. Ich habe im Laufe der Jahre hervorragende Mitstreiter gefunden, die ehrlich sind und deren Sicht ich voll vertrauen kann. Aber der König muss für die Seinen auch erlebbar sein und kein fernes Wesen im Schloss. Natürlich kann ich nicht überall sein, aber ich will mich wenigstens von Zeit zu Zeit an unterschiedlichen Orten sehen lassen. Das verbindet mich mit Euch, die Ihr mir anvertraut seid. Außerdem liebe ich es gelegentlich die ausgetretenen Pfade zu verlassen. Und bei Euch kommt nun noch dazu, dass ihr schon sehr früh einen besonderen Stellenwert bei mir hattet. Euch beide lieben Menschen habe ich nicht vergessen, Frau Hertha, und ihre einmaligen Honigplätzchen, und Euch, Johannes, der mir die Liebe zum Garten und zu den Pflanzen übertragen hat. Dies ist für mich zu einem wichtigen Teil meines privaten Lebens geworden."

„Hohe Majestät, dem kann ich schon zustimmen, doch bei Euch kommt dennoch etwas dazu. Ihr seid so zugewendet geblieben wie einst als Prinz Sonnenschein. Ihr redet nicht von oben herab, so wie es damals am Hof leider etliche Herrschaften getan haben. Für die waren wir doch keine Menschen wie sie, sondern lediglich Domestiken. Nicht so Eure hohen Eltern und nicht Ihr, selbst nicht in der schlimmen Zeit, als Berengars Spießgesellen Eure Eltern ermordet hatten. Wir haben mitbekommen wie Euch diese Untat fast versteinern ließ, die beinahe auch Euer Leben gefordert hätte. Einen normalen Jungen hätte dies zerbrochen und zum Menschenfeind gemacht, doch Euch nicht. Ihr habt alle jene vom Hof gejagt, die Euch und uns als üble Zeitgenossen aufgefallen waren. Dies war reinigend und eine gute Tat. Und es war keiner darunter, der es nicht verdient hatte.

Der erste der gehen musste, das war der Burggraf, den wir alle fürchteten. Wir wussten, er war der böse Geist von Königin Greta. Dieser Graf war Euch schon als Kind suspekt, denn sonst hättet Ihr ihm nicht so häufig Streiche gespielt. Majestät, und dann bekamt ihr Verstärkung. Eure Freunde Prinz Theodemir und Markgraf Bodo, die Euch bei Euren Streichen nicht bremsten. Die Erziehung seines bösen Hundes trug Euch und Euch Königliche Hoheit, den Dank aller Lieferanten, und auch den unseren ein. Dieser Streich drang sogar an die Ohren Eures hohen Vaters, der ihn Euch zu unserer Erleichterung durchgehen ließ. Eure Mutter, dann bereits unsere Königin, hatte ihre liebe Not mit Euren Streichen, denn alles durfte unsere Hohe Majestät, Euer Vater, nicht erfahren. Bald hatte sich Euer Revier auch auf die Heilige Stadt ausgedehnt. Eure Leibwächter, die Euch doch schützen sollten, habt Ihr häufig zum Narren gehalten. Sie hatten es nicht leicht mit Euch, aber irgendwie steckten sie auch mit Euch unter einer Decke." „Johannes, das trifft zu, diese meine „Bundesgenossen" haben mich gedeckt und etliches wieder gerade gebogen." Der König griente wie ein Lausbub, auch sein Schwager Theodemir schwelgte in Kindheitserinnerungen. „Majestät, wir haben Euch danach leider nur noch selten gesehen, denn Ihr ward nun voll eingespannt. Doch wenn Ihr mich gesehen habt, dann gabt Ihr mir immer gute Worte. Euer so ansteckendes Lachen war leider seit der Mordnacht erloschen. Doch nun ist es, wie es in ganz Thule heißt, dank Eurer hohen Gemahlin, unserem edlen Engel, wieder auferstanden."

Der König bestätigte ihn, zog seine Gemahlin an sich. „Johannes, ihre Liebe hat mich aus dem Panzer des Hasses befreit und die Trauer aus meinem Herzen verdrängt. Liebe ist die stärkste Macht der Menschen, sie ist die einzige Kraft, die uns auf den richtigen Weg führen kann und dort hält." Der alte Mann nickte und ergänzte seinen König: „Sie erhält einen auch im Alter. Meine Frau, meine Kinder und Enkel umgeben mich mit Wärme und Fürsorge, sie verhindern Einsamkeit und geben mir das Gefühl nicht umsonst gelebt zu haben! Es lebt zwar nur mein jüngster Sohn hier im Haus, aber zwei meiner vier Töchter sind unweit von hier mit braven Bauern verheiratet. Unsere anderen fünf Kinder leben als Handwerker oder Bedienstete in Rhenia. Mein Ältester ist jüngst sogar zum Oberdiener unseres Regenten Markgraf Bodo geworden. Und nun ist es mir sogar vergönnt, Euch noch einmal zu sehen. Dafür bin ich sehr dankbar, denn Ihr hattet immer einen ganz besonderen Platz in meinem Herzen."

Die Königin, die sich erstmals seit ihrer Jugend wieder in einem bäuerlichen Umfeld aufhielt, war angetan von der Atmosphäre dieses Hauses. Dieses gediegene Anwesen kündete vom Geschmack des Obergärtners und gab seinen Wohlstand wider. Die Stuben waren holzgetäfelt, zwei mächtige Kachelöfen wärmten in der kalten Jahreszeit die große Familie. Ein übergroßer Tisch bildete den Mittelpunkt der großen Stube, in der nun die Gäste saßen und den Apfelwein kosteten. Angebaut an das Wohnhaus war der Stall, über dem sich die vom Hang aus zugängliche Tenne befand. Der Stall war jedoch leer, denn das Vieh graste draußen auf der Weide. Auch Schweine, Hühner und Gänse waren im Freien in einem umzäunten Bereich neben dem Bauernhof. Das Erdgeschoß des Hauses war aus massiven Granitblöcken erbaut, in das kleine Fenster Licht einließen, denn Glas war teuer. Die beiden darüber liegenden Stockwerke waren aus heimischem Holz gezimmert, den Giebel zierten Schnitzereien. Das Dach deckten Steinplatten und gaben dem Haus auch seine optische Stabilität.

Die stille Hausfrau wartete mit einer Überraschung auf. Als ob sie den hohen Besuch erahnt hätte, kredenzte sie ihre legendären Honigplätzchen. Friedrichs Freude machte die alte Frau verlegen, sein Dank ließ sie freudig erglühen, als er in seinem Lob die Plätzchen zu den besten Thules erhob. Fedi fand, solche sollte es auch daheim geben. Dazu reichte ihnen Frau Hertha Kirschsaft, so wie einst dem Prinzen Sonnenschein in ihrem Haus im Michaelerhof. Danach bat der Hausherr seine Gäste mit ihm noch einige Schritte außer Haus zu gehen, um ihnen seinen Stolz vorzuführen. Im wettergeschützten Einschnitt des Hangs lag ein prächtiger Garten und darüber gab es sogar noch einen kleinen Weinberg. Ein Rinnsal floss durch dieses Idyll, das mit vier Holzstegen überbrückt wurde. Johannes hatte dem Hang ein wahres Kleinod abgerungen. Stolz nahm der passionierte Gärtner das Lob für dieses kleine Paradies entgegen.

Unterdessen waren die beiden Kinder zusammen mit den Urenkeln von Johannes im Weiler auf „Abenteuersuche". Dabei stießen sie auf Hundewelpen derselben Rasse wie der Hund in Johannes Haus und verliebten sich in sie. Friedrich und Agnes nahmen je einen Welpen auf den Arm und suchten aufgeregt nach ihren Vätern. Sie baten inständig darum, die Welpen mitnehmen zu dürfen. Königin und Prinzessin mischten sich nicht ein, eingedenk der Geschichte mit dem „Köter" des Schlossgrafen. Das war die Sache der damaligen „Hundedompteure", die sich jetzt in einem Dilemma befanden. Seit König Friedrich das Sagen hatte, gab es im Inneren Schloss weder Hunde noch Katzen. Er schaute Theodemir an, der zuckte unschlüssig mit den Schultern, seinem geliebten Töchterchen versagte er selten etwas. So blieb die Entscheidung beim König, der nun von Sohn und Nichte angebettelt wurde. „Fedi, Du darfst den kleinen Hund behalten, aber Du musst ihn selbst versorgen. Kein Diener und auch nicht Irmgard, darf es Dir abnehmen. Wenn Du das einhältst, bleibt der Hund bei Dir, wenn nicht, kommt er weg. Ist das klar, mein Sohn?" „Ja, danke Papa, das werde ich einhalten!" „Na dann muss er auch einen Namen bekommen. Wie soll er denn heißen?" „Papa, er soll Leo heißen." Die beiden Väter schüttelte das Lachen, der alte Johannes, der diese Geschichte mitbekommen hatte, lachte schallend mit. Zum Glück war Fedis Hündchen ein Weibchen und auch das seiner Cousine. Agnes hatte natürlich ihres Papas Zustimmung erhalten und sich bei ihm mit einem Kuss bedankt. So wurde aus Leo eine Lea und Agnes Welpe bekam den Namen Mia. Übrigens hielten die beiden Kinder die Auflage weitgehend ein, auch wenn die beiden Mütter sie ab und an dazu auffordern mussten.

Als die Gäste aufbrachen, ließ der König als Gastgeschenk eine schöne silberne Schale zurück. Er segnete die beiden Alten und legte ihnen seine Hände auf den Kopf, was die beiden Getreuen zu Tränen rührte. Zuvor hatten sie für die Welpen noch zwei Körbe erstanden. Kaum hatten sie den Weiler verlassen, wollte Amala von ihrem Fried wissen, weshalb sich der Obergärtner derart gut ausdrücken konnte. „Wer bei uns arbeiten will, muss sich vorher einer Aufnahmeprüfung unterziehen und danach eine harte Schulung durchlaufen, um die perfekte Beherrschung seiner späteren Tätigkeit zu erlernen. Erst dann, wenn er lesen und schreiben und sich gut ausdrücken kann, bekommt er die Arbeitsstelle. Wir legen von Anfang an auch großen Wert darauf, dass unsere Bediensteten gut miteinander umgehen. Im Erdgeschoß gibt es mehrere Räume, in denen die Anfänger von versierten Kräften geschult werden. Danach werden sie ein Jahr lang von einem Paten betreut."

Als sie nach einem Abstecher am Abend in Sonnmatt eintrafen, waren die Erwachsenen völlig abgemeldet. Im Mittelpunkt des Interesses der Kinder standen jetzt die beiden Hundewelpen. Wie nicht anders zu erwarten, wollten nun auch die Geschwister der beiden einen Hund haben. Fedi sagte großherzig zu seinen Geschwistern: „Ihr dürft auch mit der Lea spielen, aber Ihr müsst mir dann beim Versorgen helfen." Agnes räumte ihrem kleinen Bruder dasselbe ein.

### Der Unglückshof

Auf dem Rückweg von Holzland ließ König Friedrich an einer Weggabelung anhalten. Ein vom Wind wie ein Korkenzieher gedrehter Baum zog seine Aufmerksamkeit auf sich. Hier war er einst zusammen mit seinem Großvater nach links abgebogen. Neugierig, wie er laut Amala sein konnte, wollte er von Vogt Heinrich wissen, wohin dieser Weg führte? Der Vogt rückte nicht so recht mit der Sprache heraus und druckste herum: „Hohe Majestät, dort liegt ein Hof in dem Fremde ungern gesehen werden, denn auf ihm lastet ein Fluch." „Auf uns den Fremden, oder auf dem Hof?" „Leider auf beidem." Daraus wurde Amalas Gemahl nicht klug, sowenig wie mit der Auskunft des Vogts. Er wollte daher den Hof aufsuchen, um das Rätsel kennen zu lernen.

Wovor der Vogt gewarnt hatte, wurde wahr, denn die Reiter wurden unfreundlich empfangen. Zwei riesige Doggen griffen sie an, welche die Leibwächter mit ihren Lanzen mühsam in Schach hielten. Amala sah es Friedrich an, er wollte die „Biester" kurzerhand mit dem Schwert erschlagen. Davon hielten ihn die beiden erschreckten Kinder ab, die ihre kleinen Hunde zu schützen versuchten. Ihnen wollte er diese Rohheit ersparen, um sie nicht zu verstören. Als ihnen dann eine Frau den Weg verlegte und mit der Peitsche drohte, da wurde sein Antlitz hart. Die rothaarige junge alte Frau, blaffte den König an: „Hier sind Fremde nicht willkommen, und schon gar nicht solch vornehm gekleidete Nichtstuer!" Statt einer Antwort erlebte sie nun einen Krieger. Ein nicht wahrnehmbarer blitzschneller Griff zum Dolch, welcher der Anmaßenden dicht oberhalb der Hand die Peitsche wegschlug. Der König glitt vom Maultier und ging auf die Frau zu, deren Hunde zogen sich zurück, der Anprall dieser wilden Kraft schüchterte sie ein. Die darauf nicht gefasste Frau wirkte verstört, des Fremden Verhalten ängstigte sie.

„Niemand in Thule wagt es mir den Weg zu versperren, ist Euch dies klar! Nehmt Eure Hunde an die Leine, wenn Euch deren Leben etwas wert ist. Und jetzt aus dem Weg, rote Unfreundlichkeit!" Seine Worte waren voller Ingrimm, scharf und drohend. Er war wütend über dieses unverschämte Weib. Nun griff endlich der Vogt ein: „Thea, bist Du von Sinnen, dies ist unsere Hohe Majestät, der Du so frech entgegentrittst." So als hätte sie der Blitz getroffen, erschrak die Frau, konnte nicht fassen, was sie hörte. Sie fiel auf die Knie und bat stammelnd um Verzeihung für den Frevel. Der König hatte sich wieder in der Gewalt, er hatte die Not und Angst in den Augen der Frau erkannt, und gewährte sie ihr großmütig. „Und nun führt mich zu jenen, die Ihr zu schützen versucht habt.“ Demütig entgegnete sie ihm: „Eure mir so gnädige Hohe Majestät, bitte folgt mir dorthin.

Bald kam ein stattlicher Einzelhof in Sicht, dem eine Kapelle zur Seite stand. Nun interessierte alle das Geheimnis dieses Ortes. Warum wollte sie diese so kühne wie vermessene Frau abweisen und die Gefahr in Kauf nehmen, dafür bitter zu bezahlen? Nach wenigen Schritten hielten sie vor einem anmutigen von vielen Blumen umstandenen Gehöft an. Sie öffnete das Tor zum Hofraum und bat die „Gäste“ herein. Vor der Kapelle saß ein etwa fünfzigjähriger Mann. Er hatte nur noch ein Auge, sein Gesicht war durch Narben übel entstellt. Mühsam erhob er sich, verbeugte sich vor den Herrschaften, er wirkte misstrauisch und von Angst besetzt. „Thea, wer sind diese hohen Herrschaften?“ Die Frau hatte inzwischen die Doggen in einen Zwinger gesperrt, wo sie sich ruhig verhielten, und entgegnete: „Vater, Du wirst es nicht für möglich halten, vor Dir steht unsere Hohe Majestät selbst, der große König Friedrich. Wer die anderen edlen Herrschaften in seinem Gefolge sind, das weiß ich nicht.“ Der Mann beugte das Knie und sprach mit stockender Stimme: „Hohe Majestät, seid willkommen und bedankt für diese große Ehre. Was führt Euch an diesen Ort des Unglücks, den Gott so bitter gestraft und vergessen hat. Verzeiht, dass ich Euch direkt angesprochen habe und meinen Namen nicht nannte. Ich heiße Widemir Herjedal und lebe hier mit zwei Knechten und drei Mägden. Seit kurzem leben nun auch meine Tochter und mein Enkel hicr.“

Der König ergriff das Wort: „Widemir, dann will ich auch uns vorstellen. Mit mir gekommen sind meine Gemahlin Königin Amala, meine Schwester Prinzessin Adelheid und ihr Gemahl mein Blutsbruder Prinz Theodemir. Uns begleitet unser Freund Graf Arnulf, der älteste Sohn Herzog Beowulfs von Fjordland. Die beiden Kinder sind mein Sohn Friedrich und meine Nichte Agnes. Wir werden beschützt von zwei „Löwen“ meiner Leibwache, zwei Knappen betreuen uns, geführt hat uns Heinrich, der Burgvogt von Sonnberg.“ Vater und Tochter staunten immer mehr, sie konnten es nicht fassen, dass Thules höchste Herrschaften zu ihnen gekommen waren.

„Warum es mich hierher gezogen hat? Ich folgte an der Weggabelung meinem Gefühl, als Kind schon einmal hier gewesen zu sein. Damals schritt ich an der Hand meines Großvaters König Manfred Theoderich. Inzwischen bin ich unsicher geworden, denn die beiden Menschen, die uns damals so herzlich willkommen geheißen hatten, befanden sich in etwa Eurem Alter. Ich erinnere mich an eine Frau und an Kinder, etwas älter als ich damals.“ Der Hausherr nickte zustimmend: „Hohe Majestät, Ihr ward tatsächlich hier. Der damalige Besuch des Herrschers und von Euch, seinem Enkel, war das schönste Erlebnis an diesem stillen Ort.“ „Widemir, warum nanntet Ihr dieses schön gelegene und behagliche Anwesen einen Ort des Unglücks, das kann ich mir nicht erklären?“

„Hohe Majestät, bitte folgt mir hinter unser Kirchlein, dort erschließt sich dieses Rätsel.“ Der Herrscher und die Gäste folgten ihm. Unter einer ausladenden Flaumeiche lagen Gräber. Statt Grabsteinen nannten Bretter die Namen der Toten, ihr Geburtsdatum und den Sterbetag. Nebeneinander standen fünf neuere Totenbretter, die mit dem 17. 10. alle dasselbe Sterbedatum aufwiesen. Dies konnte kein Zufall sein, ein ungnädiges Schicksal musste hier zugeschlagen haben. „An jenem schrecklichen Tag überfiel uns eine Horde von Reitern, die uns Wehrlose mit Schwertern angriffen. Sie töteten meine Eltern, meine Frau und den zu Hilfe eilenden Schwiegersohn. In der Scheune hörte ich die Schreie der Sterbenden, ergriff eine Axt und erschlug zwei der Verbrecher, einen hatte mein Schwiegersohn töten können. Machtlos gegen die Übermacht wurde ich von Zweien mit Schwertern angegriffen und niedergeschlagen. Da sie mich für tot gehalten hatten, ließen sie mich liegen. Meine Tochter konnte entkommen, allerdings erst nachdem ihr der Anführer Gewalt angetan hatte, sie verfolgten die Unglückliche, hatten aber keinen Erfolg. Sie wollten sie, die Zeugin der Mordtat umbringen, so wie zuvor meine beiden kleinen Enkel.“ Fast tonlos, stockend und gequält berichtete es der Unglückliche. Was mussten diese Menschen erleben, alles war in wenigen Minuten zerstört worden, die Heimat wurde ihnen so zum Grab aller Hoffnungen.

Nach einer Pause fuhr der entstellte Mann fort: „Als die Mörder wieder abgezogen waren kam meine Tochter Thea zurück. Sie fand bei mir noch ein Lebenszeichen, rannte nach Holzland und holte den heilkundigen Viktor, der mich wieder zurück ins Leben holte. Doch was ist dies für ein Leben. Hohe Majestät, ich ein Krüppel, meine Tochter geschändet, nur mein sieben Monate nach der Untat geborener Enkel ist ein Lichtblick. Er kommt ganz nach seinem ermordeten Vater, der so in seinem Sohn weiterleben darf.“ Er rief seinen Enkel, der sich wie die Dienstleute versteckt gehalten hatte. Scheu näherte sich der kleine Junge, verdrückte sich sofort zu seiner Mutter. Er musterte die Fremden mit großen Augen, in denen sich die Angst zeigte. Sein Großvater winkte ihn zu sich her. „Berti, gib unserer Hohen Majestät die Hand.“ Auf einmal sah der Junge nur noch den König, zu dem er ging, Staunen verdrängte die Angst. Friedrich nahm den Zweijährigen hoch, was dem Kleinen gefiel. Jetzt konnte er lächeln und den König voller Vertrauen ansehen.

Mit Hilfe eines verschüchterten Knechts holte Thea Bänke für des Herrschers Gefolge. Friedrich gesellte sich zum Hausherrn und nahm wie Theodemir Platz auf der breiten Bank. Der König wendete sich an den Bauern, sichtlich betroffen von dem Erfahrenen. „Widemir, ich kann Euer Leid und Eure Trauer mitempfinden, Worte können es weder lindern noch ungeschehen machen. Ich weiß sehr wohl wovon ich rede, ich habe einst als Einziger eine Mordtat überstanden, bei der ich meine Eltern und mit ihnen meine Kindheit verloren habe. Einzig und allein wäre die gerechte Sühne für diese Mörder Balsam auf Eure seelischen und körperlichen Wunden. Damit ich Euch jedoch helfen kann, muss ich Euch nun einiges fragen. Hattet Ihr etwas Wertvolles im Hause von dem andere wussten? Sollte dies so sein, was hätte es den Mördern einbringen können?“

„Hohe Majestät, zwei Dinge müssen die Mörder gereizt haben. Meinen Lohn für sechs Jahre Arbeit am Königskanal hatte ich eisern gespart und kurz vor dem Mord nach Hause gebracht. Einige Zeit zuvor hatte ich unweit von hier einen eigenartigen Stein entdeckt. Diesen habe ich im Städtchen Rania einem Goldschmied gezeigt, der von einem Mondstein sprach. Er wollte mir für den daumengroßen Stein zwei Solidi geben. Da ich den Eindruck hatte, er wollte mich übervorteilen, kam der Handel nicht zustande. Auf seine Nachfrage zum Fundort habe ich ausweichend geantwortet, ein inneres Gefühl riet es mir an. Das galt auch zu seiner Frage nach meiner Heimat.“ Friedrich wollte weiter von ihm wissen, ob ihm bei den Mördern etwas aufgefallen sei. So erfuhr er, dass einer der Mörder ein großes silbernes Kreuz auf dunklem Holz um den Hals trug, bei dem einer der Arme des Gekreuzigten über das Querholz hinausgeragt hatte. Ein anderer Mörder hatte auf dem Handrücken eine Narbe, die so aussah, als hätte er sich verbrannt. „Wie war die Form dieser Narbe?“

Dies wollte Theodemir von ihm wissen. „Königliche Hoheit, sie war wulstig und ähnelte einem Blatt.“ Nun schaltete sich der ehemalige Paladin Arnulf ein, der nach weiteren Zugängen zur Hochterrasse fragte, und speziell solche, die ein Pferd nehmen könnte. „Hochedler Graf, sie kamen auf Maultieren aus dem oberen Wald. Dort führt ein früher oft begangener Saumpfad über das Hochjoch zum Westmeergau. Über den See kamen die Mörder nicht, allenfalls über die Wege, die unsere Matten mit denen des oberen Rheniatals verbinden. Dort lässt sich zwar einigermaßen reiten, aber kaum unerkannt vorankommen.“ Arnulf fragte weiter: „Lassen sich die Gehöfte oben irgendwie umgehen, vielleicht mit umwickelten Hufen?“ „Das geht auf keinen Fall, unser Meldesystem lässt dies nicht zu.“

Bevor Arnulf nachsetzen konnte, schlugen die Doggen an. Es war ein freudiges Gebell, mit dem sie einen vertrauten Gast ankündigten. Johannes, der jüngste Enkel des Obergärtners, wollte vom hohen Besuch berichten, er war nun überrascht, den König und sein Gefolge hier zu sehen. Er wollte sich zurückziehen, doch der Herrscher winkte ihn zu sich her. „Junger Mann, kommt Ihr öfters auf diesen Hof?“ „Ja, Eure Hohe Majestät, einmal in der Woche schon, manchmal auch häufiger.“ Wohlwollend lächelte der König, er hegte – so Adelheid zu Amala – wohl einen Verdacht. „Johannes, hat das etwas mit Thea zu tun?“ Verlegen aber ohne zu zögern bejahte er. Thea wollte sich davonschleichen, doch der Herrscher rief sie zurück. „Thea, habt Ihr etwas gegen den jungen Mann?“ Sie errötete und schlug die Augen nieder: „Hohe Majestät, ich mag den Johannes sogar sehr gerne. Aber ich darf mich nie wieder mit einem Mann verbinden. An mir kleben Unglück und Schande.“ Sie weinte bitterlich. Der König schüttelte das Haupt und blickte die Tochter des Hauses an. „Thea, Ihr jagt einer Chimäre nach, bewertet das Schreckliche nicht richtig. Johannes würde sich nicht um Euch bemühen, wenn er es so sehen würde wie Ihr. Er weiß um die Untat, die schlimme Menschen Euch angetan haben.“ Er legte der Unglücklichen die Hände auf den Kopf und gab ihr seinen Königlichen Segen. „Thea, Ihr seid nun frei von allen düsteren Gedanken, frei für ein neues glückliches Leben!“ Thea küsste des Königs gereichte Hand und netzte sie mit Dankestränen.

Danach verließen die hohen Gäste das Gehöft und hinterließen dankbare Menschen, die wieder Hoffnung schöpften, denn sie hatten den Königssegen erhalten. Kein Gebet wies für die Thulaner auch nur entfernt so viel Kraft auf wie der Segen des Herrschers. Ungebrochen war ihr tiefer Glaube an des Königs Nähe zu Gott. Der Herrscher konnte das Unglück zwar weder ungeschehen noch vergessen machen, aber er legte den starken Keim einer neuen Zukunft. Seither hieß der Hof des Widemir „Gnadenhof" und löschte die Bezeichnung Unglückshof aus. Der König ließ sich weiterhin über das Geschehen auf dem Gnadenhof berichten, erfuhr von der Hochzeit Theas und Johannes. Dieser Verbindung entsprangen in den nächsten Jahren vier Kinder. Junges Leben verdrängte mehr und mehr die Gedanken an das Unglück, brachte dem entstellten Widemir die Lebensfreude zurück.

Nach seiner Rückkehr in Theodericia setzte der Herrscher vier seiner Paladine auf die Mörder an. Anhand der Aussagen von Widemir und Thea kamen sie den Verbrechern auf die Spur. Verwickelt in die Mordtat waren der Goldschmied, ein Amtmann und ein ehemaliger Arbeitskollege von Widemir. Auf dem Marktplatz von Rania wurden sie gehängt, ihr Vermögen eingezogen und Widemir und Thea damit entschädigt. Diese Sühne war Balsam auf die Wunden von Vater und Tochter. Der Entstellte erhielt vom König als besondere Gunst die Erlaubnis auf seinem Grund nach den seltenen Mondsteinen zu suchen. Er durfte die Hälfte des Gefundenen behalten und wurde so noch zu einem reichen Mann. Wie nicht anders zu erwarten machte diese Geschichte in Thule die Runde. Daher war es kein Wunder, dass des Herrschers Nimbus durch eine weitere Tat hell erstrahlte.

Abb. 7 Das Holzland

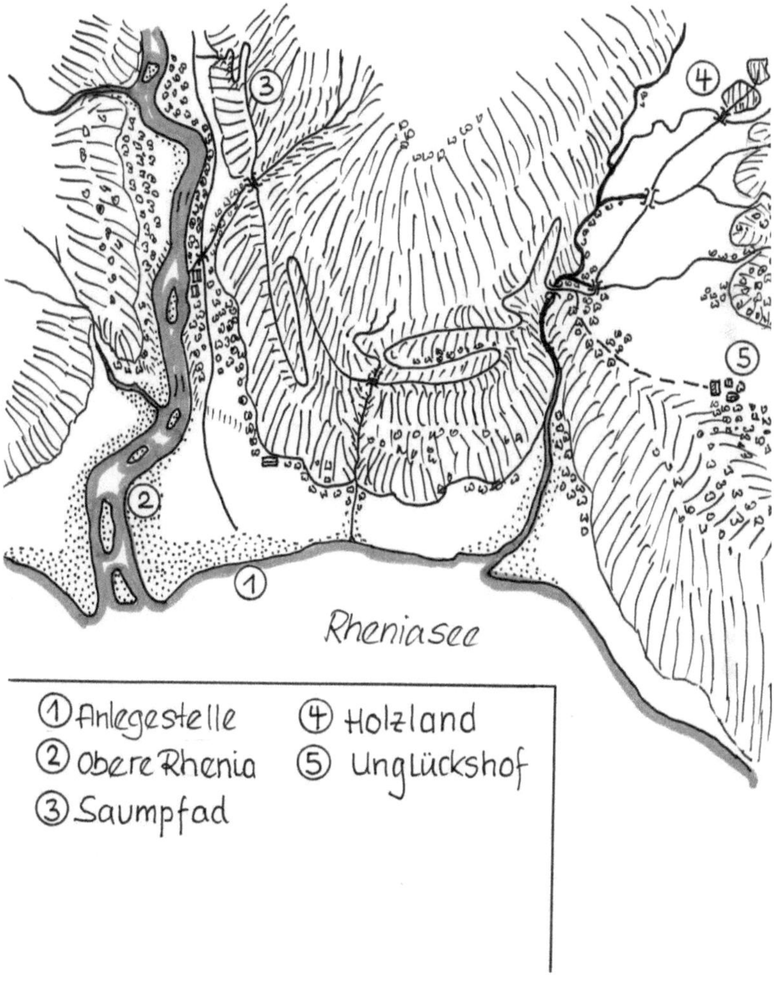

**Königin Greta**

Der Besuch im Holzland hatte Königin Amalas Interesse an den Großeltern ihres Gemahls geweckt. Außerdem war ihr dabei bewusst geworden, dass Königin Greta ihre Großtante war. Gleich am Abend ihres Besuches im Holzland wollte Amala die Gelegenheit nützen mehr über das Königspaar Manfred I. Theoderich und Greta zu erfahren. Sie wollte von Adelheid wissen, wann denn die Königin Greta gestorben war. Verunsichert verwies Adelheid Amala an ihren Bruder. Dessen unwirsche Antwort lautete: „Für mich ist meine Großmutter längst gestorben!“ Daraus schloss Amala, dass Königin Greta vielleicht noch am Leben sein konnte und setzte nach. „Lebt sie etwa noch?“ Ihres Gemahls schroffe Entgegnung befremdete sie: „Das kümmert mich nicht!“ In seinem Antlitz stand pure Ablehnung, sein Mund wurde zum Strich und seine großen Augen kniff er zu einem Schlitz zusammen. Dies war das untrügliche Zeichen vorsichtig zu sein und nicht weiter zu fragen. Hier lag ein Geheimnis vor, das die Staufische Familie einmütig verschlossen hielt, und von diesem wollte sie, des Königs Frau nicht ausgeschlossen sein. Amala konnte es nicht fassen, seit des Großvaters Tod hatte ihr Mann Königin Greta nicht mehr erwähnt. Sein Verhalten und auch das von Adelheid verstimmte sie, aber Amala hielt sich vorerst noch zurück.

Zurück im Königsschloss wagte Amala einen neuen Vorstoß. Friedrich hatte ihn erwartet und war nun bereit mit seiner Gemahlin darüber zu reden. „Cara, ich habe Deine Verstimmung und Dein Unverständnis über meine Reaktion auf Deine Nachfrage sehr wohl bemerkt. Ich kann dies verstehen und Dein Gefühl ausgeschlossen zu sein, nachempfinden. Meine Schwester und auch die anderen dürfen sich über Königin Gretas Existenz nicht äußern. Für alle gilt: Greta ist nicht existent. Aus Loyalität zu mir ist ihnen allen untersagt, mit ihr Kontakt aufzunehmen. Alle halten sich daran, um sich nicht meiner Ungnade auszusetzen.“ „Fried, gilt dies auch für mich?“ „Auch für Dich, so wie für alle anderen.“ „Warum bist du hier so hart? Warum plagt Dich der Hass auf Deine Großmutter noch immer so sehr? Kannst Du ihr denn nicht die Hand zur Versöhnung reichen? Ich bitte Dich darum von ganzem Herzen, sie ist doch alt und einsam, sei doch ein wenig barmherzig.“

Seine an ihm so ungewohnt schroffe Antwort erschreckte Amala: „Zu viel Schlimmes steht zwischen uns, üble Taten und Ereignisse über die ich nicht reden will, es würde in mir zu vieles aufwühlen. Ob ich sie hasse?

Amalacara, das kann schon sein, aber weit eher ist es eine Mischung aus Verbitterung und Verachtung. Ich habe nicht nur einmal versucht, zwischen uns beiden Frieden zu schaffen, um zumindest nach außen den Anschein eines Waffenstillstands zu erwecken, aber alles war vergebens.“ So resigniert hatte Amala ihren Mann nie erlebt, sie gewann den Eindruck, dass er jeden Gedanken an seine Großmutter verdrängte und einen Schlussstrich gezogen hatte. „Fried, ich liebe Dich und will auch das mit Dir teilen, was Dich quält. Bitte lasse mich versuchen, Dich mit ihr zu versöhnen. Sie ist doch meine Großtante und kann nicht gegen mich sein! Ich möchte Königin Greta aufsuchen, um zwischen Euch beiden zu vermitteln. Ich bitte Dich von ganzem Herzen darum, gib mir die Möglichkeit dazu.“ Es fiel ihm sichtlich schwer, seiner geliebten Gemahlin nachzugeben, aber er überwand sich. „Meine Amala, leider kann ich Dir nichts abschlagen. Wenn es überhaupt jemand in Thule schaffen kann, dann Du mein Engel. Mit Deiner gewinnenden Art könnte es vielleicht möglich sein, das Herz dieser starren Frau zu erweichen. Nur Deinetwegen könnte ich mich auf den Versuch einlassen.“

Allein durfte die Königin diese Reise auf gar keinen Fall antreten. Aus Vorsicht wollten sie der König, seine Schwester und sein Schwager begleiten. Amala freute sich über diese Reisegesellschaft, hielt diese Vorsichtsmaßnahme aber für übertrieben. Was sollte ihr denn die alte Frau schon anhaben können? Sie war neugierig auf die alte Königin und voller Zuversicht eine Versöhnung erreichen zu können. Mitgefühl mit der Großmutter ihres Mannes trieb sie an. Vor allem aber sollte ihr geliebter Friedrich seinen inneren Frieden finden.

In Lierbrücke gab es einen Empfang beim Rat der Stadt und riesigen Jubel seitens der Bevölkerung. Die Zeit reichte auch zu einer Besichtigung der hübschen Hafenstadt und zur Einweihung einer neuen Schule, die nach der Königin benannt wurde. Am nächsten Morgen stachen sie in See, um nach Castel St. Michael zu fahren. Während der Seereise erfuhr sie nun Näheres zu Königin Greta. Als ihr Bruder Konrad, der Herzog von Fjordland und ihre Schwester Valeria, die Herzogwitwe von Stormland gestorben waren, wurde sie zur Letzten des Geschlechts der Hohenberger. Diese hatten schon in der Frühzeit der Goten, aber vor allem unter den Amalern und später unter den Indulfingern Thules große Bedeutung. Friedrich besetzte nach dem Ableben seines kinderlosen Großonkels Konrad, den Herzogstuhl von Fjordland nach Jahren der

Vakanz neu. Niemand aus der ihm suspekten Sippe der Hohenberger kam zum Zuge. Stattdessen belehnte er Beowulf von Starkbrunn, seinen getreuen Nennoheim, der sich seitdem als Seeburger bezeichnete. Dagegen hatte Greta vergebens Einspruch erhoben und auf die Rechte ihrer Sippe verwiesen. Sie, die einst unbestritten Thules schönste und begehrenswerteste Frau war, setzte alle Hebel in Bewegung, um diese in ihren Augen Ungeheuerlichkeit zu verhindern. Wie mochte es diese einst so mächtige Königin angekommen sein, sich dem Wollen ihres Enkels beugen zu müssen? Amala stellte sich zwar nicht auf ihre Seite, konnte aber ihre Sicht verstehen. Außerdem gewann sie bei den Erläuterungen ihres Gemahls den Eindruck, er zwang sich geradezu zur Objektivität. Auch das kannte sie so von ihrem Friedrich nicht und machte sich ihren Reim darauf.

Als die Insel Manfredia in Sicht kam, stimmte der König seine Mitreisenden auf dessen Besonderheiten ein. Dieses Eiland hatte einst Großthurs geheißen, Friedrich hatte es jedoch zu Ehren seines Großvaters umbenannt, der hier seine letzten Tage verbracht hatte. Zusammen mit weiteren sechs Inseln gehörte Manfredia als Exklave zum Herzogtum Amelungia. Stets war der König hier auch der zuständige Gaugraf. Friedrich, der schon einige Male in Castel St. Michael war, wies seine Begleitung auf zwei Unannehmlichkeiten hin, die sie hier erwarten würden: Nämlich ungewohnte Hitze und viele Treppen, die hinauf zum Schloss führten.

Das weißgekalkte Städtchen tauchte nun vor ihnen auf, von der Meerseite aus war der Felssporn zu sehen, auf dem es emporwuchs. Der vor wenigen Jahren vertiefte Hafen bestand jetzt den besonderen Test, denn das mächtige Königsschiff konnte dort festmachen, es würde selbst bei Ebbe genügend Wasser unter dem Kiel vorfinden. Riffe schützten den Hafen und die Ostseite des Städtchens gegen die Brecher der See.

Zügig begannen die Vier und ihre Begleiter den Fußmarsch, der sie durch schmale Gassen und über viele Treppen bergauf führte. Viel vom Städtchen Castel St. Michael sahen sie bei dem Anstieg nicht, denn der ortskundige König führte sie einen kürzeren und öfters schattigen Weg durch das Städtchen, dem Verwaltungszentrum der zu Amelungia gehörenden Grafschaft. Kurz nur konnten sie sich auf ebener Strecke erholen, dann galt es noch die vielen Stufen hinauf zum Schloss zu nehmen. Endlich standen sie vor dem Domizil von Königin Greta.

Die Großmutter von Friedrich und Adelheid trat aus dem Eingang und musterte die Ankömmlinge abweisend und misstrauisch. Die alte Dame, die sich kerzengerade hielt, wirkte auf Amala jünger als ihre achtzig Lebensjahre. Zwar hatte das lange Leben in ihrem Antlitz Spuren hinterlassen, doch die einstige Schönheit ließ sich noch immer erkennen. Haltung und Blick der alten Königin ermutigten Amala nicht gerade. Sie wirkte hochmütig, ihre blauen Augen blickten kalt und kühler Stolz prägte ihr Gebaren. Die Mundwinkel waren nach unten gezogen, scharfe Falten verlängerten die schmale Nase. Königin Greta war mit einem kostbaren Gewand angetan, blaue Seide umhüllte die hagere Gestalt, Goldbordüren hoben ihre Würde hervor und ein Krönchen ihre Hoheit. Die Ankunft des mächtigen Königsschiffs war ihren Bediensteten nicht entgangen. Die Königin wusste allerdings, es würde dauern, bis der Besuch die Treppenfluchten gemeistert hatte, was ihr die Zeit gab, sich gebührend ankleiden zu lassen.

Sie bat die Herrschaften nicht ins Schloss hinein, setzte sich damit kühl über alle Gepflogenheiten hinweg. Abweisend fragte sie nach deren Begehr. „Was wollt Ihr von mir? Weshalb stört Ihr meine Ruhe? Ich habe Euch nicht erwartet, geschweige denn hergebeten. Ich heiße Euch auch nicht willkommen, das Gegenteil trifft zu!“ Abschätzig blickte sie Amala an: „Ihr seid wohl die neue Königin, von der es heißt sie hätte König Friedrich von Wahn und krankhaftem Hass geheilt. Dafür gebührt Euch der Dank der Gutwilligen. Aber da Ihr Euch mit diesem rücksichts- und gottlosen Menschen verbunden habt, mindert dies Eure Verdienste wieder.“ Amala hatte es die Sprache verschlagen, doch dann entgegnete sie der Unverschämten mit belegter Stimme. „Königin Greta, ich bin Eures Enkels Gattin, von mir ging dieser Besuch aus! Ich wollte zu Euch kommen und versuchen zwischen Euch und meinem geliebten Gemahl zu vermitteln. Ihn hat nie ein Wahn geplagt und wenn er hasste, dann gab es hierfür sehr wohl nachvollziehbare Gründe.“ „Junge Königin, Ihr seid mutig aber auch töricht.“ Sie zeigte respektlos mit dem Zeigefinger auf den König: „Diesen da trennt mehr von mir als das Gebirge und das Thormische Meer. Dazwischen liegt die Hölle, der er entstiegen ist, diese brutale Wiedergeburt Tejas!!!“ Voller Hass schleuderte sie diese Worte dem gleichmütig blickenden Herrscher entgegen. Doch damit hatte sie es bei Königin Amala verdorben, die nun voller Empörung reagierte. „Königin Greta, vor Euch steht der Herrscher von Thule, er ist Euer und mein Herr und mein innig geliebter Gemahl. Ihr wagt ihn zu schmähen, ihn den edelsten und gütigsten Menschen, den ich kenne. Das ist frevelhaft und unerhört."

Höhnisch lachte Greta: „Rosenburgerin, edel und gütig nennt ihr ihn. Wer als Mörder beginnt, kann nicht als Heiliger enden. Er war doch dieser fürchterliche Ritter des roten Löwen, jene Ausgeburt der Hölle. Ich hatte es geahnt, denn ich kannte seinen abgrundtiefen Hass und seine gnadenlose Natur. Rosenburgerin, Tochter des von mir nicht geschätzten Wittich, er hat meine Cousins Herwig und Hugo mit eigener Hand erschlagen, und dessen Söhne auch. Wo er ist, da herrscht blanke Gewalt und schiere Gottlosigkeit. Alle fürchten ihn, ducken sich vor seiner Macht. Heldenkönig nennen ihn diese Toren, sehen den großen König in ihm, welch ein Irrtum! Ein Staufer ist er, dieser Nachfahre von Heinrich dem Grausamen und ein durch nichts legitimierter Herrscher." Adelheid konnte jetzt nicht länger an sich halten, nun war sie gefordert, die doch so stolz darauf war, eine Hohenstaufen zu sein. „Nonna, Du hast die Staufer immer schlecht gemacht, und dann hast Du selbst einen geheiratet, ganz aus freien Stücken!!!"

Bevor die Ex-Königin noch darauf antworten konnte, ging Friedrich auf seine Großmutter zu, er zwang die Erschreckte zum Zurückweichen. Ihre Leibwächter waren unschlüssig, offenkundig fürchteten sie Friedrich und Theodemir, die hart und entschlossen wirkten. Nun diktierte der Herrscher von Thule, verbreitete die Aura der Macht und Unbeugsamkeit. „Frau Königin, Ihr werdet uns jetzt im Schloss einen würdigen Platz anbieten und uns so empfangen, wie es dem König von Thule und den Königlichen Hoheiten gebührt, die mit ihm gekommen sind!" Zum Frösteln kalt kamen die Worte über seine Lippen, trotz der Hitze, die bleiern auf der Treppe lastete. Verstärkt wurde es noch indem seine vier Leibwächter und die sechs Paladine vorrückten, allesamt bewaffnet. Dies irritierte die alte Königin, Friedrichs Unerbittlichkeit schüchterte sie ein. Ihrem Gefolge sah man die Angst an. Die Saat der Lügen ging nun auf, jahrelang hatte Königin Greta das Schreckgespenst Friedrich Teja in ihrem Denken verankert und es anderen vermittelt.

Die alte Königin führte die unwillkommenen Gäste durch das Schloss auf die Terrasse. Vor ihnen breitete sich ein wunderschöner ansteigender Garten aus, der sich gen Westen erstreckte. Sie „bat“ die Verwandten unter der von Thuleblumen eingesponnenen lichten Pergola Platz zu nehmen. Mägde brachten Fruchtsaft und Gebäck, sie waren eingeschüchtert und froh sich wieder zurückziehen zu können. Friedrich ergriff die beiden Saftkrüge und schüttete deren Inhalt in den Brunnen, mit dessen Wasserstrahl füllte er sie. Amala wunderte es, warum machte ihr Mann das? „Du fürchtest wohl vergiftet zu werden“, höhnte die alte Dame. „Allerdings, an Versuchen dazu hat es ja nicht gemangelt. Oder wollt Ihr bestreiten das üble Treiben des Berengar gebilligt und mit Spenden unterstützt zu haben, Frau Königin? Berengar hat dies beschworen in der Stunde seines Todes, denn er wollte reuig vor den ewigen Richter treten!“ Diese Anklage ihres Enkels versetzte die alte Königin in Unruhe. Nur zu gut wusste sie, was dieser Anwurf vor Zeugen bedeutete: Hochverrat und Verschwörung gegen den Herrscher. Damit stand er im Raum, ausgesagt vom Obersten Richter Thules. Was würde sie darauf erwidern, denn davon hing nun für sie ihr weiteres Schicksal ab.

„Friedrich, solche Ungeheuerlichkeiten habe ich nie unterstützt, dies hätte ich niemals zugelassen, denn Du bist mein Enkel. Für die Kirche, das gebe ich zu, da habe ich viel gespendet, ich war längst schon heimlich zum Katholischen Glauben übergetreten, den Du so erbittert verfolgt hast.“ König Friedrich schaute seine Großmutter lange an, so als wolle er ihr auf den Grund ihrer Seele schauen. Sie hielt diesem Blick stand, obwohl es ihr dabei sichtlich unbehaglich wurde. Er nickte mit dem Kopf, fasste sich ans Kinn und äußerte sich dann. „Ich nehme es Euch ab, Ihr wolltet das heimtückische Morden nicht. Selbst wenn ihr davon gewusst hättet, was nicht der Fall war, wäre es auch Euch nicht möglich gewesen es zu verhindern. Mit Giftmördern tun sich selbst die Mächtigsten schwer, ganz verhindern können auch sie deren feiges Handeln nicht. Eines, Frau Königin, kann ich Euch nicht glauben, nämlich von deren Machenschaften keine Ahnung gehabt zu haben!“ Im Gegensatz zu seiner Großmutter vermied der König das vertraute Du, er blieb bewusst distanziert.

Stolz richtete sich Königin Greta auf: „Friedrich, mein Gewährsmann, der fromme Domprobst Gebhardus war für mich jederzeit glaubwürdig, er hat mir anderes berichtet.“ Friedrich schüttelte resigniert sein Haupt und blickte sie erneut lange an. „Dass Ihr, meine Großmutter, Euch als Königin von Thule lediglich auf eine Quelle abgestützt habt, das ist unglaublich fahrlässig und auch höchst naiv. Diese angeblich so frommen Herrschaften haben Euch manipuliert, mit Euch und Eurem Machtanspruch gespielt und Euch gegen mich in Stellung gebracht. Ihr habt denen geglaubt, die Euren Gemahl vergiftet, Euren Sohn und Eure Schwiegertochter gemordet haben. Sie haben auch mich nicht verschont, doch fromme und heilkundige Geistliche konnten im letzten Augenblick meinen Tod verhindern. Eure vertrauensselige Gutgläubigkeit ist unfasslich und bitter!“ Der König hatte immer gequälter und tonloser gesprochen. Er wollte seiner Großmutter gerecht werden, war aber nicht frei von Argwohn, was seiner mit ihm leidenden Gemahlin nicht verborgen blieb. Adelheid und Theodemir waren diesem Dialog aufgewühlt gefolgt, sie fühlten mit ihrem Bruder.

Es sah so aus als wolle Friedrich es dabei bewenden lassen, doch damit hatten sich seine Nächsten getäuscht. „Großmutter, glaubt Ihr denn ernsthaft, ich hätte diese verzweifelte Suche nach den Mördern meiner geliebten Eltern aus reiner Mordlust betrieben und mich erbitterten Kämpfen ausgesetzt, die mehr als einmal auf Messers Schneide standen? Eindeutige Beweise hielt ich in Händen, unantastbare Nachweise bewegten mich dazu. Weitere Beweise habe ich mir verschafft, in einem öffentlichen Prozess den Urheber überführt und seiner gerechten Strafe überantwortet. Eure Cousins Herwig und Hugo, mutterseitig Hohenberger, waren die Anführer jener, die Sturz und Ende der Staufer beabsichtigten. Herwig, den Ihr Euch als kommenden Herzog von Fjordland wünschtet, habe ich beim mörderischen Überfall auf meine Eltern erkannt. Im großen Prozess ist es herausgekommen: Ich habe als Zwölfjähriger das entsetzliche Morden sehr wohl richtig mitbekommen und wiedergegeben. Ich war damals zwar tief verstört und erschüttert gewesen, aber nicht verwirrt, so wie es Ihr allen glauben machen wolltet. Mehrere Täter waren geständig, haben meine Sicht vollumfänglich bestätigt. Die Aussage eines jungen Fischers, der das Geschehen aus seinem Versteck heraus mitansehen musste, überzeugte das Gericht. Den Giftanschlag auf Großvater gestand der Täter ein und gab ihn genau wieder. Auch er war ein angeblich frommer Geistlicher, nämlich Engelbert, der Kustos von St. Michael. Der von seiner Kirche verstoßene Erzbischof Berengar hat vor dem Auditorium im Gerichtssaal zugegeben, der Anstifter all dieser Verbrechen gewesen zu sein. Das, Frau Großmutter, sind die bewiesenen

Fakten. Aber für Euch bin ich der Mörder, Gottesfeind und Gewaltherrscher. Ich soll es sein, und nicht jene, die gemordet und sich missbräuchlich auf Gott bezogen haben, nicht diese machtgierigen Verbrecher, die eine Theokratie auf Gewalt und Terror aufrichten wollten. Und Ihr habt mitgespielt, Ihr wolltet herrschen und die Hohenberger so doch noch an die Macht bringen. So viel Naivität grenzt für mich an Dummheit!" König Friedrich blickte in die Ferne, er schien sehr weit weg zu sein, verletzt und verkannt, er, dem doch Gerechtigkeit über alles ging.

Irgendwie ungläubig schaute Greta den König an, sie schien durch das, was sie nun – vermutlich erstmals – erfahren musste, verunsichert zu sein. Bevor sie sich zu einer Antwort aufraffen konnte, gab Friedrich seinen Leibwächtern ein Signal. Sie verstanden ihren Herrn ohne Worte und folgten nun wie alle anderen Friedrichs Blicken. Ein Geistlicher hastete den weitläufigen Garten hoch und hatte wohl vor, diesen oben wieder zu verlassen. Königin Greta erschrak und wollte den Leibwächtern des Königs wehren, doch die waren schon auf dem Weg. Bald darauf brachten die Flinken einen vollbärtigen Geistlichen vor ihren Herrscher. Vergeblich war dessen versuchte Flucht, gegen den schnellen Ibrahim besaß er keine Chance. „Schert ihm den Bart, ich habe einen bestimmten Verdacht. Besonders vorsichtig braucht Ihr dabei nicht zu verfahren", ordnete der König an. Mit jedem Schnitt der scharfen Messer fielen grauschwarze Barthaare zu Boden. Warum mussten sie dies tun, was bezweckte Friedrich damit? Das Rätsel löste sich alsbald, der Gefangene entpuppte sich als der schon lange gesuchte ehemalige Probst des Katholischen Doms St. Marien in Theodericia. Gebhardus von Kaltbach, der Anstifter des versuchten Mordes am König und am Nuntius des Papstes stand nun gebunden vor den unwillkommenen Gästen. Seine braunen Knopfaugen flackerten unruhig, mühsam bezwang er seine Angst. Er wusste nur zu genau welches Schicksal ihn erwartete.

Doch zuerst musste er das Verhör durch den König bestehen, und er leugnete nicht. Gebhardus hatte mit dem Leben abgeschlossen, er ging wohl schon länger davon aus eines Tages entdeckt und gestellt zu werden. Was würde er den gespannt Lauschenden preisgeben? Gebhardus gab zu, er, der damalige Beichtvater von Königin Greta habe sie bereits in Theodericia belogen. „Die Königliche Hoheit hat es mir leicht gemacht, sie hat mir alles ungeprüft abgenommen. Ich konnte ihre Gläubigkeit ausnützen und sie in unserem Sinne beeinflussen. Vieles wusste ich aus der Beichte und habe es meinem Herrn dem Erzbischof Berengar weitergeben. Königin Greta war die weiche Stelle der ansonsten geschlossenen Staufischen Familie. Von ihr erfuhren wir überaus Nützliches, dabei etwa die Essgewohnheiten von König Manfred Theoderich, was dem Herrscher dann zum Verhängnis wurde. Eure Majestät, ich habe Eure Großmutter gegen Euch aufgebracht, was wegen ihrer Animosität Euch gegenüber leicht war. Manche Eurer Aussagen habe ich aus dem Zusammenhang genommen, aber auch Falsches berichtet. Dadurch hatte ich Macht und Einfluss und die Gunst des Erzbischofs, der drauf und dran war sich zum Herrscher von Thule aufzuschwingen."

„Gebhardus von Kaltbach, was wäre denn aus Königin Greta geworden, wenn Ihr Euer Ziel erreicht hättet?" So als würde ihn das alles nicht berühren, antwortete der Geistliche. „Sie hätte nicht überleben dürfen, denn sie war durch Heirat zur Stauferin geworden, wie alle Eure Verwandten." Auf Amala wirkte der Geistliche fast anmaßend, vielleicht war es aber nur die Erleichterung, sich nicht länger verstecken zu müssen. Vermutlich hatte ihm die Angst vor der Enttarnung mehr zugesetzt als diese selbst. Der König stellte ihm noch weitere Fragen, die Gebhardus ohne Ausflüchte beantwortete. Da der König den Gerichten nicht vorgreifen wollte, ließ er von dem Gefangenen ab und befahl ihn aufs Schiff zu bringen. In Theodericia würde er vor Gericht gestellt werden, ihn erwartete die Höchststrafe, und der König würde ihn nicht begnadigen.

Königin Greta verhielt sich so, als sei sie in einem bösen Traum gefangen, sie war nun völlig verwirrt. Alles, was über viele Jahre hinweg ihre Wahrnehmung bestimmt hatte, lag nun in Trümmern. War ihr Enkel also doch nicht der, den sie immer in ihm sehen wollte. Sie rang sichtlich mit ihrer Fassung. Amala tat sie leid, sie hätte ihres Mannes Großmutter gerne in die Arme genommen. Der König ahnte dies und wehrte ihr. Weidete er sich an der Erschütterung seiner Großmutter? Oder genoss er die Niederlage seiner ewigen Feindin? „Frau Großmutter, nun habt Ihr es selbst vernommen, nicht aus meinem Munde, denn mir glaubt Ihr ja nichts. Dabei habe ich Euch nie belogen; doch gekränkt habe ich Euch und vielleicht auch gedemütigt. Dies tut mir leid, das ist mein Anteil an dieser Feindschaft. Aber für alles andere müsst Ihr selbst einstehen. Der himmlische Richter wird uns beide dafür zur Rechenschaft ziehen. Mir steht es nicht zu über Euch zu befinden, und auch sonst Niemandem.“ Friedrichs Stimme drückte die ganze Resignation aus, die seiner Großmutter starre Haltung in ihm verstärkt hatte.

Amala hatte ihm Unrecht getan, er triumphierte nicht, auch ihm war an einer Aussöhnung gelegen. Die alte Königin hatte sich wieder gefasst, ihre versteinerten Züge ließen aber erkennen wie wenig sie ihres Friedrichs Worte berührten. Kein Laut kam aus ihrem zusammengekniffenen Mund. War sie aus dem Albtraum noch nicht erwacht oder wollte sie sich durch Schweigen entziehen? Letzteres schien zuzutreffen, was ihre beiden Enkel erneut gegen sie aufbrachte. Weder Amala noch Theodemir konnten das Verhalten der alten Königin verstehen. Was war sie nur für eine kalte Frau?

Friedrich ergriff wieder das Wort, er war zwar verbittert aber nicht resigniert. „Großmutter, dies war die letzte Gelegenheit Euch mit mir zu versöhnen, aber Ihr habt sie vertan. Jetzt will ich wenigstens meinen Groll auf Euch loswerden, und niemand wird mich daran hindern. Es war kein gutes Spiel, das Ihr mit mir getrieben habt. Als die geliebten Eltern tot vor mir gelegen haben, da wusste ich eines: Ich musste unter allen Umständen vermeiden Euch in irgendeiner Weise ausgeliefert zu sein. Darum bin ich nicht zu Nonno und Euch geflohen, sondern zu Oheim Konrad, der mich liebte und schützte. Mir, dem schwachen Zwölfjährigen, war eines klar, meine Flucht nach Castel St. Michael hätte Eure Regentschaft bedeutet. Hinter Eurem Rücken hätten sie Adelheid und mich beseitigt, denn die eigentliche Macht hätten dann Berengar, Gebhardus und Hugo ausgeübt. Im günstigsten Fall für Euch hätten diese Euch repräsentieren lassen, stets im Irrglauben Ihr hättet das Sagen. Dies wäre die endgültige Auslöschung der Staufer gewesen, hätte aber nicht die Herrschaft der Hohenberger bedeutet sondern jene der machtlüsternen Verbrecher. Zum Herrschen gehört mehr als Hochmut und Gepränge, was sich Euch nie erschlossen hat. Dazu gehört auch, dass der König sein ihm anvertrautes Volk achtet, auch die Bauern und Handwerker, von denen alle leben. Doch dies passt nicht zur Vorstellungswelt der Hohenberger. Sie dienten nie, sie bedienten sich nur. Ihren Untertanen haben sie die Lebenslast nicht erleichtert, sondern ihnen noch zusätzlich Bürde auf Bürde auferlegt. Darum waren weder der eitle eiskalte Herwig, noch der brutale Hugo dazu geeignet Herzog von Fjordland zu werden, was ja vom Geblüt her möglich gewesen wäre. Statt ihrer wurde Graf Beowulf der Herzog, ein treuer

Freund meines Vaters und mir ein selbstloser Berater. Er kann mit Menschen umgehen und nicht nur mit dem Schwert. Beowulf von Starkbrunn war stets loyal zu uns Staufern. Daher habe ich ihn zum Herzog erhoben, trotz Nonnos von Euch initiierten Einspruchs, denn mir war sehr wohl bewusst, dass dies das Ende der Hohenberger Träume war.

Von Nonno wusste ich auch, dass Ihr ihn nie geliebt habt und ihn nur geheiratet habt, um Königin zu werden. Er hat darunter gelitten, denn er liebte Euch dessen ungeachtet. Ich, der kleine Junge, musste meinen starken Nonno mit kindlicher Zuneigung trösten, verschaffte ihm mit meiner Liebe kleine Lichtblicke in seinem freudlosen Dasein. Euch hat unsere Verbundenheit gestört, nicht aus Eifersucht, sondern weil Ihr darin eine Gefahr für Eure Macht gewittert habt.“ Friedrichs Antlitz zeigte deutlich seinen Grimm und seine Ablehnung. Diese Abrechnung schien ihm gut zu tun, verschaffte ihm ein Stück inneren Frieden.

Der König hatte sich erhoben und stellte sich direkt vor seine Großmutter, die seine Philippika unbewegt über sich ergehen ließ. Friedrich war sich jedoch gewiss, dass sie jedes seiner Worte erreichte, daher fuhr er fort. „Meinen Vater, der weder blond noch von Hohenberger Art war, habt Ihr ebenso abgelehnt und meine so herzliche Mutter wurde von Euch wegen ihrer Nähe zu den Menschen getadelt. An ihr, der Löwenbergerin habt Ihr den alten Zank der Geschlechter ausgetragen und sie Eure Macht spüren lassen. So klein war ich damals nicht, um dies nicht mitzubekommen. Meine Mutter wollte das Gesicht wahren und den Frieden auch. Anstelle meiner Eltern habe ich dann gekämpft, ich, der kleine dunkelhaarige Staufer, der Urenkel dessen, der die Ambitionen der Hohenberger ausgelöscht hatte. Dafür habt Ihr mich gehasst und wolltet mit allen Mitteln verhindern, dass ich, der freche Friedrich der Herrscher wurde. Das Schicksal hat uns zu Feinden gemacht, aber auch Eure Gier nach Macht. Darum hatte ich nie eine Chance mich mit Euch zu versöhnen, obwohl ich oft die Hand ausgestreckt habe. Selbst Adelheid habt Ihr schon als ganz kleines Kind abgelehnt, obwohl sie doch ein so liebes und Liebe suchendes Mädchen war. Wie gerne hätte sie eine liebevolle und warmherzige Großmutter gehabt und nicht eine kalte zurückstoßende. Ich musste ihr Vater, Mutter und die Großeltern ersetzen. Euch war diese innige Geschwisterliebe stets suspekt, spracht sogar noch von ungesunder Verbundenheit. Es war kein Wunder, dass Adelheid bedingungslos zu mir stand, was Euch auch störte.“

Friedrich begnügte sich nicht mit diesen Anwürfen, er musste seinen Kropf leeren und all das loswerden, was ihm einst das Leben vergällt hatte. „Meine Freunde Theodemir, immerhin der Sohn eines Herzogs und einer Herzogtochter, und Bodo, nach Euren verächtlichen Worten das arme Dorfgrafenkind, wolltet Ihr vom Hof verbannt wissen. Doch dies gelang Euch nicht, die Liebe Eures Sohnes zu mir, sie war viel stärker als die Bindung an seine ihn ablehnende Mutter. Alles habe ich mitbekommen, es war oft mehr als ein kleiner Junge ertragen konnte. Ihr habt Euch in Eurer Verblendung dann noch gewundert, dass ich Euch aus dem Weg gegangen bin und Euch Streiche gespielt habe? Aber ich entspringe der Hölle, ich war das kleine Scheusal, der entartete, verzogene Prinz." Friedrich hatte seiner Qual Luft verschafft, hatte versucht die erstarrte, zu Stein gewordene Fassade zu zerbrechen. Es schien vergebens zu sein, sie verzog höhnisch das Gesicht, oder war es doch eher ihre Betroffenheit, die sie zu überspielen versuchte?

Adelheid hielt nicht länger an sich, all ihre aufgestaute Wut brach sich Bahn. „Nonna, Du bist aus Stein, hast kein Herz, nur Hochmut und Anspruch. Alles was Friedrich gesagt hat ist richtig, vieles wusste ich nicht, er hat Dich sogar noch in Schutz genommen. Wie Du meinen Bruder siehst ist ungeheuerlich, so als hätte er Dein Leben zerstört, Dich und Deine üble Sippschaft um alles gebracht. Und noch etwas muss ich Dir sagen: Ein Kind hasst nicht, ein Kind wird von menschlicher Kälte abgestoßen und leidet darunter. Nun bist Du alt geworden und solltest eigentlich die Achtung genießen, die dem Alter gebührt. Ich war damals viel zu klein um zu begreifen, was vor sich ging, stand aber immer zu meinem geliebten Bruder, nun weiß ich, es war völlig zu Recht. Sein Edelmut, sein Herrscherglanz und seine Autorität gründen sich auf seine außergewöhnliche Persönlichkeit. Vielleicht haben ihn Deine Ablehnung und der Schrecken ob des miterlebten Mordes an unseren Eltern mit dazu geformt, dann hättest Du doch einen Nutzen gehabt. Das Scheusal, das Du meinem Bruder zugewiesen hast, das bist Du selbst, Du hast versucht, es schon früh dem erahnten Gegenpart anzuhängen. Nun bin auch ich fertig mit Dir! Im Jenseits wirst Du erkennen müssen, wer Du wirklich bist. Ich wünsche Dir nichts Schlechtes, aber Mitgefühl in Deiner letzten Stunde, das erwarte nicht!" So hatte Amala ihre Freundin und Schwägerin noch nicht erlebt. Die sonst so ausgeglichene und verständnisvolle Prinzessin war außer sich.

Als Amala noch etwas sagen wollte, hielt sie der König zurück. „Damit ist alles gesagt, lasst uns nun gehen, allerdings nicht ohne unseres Großvaters an jenem Ort zu gedenken, an dem er versuchte seine Pein zu lindern.“ Die Vier gingen in den Garten hinaus, der in Terrassen aufstieg. Trotz ihrer Erschütterung blieb der Königin dessen Schönheit nicht verborgen. Sie hatte sich bei ihrem Gemahl eingehakt, auch Theodemir ging ganz nahe an Adelheids Seite. Ihnen folgten je zwei Diener und Wächter der alten Königin. Einige Zeit später entfernte sich einer von ihnen, wohl um seiner Herrin vom Tun der Gäste zu berichten. Diese sprachen erst wieder als sie oben am Badehaus ankamen, das den Nordteil eines Wasserbeckens umfasste. Das mit heilkräftigem Wasser gefüllte Bassin dampfte, ein eingefasster Bach führte es ihm zu. Zwei Kanäle verhinderten dessen Überlaufen. Drei Kaskaden beschleunigten ihren weiteren Lauf durch den Garten, den ein Bassin vor dem Schlossparterre endete. Dessen Abfluss führte aus dem Garten heraus und stürzte sich alsbald den Abhang hinunter.

Das Badehaus war gestaltet wie eine römische Villa, Säulen trugen das flache Dach, Skulpturen und blühende Pflanzen in edlen Tongefäßen schmückten den Hof. Sie zierten auch die Ränder des Badebeckens und der Kanäle. Diese Idylle mit ihren Orangen- und Zitronenbüschen, mit Oleander und anderen südlichen Blumen, erinnerten Friedrich jedes Mal an Italien. Der König und seine Lieben knieten im Hof nieder und beteten für das Seelenheil des verstorbenen Großvaters. Tückisches Gift nahm dem König seine Lebenskraft und zwang ihn zum Verzicht auf das hohe Amt des Herrschers. Hier hatte er dahinsiechend seine letzten qualvollen Jahre zugebracht. Beinahe wäre ihm sein Enkel, der eine kräftige Dosis desselben Gifts abbekommen hatte, jung in den Tod nachgefolgt.

Vom Eingang des Badehauses aus betrachtet lag das Schloss in seiner Pracht vor ihnen. Heiter wirkte das zweistöckige Gebäude, zwei Winkelbauten hielten den Mittelbau, der in die Terrasse hineinragte. Sein ausladendes Dach bot genügend Schutz vor der Sonne. Im Hintergrund lag Castel St. Michael, das der kleinen Stadt den Namen gegeben hatte. Trutzig zeigte sich die Westseite, die von zwei Türmen geprägt wurde. Davor lag ein Hügelrücken, der Schloss Königsbrunn und dessen Garten zum Meer hin abschirmte. Dieses letzte Refugium des Königspaares Manfred und Greta war eine Oase auf dieser ansonsten kargen Insel.

Anfangs wohnte das Paar im Castel, während daneben Schloss und Garten entstanden. Täglich wurde der König in einer Sänfte zu den warmen Quellen getragen, die ihm etwas Linderung verschafften. Als erstes Bauwerk wurde das Badehaus fertiggestellt, damit der König dort länger verweilen konnte. Die drei heißen Quellen waren von hier aus nur wenige Schritte entfernt und vom Badehaus zugänglich. Sie vermischten sich nach kurzem Lauf mit dem aus den Bergen kommenden Schlossbach zu einem angenehm temperierten Badewasser. Das ganze Anwesen hatte König Manfred seinem Enkelsohn Friedrich vermacht, seine Gemahlin Greta hatte hier lediglich das Wohnrecht.

Um die Gartenanlage wieder verlassen zu können mussten die Vier die Schlossterrasse wieder passieren. Dort saß die alte Königin noch immer wie eine Statue in ihrem Sessel. Trotz des vorherigen Streites wollte sich der König noch verabschieden. Greta zeigte sich jetzt unerwartet gesprächig: „Friedrich, meine Leute haben mir berichtet, Du hast oben im Badehaus für Deinen Großvater gebetet. Das hätte ich nie und nimmer von Dir erwartet, den die Kirche als Antichristen angesehen hat. Dafür danke ich Dir, denn das Seelenleben Deines Großvaters ist mir nicht gleichgültig. Ich habe ihn zwar nicht geliebt, aber geachtet, er war ein guter Ehemann und hat mich nie betrogen. Über das, was Du und Adelheid mir vorgeworfen habt, da muss ich noch einige Zeit nachdenken. Es schmerzt mich zutiefst, mehr noch als der Betrug von Gebhardus. Ich werde Dir schreiben, Adelheid, es ist auch für Dich gedacht. Jetzt etwas dazu zu sagen bin ich nicht imstande. Zu lange hat das Andere meine Seele geprägt und auch mein Sinnen. Hier habe ich etwas für Dich Friedrich. Dein Großvater hat diese Aufzeichnungen für Dich angefertigt und eigenhändig gesiegelt. Ich kenne ihren Inhalt nicht und übergebe sie Dir unverletzt. Nun – es fällt mir nicht leicht es auszusprechen, aber mich drängt es dazu – habt meinen Dank für Euren Besuch. Ich wünsche Euch allen Gottes Segen.“ Ihr Gesicht hatte sich entspannt und sie wirkte auf die Gäste erleichtert.

Wie würden Friedrich und Adelheid reagieren, die sie beide so sehr gekränkt hatte? „Nonna“, begann der Enkelsohn, „es ist sicher unendlich schwer sich von dem Bild zu lösen, das man so lange und tief verinnerlicht hat, und das durch missgünstige Zuträger immer wieder bekräftigt wurde. Ich wollte von Dir keine Unterwerfung und auch kein Beidrehen. Ich wünsche Dir, dass Du Deinen inneren Frieden findest und

Adelheid wie mich so sehen kannst, wie wir wirklich sind. Nimm es mit auf die letzte Reise, lebe wohl und alles Gute." Er reichte ihr die Hand und Greta gab ihm die Ihre. Ein kleines Leuchten huschte über ihr Gesicht, er hatte sie Nonna genannt und sie geduzt. Adelheid wünschte ihrer Großmutter noch ein langes, zufriedenes Leben. Ihr schlossen sich Amala und Theodemir an, alle reichten ihr die Hände zum Abschied. Sie ließen zwar keine ausgesöhnte, aber doch eine nachdenkliche Königin zurück, deren anfängliche Abwehr sich aufgelöst hatte. Sie geleitete ihren Besuch sogar noch bis zum Treppenabgang und blieb dort solange stehen, bis der mächtige Torturm die Gäste aufgenommen hatte.

Die hohen Herrschaften gingen eine von Statuen flankierte und zwischen zwei Gebäuden liegende Treppe hinunter. In einem von diesen lebten die Bediensteten der alten Königin, die noch immer so auftrat, als wäre König Manfred I. noch am Leben. Es folgte ein weiteres Tor und danach traten sie durch das von zwei mächtigen Marmorlöwen flankierte Eingangstor in das Städtchen hinaus. Nach wenigen Schritten standen sie auf dem zentralen Platz, der wie in Thule üblich den Namen des Gründerkönigs Indulf trug. Drei Gebäude prägten ihn, vier Brunnen und ein Denkmal. Markthalle, Kirche und Brunnhaus wie ein Arkadengang blickten auf das in der Mitte stehende Denkmal von König Manfred I., das dessen Enkel Friedrich der Stadt gestiftet hatte.

„Der Bildhauer hat unseren Nonno gut getroffen", so der König zu seiner Schwester. „So war er, nach außen eine hoheitsvolle Majestät und im kleinen Kreis ein humorvoller Mensch. Das seinen Mund umspielende Lächeln erlebte ich oft, wenn wir alleine waren. Der Bildhauer hatte den Auftrag ihn so wiederzugeben." Adelheid und Theodemir staunten, denn beide hatten ihn in dem dargestellten Alter nicht mehr erlebt. Ihre Erinnerungen waren überlagert worden von dem Anblick des toten Königs. Da lag er entspannt im Sarg, er hatte ausgelitten und war darüber alt geworden. Für Theodemir war er stets die erhabene Majestät geblieben, die er als Page angestaunt hatte. Er konnte es damals nicht fassen, wie Friedrich mit ihm so von gleich zu gleich umging. Einen großen Bogen hatte Theodemir auch um Königin Greta gemacht, der alle am Hof aus dem Weg gingen, nur einer nicht, Friedrich. Er hatte sie weder gefürchtet, noch ernst genommen und sie so entwaffnet. Dies hatte Friedrichs Vater König Manfred II. mächtig imponiert, dem damaligen Herrn des Pagen Theodemir.

Unter den Arkaden entdeckte der Herrscher einige freie Tische, die der Brunnenwirt vor sein Lokal gestellt hatte. „Meine Lieben, lasst uns dort Platz nehmen und etwas essen." „Fried, Du bist der König! Kannst Du Dich da so einfach hinsetzen wie ein Bürger?", intervenierte die Prinzessin. Ganz locker entgegnete er ihr: „Ach, Schwesterlein, dies mache ich doch nicht zum ersten Mal, und hat es meine Autorität je untergraben?" Es sah so aus, als hätte ihn der Abschied von seiner Großmutter befreit, obwohl es zu keiner Versöhnung gekommen war. Die anderen Gäste wussten nicht wie ihnen geschah, eilfertig wollten sie ihre Tische räumen, doch der König wehrte ihnen. „Meine Getreuen, lasst Euch durch uns nicht vertreiben. Wir freuen uns, wenn Ihr um uns seid." Der Wirt, der auch nicht wusste, wie er sich verhalten sollte, näherte sich mit tiefen Verbeugungen und blieb unsicher vor den hohen Gästen stehen. Ängstlich und eingeschüchtert begegneten zuvor schon die Bewohner und die Bediensteten im Schloss dem König. Sie alle hatten sich möglichst verdrückt, und Friedrich meinte, es war aus Furcht und nicht aus Schüchternheit. „Mein Ruf muss hier geradezu Panik auslösend sein", murmelte er. Sie orderten Fisch und Wein und aßen mit Genuss. Friedrich verwickelte den Wirt in ein Gespräch und erfuhr dabei von der Unzufriedenheit der Menschen. Der herbeizitierte Schultheiß bestätigte diese Aussagen, er berichtete auch von der drückenden Steuererhöhung, die die Menschen plagte. Der Herrscher wollte der Sache augenblicklich nachgehen und beauftragte seine Paladine, den Vogt herzuholen.

Es dauerte nicht lange, bis einer der Paladine mit der grausigen Nachricht zurückkam: „Majestät, der Vogt Richard von Kaltbach und sein Kämmerer haben sich in ihrer Kanzlei erhängt. Der Vogt hat ein Schreiben hinterlassen, dessen Tinte noch nicht lange trocken ist. Jemand muss ihm von Eurer Nachfrage berichtet haben." Wieder richtete sich der Herrscher an das unterwürfig vor ihm stehende Stadtoberhaupt. „Seit wann gibt es den Vogt hier?" „Eure hohe Majestät, als der Vogt Martin Greifenau vor drei Monaten plötzlich starb, setzte die Königliche Hoheit diesen Vogt ein." Friedrichs Gesicht spiegelte nun seinen Ärger. Seine Großmutter Königin Greta hatte also unverfroren in seine Kompetenz als Herrscher und Gaugraf eingegriffen. An diesem Punkt war mit ihm nicht zu spaßen. Würde er wie üblich verfahren, müsste der Ex-Königin der Prozess gemacht werden. Das damit einhergehende Aufsehen und dessen

Ergebnis waren nicht auszudenken! Er dankte also dem Schultheiß und bat ihn, sich noch einige Augenblicke zu gedulden.

In diesem abgelegenen Teil Thules hatte sich ein Staat im Staate gebildet. Hier hatte sich die alte Königin über alle Regeln hinweggesetzt. Sie gab dem Bruder ihres Beichtvaters ohne Rücksprache mit dem König das Amt des Vogtes. Das war Hochverrat und in Thule todeswürdig. Friedrich befand sich in einem bösen Dilemma, würde er nach Recht und Gesetz vorgehen, wäre es um seine Großmutter geschehen. Dies wollte er unter keinen Umständen, was er in der Runde auch so sagte. Theodemir schlug vor, alles auf deren Verwirrung und den üblen Einfluss des Gebhardus zurückzuführen. Friedrich gab zu bedenken: „Mein Bruder, das würde bedeuten sie zu entmündigen und ihr einen Vormund zu setzen.“ „Fried, siehst Du einen anderen Ausweg aus diesem Dilemma, ich sehe keinen?“ Der König schüttelte müde das Haupt: „Leider nicht, so sei es denn. Der künftige Vogt soll dies behutsam mitübernehmen. Außerdem muss er die unrechtmäßig eingeforderten Steuern zurückzahlen und alle anderen Erlasse rückgängig machen. Kanzler Rainald soll diese mir unerklärliche Sache untersuchen lassen.“

Der Herrscher winkte den Schultheiß wieder zu sich her und gab ihm einige Informationen. Er fragte ihn, warum er sich nicht direkt an das Kanzleramt gewendet hatte und erfuhr, dass er und der Pfarrer genau dies getan hatten. Eine Antwort hatten sie jedoch nicht bekommen. Beider Aussagen bewegten den König zu einer spontanen Aktion. Der Herrscher und mit ihm Amala, Adelheid und Theodemir sowie die beiden Würdenträger gingen über den Platz zur Kirche. Der Platz hatte sich mittlerweile belebt. Zwischen den sich tief verbeugenden und erwartungsvollen Menschen tat sich eine Gasse auf. Alle waren gespannt, was ihr Herrscher verkünden würde. Seine Befragung von Wirt, Schultheiß und Pfarrer war ihnen nicht entgangen, und auch nicht der Suizid des Vogts.

Bevor sie die Kirche erreicht hatten, eilte ein Paladin herbei, mit einem Dokument in der Hand. Er reichte es seinem Herrn, der überflog es und gab es an seinen Schwager weiter. „Fried, das ist eine gut gemachte Fälschung, selbst das Königssiegel ist echt und die Unterschrift täuschend ähnlich.“ So sahen es auch Königin und Prinzessin. Doch die geheime Kennung fehlte, die auch sie kannten. „Meine Lieben, das ist eine böse

Überraschung. In meiner nächsten Umgebung müssen nach wie vor Fälscher ihr Unwesen treiben. Uns erwarten daheim unangenehme Recherchen und viel Arbeit für die Gerichte.“ Sie standen nun auf der breiten obersten Treppe des Kircheneingangs.

Friedrich hob die Hand, die Geste des Herrschers wirkte auch hier, es wurde still. Der König erhob seine Stimme: „Meine Getreuen, wir kamen nur hierher um Königin Greta aufzusuchen. Doch nun erfahre ich von Ereignissen, die mich als Euren Herrscher fordern. Ich muss mich erst einmal bei Euch entschuldigen, denn ich habe mich zu wenig um Euch gekümmert. So war es möglich, dass ohne mein Wissen und sogar in meinem Namen Entscheidungen getroffen wurden, die mich zutiefst empören. Soeben hat mir einer meiner Paladine eine Urkunde ausgehändigt, die er beim falschen Vogt gefunden hat. Sie trägt das Königssiegel und auch meine Unterschrift. Die Fälscher wussten aber eines nicht, alle Dokumente, die meine Unterschrift tragen, werden mit einem Geheimzeichen versehen. Seid versichert, dieses unglaubliche Vergehen wird aufgedeckt und gesühnt werden. Ich gehe von einem aus: Der Kopf dieser Verschwörung ist der Beichtvater meiner Großmutter Gebhardus von Kaltbach. Er wird seit Jahren gesucht, hat sich hier Unterschlupf verschafft bei einer alten tiefgläubigen Frau, die von ihm betrogen wurde. Das, was sie nun erfahren muss, ist Strafe genug. Der Selbstmord des falschen Vogtes Martin von Kaltbach wird ihr sehr zusetzen.

Doch nun habe ich Euch auch noch etwas Erfreuliches zu sagen. Für alle Zukunft gilt: Gesetze, Steuererlasse und Weisungen wird Euch der von mir eingesetzte neue Vogt verkünden, und sonst niemand! Ich selbst werde ihn auswählen und hier einführen. Die Steuererhöhungen, Entscheide und Erlasse sowie all das, was im letzten Vierteljahr vom Schloss oder Castel über Euch kam, sind unwirksam!“ Der König ließ den Leuten Zeit ihre Begeisterung kund zu tun, diesem Schwall aus Erleichterung und Freude, der aus ihren Kehlen drang. Nach seiner Geste verebbte der Jubel wieder, ein lächelnder Herrscher sprach weiter: „Wenn wir Euch Freude bringen und sehen wie die Angst aus Euren Gesichtern weicht, dann beglückt Ihr auch uns. Nun ist es an der Zeit Euch die Hohen Herrschaften vorzustellen, die mich begleiten. Es sind meine Gemahlin Königin Amala, meine Schwester Prinzessin Adelheid und mein Schwager und Blutsbruder Prinz Theodemir.“ Nun galt den Dreien der

Jubel, der die Angst vollends in Luft auflöste. Und genau diese sprach Friedrich an. „Mir ist nicht entgangen, dass Ihr Euch vor mir versteckt habt und, dass denen, die es nicht schafften, die Furcht vor mir in den Gesichtern stand. Was für ein Schreckgespenst wurde hier aufgebaut und welche Angst auslösenden Botschaften ausgestreut? Denkt darüber nach und fragt Euch wem dies genützt hat! Die Verbrecher verhinderten so, dass Ihr den Weg zu mir gesucht habt. Vier meiner unbestechlichen Paladine werden das Unrecht aufklären. Seid offen zu diesen edlen Herren, damit helft Ihr auch mir. Sie werden mir einen Vorschlag unterbreiten, wie das Unrecht gesühnt und der Schaden wieder gut gemacht werden kann. Dies benötigt ein wenig Zeit. Übt Euch in Geduld und seid versichert, hier wird ein freieres und fröhlicheres Leben einkehren. Dies bin ich auch meinem Großvater König Manfred Theoderich schuldig. Wir dürfen uns jetzt von Euch verabschieden und Euch eine gute Zeit wünschen.“ Nach dem Segen des Herrschers trat er mit den Seinen den Rückweg an.

Einen Monat später traf ein Schreiben von Königin Greta ein, so wie sie es angekündigt hatte. Darin bedauerte sie die Machenschaften von Gebhardus, aber rechtfertigte sich. Keine Zeile verlor sie zu den Vorwürfen ihrer Enkel. Sie bedauerte zwar das ungute Verhältnis zu ihren Enkeln, ließ aber keine Einsicht erkennen. Selbst zu ihrer Entmachtung, die ihr nicht entgangen sein konnte, nahm sie keine Stellung. Sie war wohl dankbar, dass der Kelch an ihr vorbei gegangen war. Friedrich war nicht enttäuscht, denn er hatte nichts anderes erwartet. Zu Amala bemerkte er: „Sie kann nicht aus ihrer Haut. Selbst wenn sie ihren Anteil am Zerwürfnis einsehen könnte, aus Stolz würde sie es nicht zugeben. Ich bin froh, dass es nicht so böse endete wie es aussah. In ihrem Fall habe ich mich mit Königsrecht über die Gesetze hinweggesetzt, aber ich weiß mich einig mit meinen Getreuen. Cara, sei Du nicht länger enttäuscht über die Starrheit meiner Großmutter. Lassen wir es dabei bewenden, hier sind uns Sterblichen Grenzen gesetzt, die wir hinnehmen müssen.“

Zum neuen Vogt wurde Pirmin, der Abt von St. Martin ernannt, der das Königspaar bei ihrer Ostlandreise beeindruckt hatte. Er stammte von einer Nachbarinsel und wollte dieses Amt gerne einige Jahre ausüben. In ihm hatte Königin Greta einen Beichtvater und die Menschen des dortigen Gaus einen kompetenten Stellvertreter des Königs. Als Friedrich ihn dort einführte durfte Fedi dabei sein. Diese Gelegenheit nutzte der König zu einem Höflichkeitsbesuch im Schloss. Friedrich erlebte seine Großmutter hinfälliger und ein wenig milder als bei seinem letzten Besuch. Ihr Urenkel, der Blondschopf Fedi gefiel ihr, sie sah in ihm keinen Staufer, obwohl er durch und durch einer war. Fedis Eindruck war weit weniger positiv, er sprach von einer alten Hexe, was ihm sein Vater nur halbherzig wehrte. Er selbst hatte ja als Kind auch keinen besseren Eindruck von seiner Großmutter gehabt.

Zuvor hatten sich König und Kanzler um die in Castel St. Michael entdeckte Fälschung gekümmert. Rainald war den Fälschern auf die Schliche gekommen als er alle überprüfen ließ, die vor der Synode dem Katholischen Glauben angehört hatten. Unter ihnen waren der Leiter des Skriptoriums der Hofkanzlei, einer seiner Stellvertreter und ein Diener, der den kranken König manchmal betreut hatte. Letzterer hatte Berengar über die Ausritte und besonderen Gewohnheiten des Königs auf dem Laufenden gehalten. Identifiziert wurden auch zwei Priester, die dem Gebhardus zugearbeitet hatten. Das Gericht verurteilte alle zum Tode durch den Strang. Der Herrscher ließ ein Exempel statuieren und begnadigte nicht einen. Im Beisein einer Menschenmenge wurden Gebhardus und seine Kumpane auf dem Arenenplatz gehängt. So kam es statt der von Königin Amala angestrebten Versöhnung zu einer Katharsis.

Königin Greta starb ein Jahr später, ohne ihre Haltung geändert zu überdenken. Mit ihr starb eines der ältesten Geschlechter Thules aus und ein falscher Stolz wurde mit begraben. Über den Tod der Großmutter gab es keine Trauer, nur Bedauern darüber, dass es so gekommen war. Die doch sonst jedem Ereignis zuwandten Theodericianer nahmen erstaunlich wenig Notiz davon. Die Kutsche mit dem schwarz verhängten Sarg wurde kaum beachtet. Königin Greta war längst vergessen und interessierte niemanden mehr. Die Beisetzung in St. Michael fand in aller Stille statt. Es wunderte nicht, dass der König keine Rede hielt. Das Schloss in Castel St. Michael wurde vom König nie genützt, es wurde zu einem Erholungsheim für kranke Kinder und Mütter umgewidmet. Es fand so eine sinnvolle Nutzung und erhielt den Bediensteten ihr Einkommen.

Amalas Versuch der Aussöhnung hatte Friedrich bei aller Enttäuschung eine Kostbarkeit eingetragen. Die Aufzeichnungen seines Großvaters verschlang er mit heißem Herzen. Bei aller Pein, die König Manfred I. seine letzten Lebensjahre vergällte, hatte er seinen Schreibern diktiert und Unschätzbares aus seiner Erinnerung wiedergegeben. Es war die Geschichte des Gotenvolkes seit der Schlacht am Vesuv, sie endete mit der Besiedlung der Insel Thule. Seine Quellen waren seine Mutter Amalara und die Großmutter Amalaberga, die Letzten des Herrscherhauses der Indulfinger. Davor hatte es nur mündliche Überlieferungen dieser Geschichte gegeben. Auch die Befreiung seines Vaters aus dem apulischen Kerker hatte er diktiert, so wie es ihm der geliebte Vater und dessen Befreier geschildert hatten.

Was Friedrich sehr berührte, war der an ihn gerichtete Brief des Großvaters.

*„Mein geliebter Enkel Friedrich, einst Prinz Sonnenschein und mein Birichino,*

*Du bist der Mensch, den ich vor allen am meisten geliebt habe. Die Stunden sind unvergessen, in denen ich mit Dir allein zusammen war. Wenn ich daran denke, dann hallt jene Zeit von Deinem Lachen, Deiner ansteckenden Fröhlichkeit in mir und bringt Freude in mein gepeinigtes Dasein. Du bist auch der Mensch, dem ich den meisten Respekt entgegenbringe. Stets war mir eines bewusst: Gott in seiner Unerforschlichkeit hat uns mit Dir einen weiteren Stupor mundi geschenkt. Du wirst dereinst zu den größten Königen unserer langen Geschichte zählen, wenn nicht gar deren Größter gewesen sein.*

*Solch ungewöhnliche Anlagen zu haben ist allerdings kein Anlass zu Stolz und Eitelkeit, es ist vielmehr Auftrag und Verpflichtung. Dich kennend weiß ich eines, Du mein geliebter Fried wirst Thule den Frieden bringen und den Thulanern ein würdiges Leben in Wohlstand möglich machen. Meine guten Gedanken begleiten Dich dabei, behüten und segnen Dich.*

*Dein Nonno Manfred Theoderich.*

Abb. 8 Castel St. Michael – Schloss, Castel und Indulfplatz

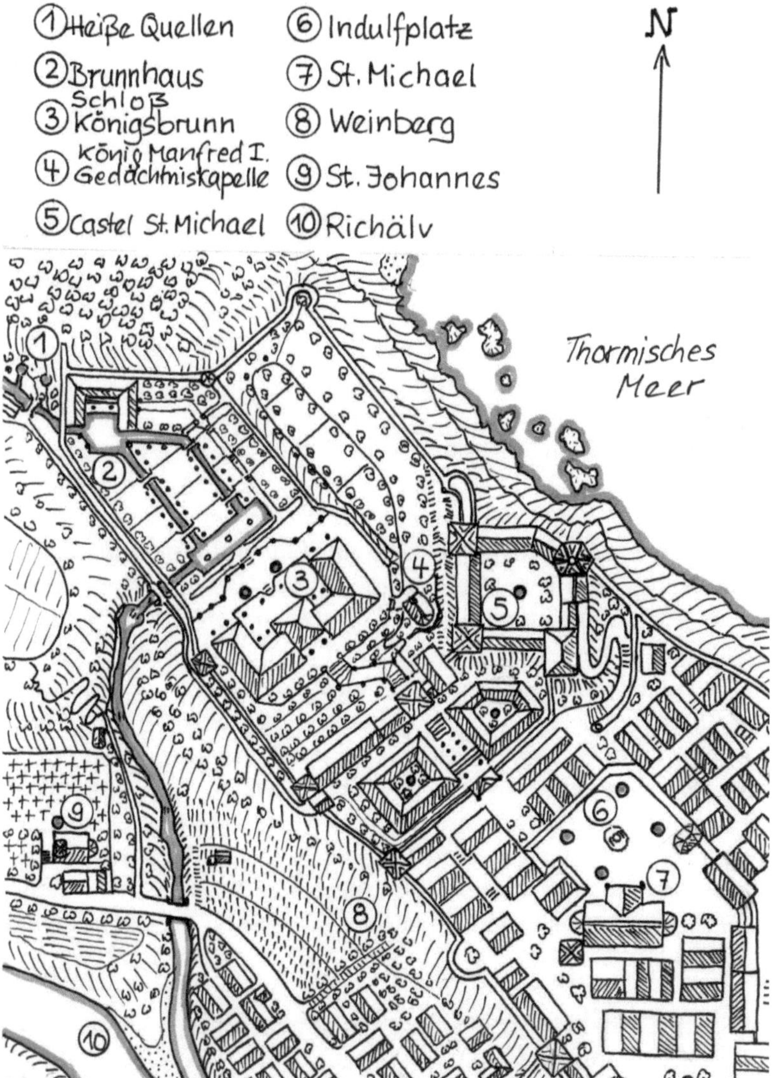

**Foris Pax**

Königin Amala und Prinzessin Adelheid wurden von Lichtzeichen darüber verständigt, dass die Flotte mit ihren Männern an Bord in einem Tag zurückkehren würde. Daraufhin waren sie samt ihren Kindern mit der Kutsche nach Hildebrandtsvik gereist. Ungeduldig erwarteten sie dort das Eintreffen ihrer Männer. Dann war es so weit, denn fern draußen im Sund tauchte die Flotte auf. Wie auf einer Perlenschnur aufgereiht kamen die Schiffe daher und hatten bereits die Sundburg passiert. Auf dem größten Schiff wehte die Königsflagge und kündete von des Herrschers Ankunft. Doch noch war unklar, ob alle die gefährliche Mission unbeschadet überstanden hatten. Bangend und hoffend erwarteten nicht nur die Angehörigen ihre Männer, die im Nordwesten Afrikas eine schwierige Aufgabe zu erfüllen hatten.

Es war nun an der Zeit, sich zum Hafen zu begeben und die Ankommenden gebührend zu empfangen. Die fünf Kinder saßen schon in einer Kutsche, in drei anderen nahmen die Mütter und Ehefrauen der „großen Familie“ Platz. Eilends ging es nun hinunter zum Hafen. Dort warteten die Würdenträger am Kai auf die Flotte. Unweit davon hüteten die Knappen die Pferde ihrer Herren. Viele Bewohner Hildebrandtsviks hatten sich eingefunden, ehrfürchtig machten sie den Kutschen Platz, sie freuten sich über das Winken der Hohen Herrschaften. Markgraf Thorismund begrüßte dort die Damen. Überraschend für die Königin hatte sich auch ihr Vater, Herzog Wittich, eingefunden. Ihm oblag es in Abwesenheit des Herrschers das Staatsschiff zu lenken. Von den Enkeln stürmisch begrüßt nahm er alle drei hoch, um sich von ihrer kindlichen Liebe beglücken zu lassen. Auf einmal kam Bewegung in die Menschenmenge, die Mastspitzen des ersten Schiffes tauchten vor der Hafeneinfahrt auf. Es war unverkennbar die Friedrich Teja, das mächtige Staatsschiff Thules.

Augenblicklich erhob sich ein lautstarker Jubel, in den auch die hohen Herrschaften einstimmten. Das Bangen um die Männer hatte ein Ende, als der Herrscher König Friedrich Teja, Prinz Theodemir, die Markgrafen Bodo, Hildebrecht und Indulf, so wie die Grafen Arnulf und Thorismund zu erkennen waren. Alle Anführer zeigten sich an Deck des Königsschiffes. Königin Amala hatte erst einmal nur Augen für den Einen, ihren geliebten Gemahl, dessen Blick sie zu erhaschen suchte. Sein Winken galt ihr und seinen Kindern. Amala hatte ihre kleine Ahei auf den

Arm genommen, deren Brüder standen beim Großvater unmittelbar am Hafenkai. Dann war es soweit, das mächtige Schiff legte an, eine breite Planke wurde angelegt. Nun würde, so gebot es die Tradition, König Friedrich als Erster von Bord gehen. Doch weit gefehlt, denn wie ein Irrwisch fegte der älteste Königssohn Prinz Friedrich über die Planke, gefolgt von seiner Cousine Adelheid. Mit lauten Papa Papa-Rufen stürzten sich die beiden Kinder in die Arme ihrer Väter. Theodemir wurde von seiner Tochter abgebusselt, der jauchzende Fedi flog in die Luft, bevor ihn sein Vater wieder auffing, um sich dann liebevoll zu begrüßen. Fedi ergriff die linke Hand seines Vaters, um an seiner Seite gemessen über die Planke zu schreiten. Nun hielt es seine Geschwister nicht mehr, die überglücklich waren ihren Papa wieder zu haben, auch sie wollten hochgehoben werden. Dann wendete sich der seiner Gemahlin zu. Lange und fest umarmte er Amala, wobei sie all die vielen Zuschauer nicht kümmerten. Dann lagen sich die beiden Geschwister in den Armen. Adelheid weinte vor Glück und Rührung. „Fried, nur Dir verdanke ich, dass Toti noch lebt. Mein Herzensbruder hab unendlichen Dank dafür!“ Theodemir hatte ihr bei der liebevollen Begrüßung gesagt: „Adli, ohne Fried wäre es um mich geschehen gewesen. Er kam im letzten Augenblick, er hatte geahnt, wie es um mich und alle stand, die mit mir ins Unglück geraten waren.“

Inzwischen waren die weiteren Schiffe eingelaufen, eines nach dem anderen machte an den Kaimauern fest, sie füllten den Hafen völlig aus. Alle Zurückgekommenen wurden von ihren Angehörigen und der Bevölkerung begeistert empfangen. Kinder überreichten Blumen und die Einheimischen reichten zur Begrüßung Brot, Salz und Wein. Dieses von Freude beschwingte Wiedersehen, diese Mischung aus Erleichterung und Glück blieb leider nicht ungetrübt. Die Expedition ins Land der Berber hatte nämlich auch ein bitteres Opfer gefordert. Sechzehn Särge bargen die Toten, die nun von ihren Kameraden an Land gebracht wurden. Wie dann bekannt wurde, hatten fünf Seekrieger die Quälereien in ihrer Gefangenschaft mit dem Leben bezahlt, elf junge Krieger der beiden Hundertschaften und ein Paladin waren im Kampf gefallen.

Der Herrscher ging bei seinem Dank für den begeisterten Empfang auf die sechzehn Toten ein und auf die Verwundeten, die zum Glück nicht zahlreich waren. Er stimmte für die getreuen Toten das Vaterunser an. Alle, auch die Kinder, sprachen das uralte Gebet, dankten Gott dafür, dass die anderen Krieger das Abenteuer überlebt hatten. Zum Abschluss seiner Ansprache dankte der König seinen Kriegern für ihre vorbildliche Disziplin, ihren Mut und ihre Tapferkeit. Er schloss mit den Worten: „Meine Getreuen, nur deshalb stehen so viele von uns gesund und wohlbehalten vor Euch. Ihr habt mich prächtig unterstützt und diesen großen Erfolg erst möglich gemacht. Genießt nun Eure Rückkehr in unsere schöne Heimat und den Frieden Thules. Euch, die Ihr Euren Mann, Vater, Sohn und Bruder verloren habt, sei eines versichert: Ich kann Euch zwar den Schmerz nicht nehmen und Eure Trauer nicht mindern, doch materielle Not sollt Ihr nicht erleiden, dafür werde ich sorgen." Wieder völlig in seiner einstigen Rolle als Priesterkönig segnete er die Heimgekehrten, ihre Angehörigen und alle die sie begrüßt hatten. Mit seinem Königsheil im Herzen entließ er nun alle nach Hause.

Der Herrscher konnte seiner Aufforderung selbst nicht folgen, denn er wurde nun von einem staatspolitischen Problem in Beschlag genommen. Herzog Wittich, Kanzler Rainald und Graf Irnfried erwarteten von ihm eine Entscheidung, die keinen Aufschub duldete. Auch Markgraf Thorismund wurde einbezogen. Was stand denn so Brisantes an? Professor Nikolaus von Kamen war vom Kollegium der Indulfuniversität Theodericia zum neuen Rektor gewählt worden. Gegen diese Wahl hatten die drei Professoren der Theologie mit fadenscheinigen und vordergründigen Argumenten Einspruch erhoben. Da die Wahl vom Herrscher bestätigt werden musste, hatten sie sich direkt an ihn gewendet. Die Beschwerde der Professoren lautete: Eine Universität, die eine theologische Fakultät aufweise, könne nicht von einem Rektor anderen Glaubens geleitet werden. Auch sei Nikolaus von Kamen der Leibarzt des Königs und deshalb zeitlich stark eingeschränkt. Außerdem sei er als Ratsmitglied der Heiligen Stadt immer wieder gebunden. Diese Ämterhäufung sei dem Amt eines Rektors an einer Universität nicht zuträglich und ein Grund seine Wahl abzulehnen. Was die Angelegenheit brisant machte war das Einbeziehen der Amtskirche. Die Professoren hatten die Sache insgeheim hochgespielt und die Bischöfe angeschrieben, wie die theologischen Fakultäten an Thules anderen Universitäten. Dadurch lag eine gefährliche Gemengelage vor, die des Königs Vertreter in Unruhe versetzt hatte. Um dem Problem die Spitze zu nehmen, bedürfe es der Autorität des Königs. Sie baten nun den Herrscher, er möge eine Entscheidung treffen. Die Familie hatte also zu warten.

Wegen dieser so ärgerlichen wie unnötigen Geschichte mussten Amala und die Kinder einige Zeit auf den Gemahl und Vater verzichten. Wieder einmal hatten sich lästige Staatsgeschäfte vorgedrängt. Doch der König versprach den Enttäuschten bald nachzukommen. Die Königin fuhr also mit ihren Kindern zurück auf die Hildebrandtsburg. Dabei wollten alle brennend gerne wissen, wie die Expedition zu den Berbern verlaufen war. Ein wenig neidisch war Amala auf ihre Schwägerin, denn ihr Mann Theodemir hatte sich zu ihnen in die Kutsche gesetzt, wo ihn seine beiden Kinder Agnes und Alarich nicht mehr losließen. Alle in der Kutsche bestürmten ihn, sie wollten erfahren, was in Afrika geschehen sei? Theodemir wollte aber erst oben auf der Burg berichten, und zwar in der Zeit bis zum Abendessen, das als großes Festmahl angesetzt war.

Ohne den König saßen die beiden Familien dann auf dem Balkon des Königstrakts, begierig darauf den Bericht Theodemirs anzuhören. Friedrich wollten sie nicht abwarten, da davon auszugehen war, dass es länger dauern konnte, wie leider des Öfteren. Zulange war der Herrscher seinem Thule fern geblieben, und in dieser Zeit konnte sich so einiges angesammelt haben, was zu entscheiden den Vertretern zu heikel war. Alle anderen, selbst die Paladine, bezogen derweilen auf der Burg ihre Quartiere, tauschten sich im Familienkreise aus und bereiteten sich auf den großen Abend vor. So lauschten nur die beiden Damen Theodemir, während ihre Kinder zu ihren Füßen spielten.

„Mit kaum vernehmlichem Zischen endete meine Leidenszeit. Ich kannte diesen Ton, ein Pfeil hatte über meinen Kopf hinweg sein Ziel gefunden. Hinter meinem Rücken verzuckte der grausame Aufseher, der mich kurz zuvor noch mit der Peitsche malträtiert hatte. Der Pfeil steckte in seiner Brust, zitterte noch etwas nach und tat ein gutes Werk. Es war Friedrichs Tat, unverkennbar wegen der phänomenalen Treffsicherheit, aber auch an den goldpurpurnen Federn des Langbogenpfeils. Binnen einer Minute zischten noch weitere Pfeile und töteten die Aufseher. Bei deren Kollegen kam erst Unruhe auf als ein Todesschrei ertönte. Unbedacht eilten sie zum Ort des Schreis, was ihnen zum Verhängnis wurde, denn dort fielen auch sie den Pfeilen zum Opfer. Daraus schloss ich, dass Fried mit einer größeren Mannschaft gekommen war. Als erste seiner Mitstreiter erkannte ich Bodo und Indulf, aber wo war Fried? Vorsichtig wie stets, hatte er seine Augen überall, entdeckte noch zwei dieser schrecklichen, nun flüchtenden Aufseher, doch seine Pfeile hinderten sie daran. Die Ernte der Thulaner war vollständig, die Schergen des üblen Caid Mustafa hatten mit dem Leben bezahlt. Dann endlich kam er, mein Freund und Lebensretter. Fried war in einen Burnus gehüllt und in diesem blauen Gewand wirkte er noch verhüllter als die anderen Erretter. Er nahm mich in die Arme, während mir die Tränen kamen.

Dann erst fand ich wieder Worte und riet, nicht so offen herumzustehen, weil Mustafas Kamelreiter eine ständige Gefahr waren. Aber Fried lächelte nur: „Toti, lieber Bruder, der Weg bis zur großen Oase in den Bergen ist in unserer Hand, auch der Pass und der Weg, der zu ihm führt. Ein Trupp Kamelreiter kam uns in die Quere, aber keiner ist entkommen, sie sind hinter Felsblöcken verscharrt.“ Während er dies berichtete, versorgte er, der Medicus Friedrich von Hohenstaufen, meinen zerschlagenen Rücken. Unser guter Freund Bodo holte aus dem Zelt der Aufseher die Schlüssel für unsere Fesseln. Nach langem Probieren passte ein Schlüssel zu meiner Fußfessel und gleich darauf jener zur Fessel an meiner linken Hand. Damit war ich die Eisen los und frei von der Angst diese Qual in der unbarmherzig brennenden Sonne nicht zu überstehen. Nur meine Hoffnung auf Fried und das Wissen darum, dass er kommen würde, hat mich aufrecht gehalten und mir die Kraft gegeben dieses Grauen durchzustehen. Sie hatten uns einen Tag zuvor aus dem kalten dunklen Kerker hinaus in diese Steinwüste gebracht. Hier sollten wir in der Glut der Sahara einen Wall errichten. Mustafa wollte uns, die ihm verhassten Blonden, langsam hier sterben lassen. Dabei war ich als friedfertiger Gesandter gekommen und wurde stattdessen als Todfeind behandelt.

Warum wurden wir hier so empfangen und behandelt? Weshalb wurde das Gastrecht, worauf du in der Berberei sonst immer bauen konntest, derart mit Füßen getreten? Ihr Lieben, manchmal geht alles schief, was schief gehen kann, so auch dieses Unterfangen. Ich selbst hatte doch Fried vorgeschlagen, im südwestlichen Maghreb Caid Rahman aufzusuchen, um mit ihm Handelsbeziehungen auszuhandeln und so die Piraterie zu beenden. Ein inneres Gefühl riet mir an, unsere alte Totila zu nehmen und keines unserer neuen Kriegsschiffe. In Sichtweite von Sidifni wurden wir dann von einer Piratenflotte umstellt und geentert. Wir leisteten keinen Widerstand, weil wir von einem Irrtum ausgingen oder einer unsinnigen Machtdemonstration. Doch schon als sie uns die Hände banden und roh behandelten, mussten wir Schlimmes befürchten.

Zu unserem Schrecken sahen wir uns danach einem unbequemen Ritt auf Kamelen ausgesetzt, der hinauf in die Berge führte. In einer Stadt, von schroffen Felsen umgeben, wurden wir vor einen einäugigen Schwarzbart geführt, der etwa fünfzig Jahre alt sein musste. Finster und grimmig beschimpfte er uns als weiße Teufel, Christenhunde und Ungläubige. Jetzt war uns klar, dass dieser Unhold nicht Caid Rahman sein konnte, ein Irrtum, der unsere Chance auf einen Dialog zunichte gemacht hatte. Unser Gegenüber war dessen fanatischer Cousin Mustafa, der die Herrschaft an sich gerissen hatte.

Um uns zu verhöhnen, ließ der neue Machthaber seinen Cousin Rahman aus dem Kerker holen. Dieser bedauernswerte Mann trug schwere Ketten, war geschoren und hatte, was ihm anzusehen war, quälende Martern erlitten. „Ihr verfluchten Christenhunde, hier ist er Euer Freund, mit dem Ihr zum Schaden der Rechtgläubigen reden wolltet. Ein echter Anhänger Muhammads meidet Euch, die von Allah verfluchten Ungläubigen. Er redet nicht mit solchen, er schickt sie in die Hölle zurück, der sie entstiegen sind. Ihr werdet Euch zu ihm gesellen, werdet im finsteren Kerker frieren und später in der Sonne verglühen. Ganz langsam werdet Ihr sterben, qualvoll und elendiglich, so wie es Euch Christenhunden gebührt. Keiner von Euch Verworfenen wird es danach je wieder wagen in mein Reich einzudringen. Könntet Ihr die Rauchschwaden am Meer sehen, wüsstet Ihr, dass Euer elendes Schiff in Flammen steht. Solltet Ihr Eure Fesseln lösen können, was unmöglich ist, und gar meinen Reitern entkommen, wäre kein Schiff mehr da, mit dem Ihr entkommen könntet.“ Er lachte so höhnisch, wie es nur ein fanatisch hassender Mensch vermag.

Ich wollte darauf etwas entgegnen, bekam dafür aber von einem seiner Schergen einen Peitschenhieb, so wie auch unser Dolmetscher Selim, der zu rufen wagte: „Er ist ein edler Prinz!“ Jetzt verzog sich Mustafas Gesicht zur Fratze: „Umso schöner, dann darf er langsamer und elender sterben, dieser Christenprinz. Schau her, sieh mein Gesicht an, blonder ungläubiger Teufel. In al Andalus hat mir ein blonder Riese diese Wunde mit seinem Schwert zugefügt. Lange musste ich daran leiden, doch der Allmächtige fand in seiner Güte, dass ich, der Rechtgläubige überleben darf. Seitdem hasse ich Euch blonde Riesen. Ich werde Euch zum

Scheitan schicken, die Dunkelhaarigen werden auf dem Sklavenmarkt angeboten."

Wir, diese kleine Mannschaft von zweiunddreißig Thulanern, waren bis auf Selim und drei andere Seeleute alle blond und blauäugig. Unsere dunkelhaarigen Mitstreiter wurden an einen anderen Ort gebracht. Unser Los waren Ketten und Kerker, Dunkelheit und Kälte tief unten in einem in den Fels gehauenen Verließ. Diesen grauenvollen Ort teilten wir mit Rahman und seinen Getreuen, die hier schon lange vegetierten und mit ihrem Leben abgeschlossen hatten. Caid Rahman war der am Übelsten zugerichtete, ihn hielten nur noch sein Hass aufrecht und die Sorge um seinen Lieblingssohn Achmed, der den Verrätern entkommen konnte. Der Caid sprach zu meiner Überraschung ein gutes Latein, um einiges besser als ich, der auf Sprachen nie großes Gewicht gelegt hatte. Zwei unserer Seekrieger und einige Getreue Rahmans sprachen Spanisch, so konnten wir uns austauschen und ein wenig Mut zusprechen.

Caid Rahman wollte von mir erfahren, weshalb wir ihn aufsuchen wollten. Als ich ihm unser Anliegen erläuterte, stieß ich auf großes Interesse. „Prinz, der Ihr mit mir ins Elend gefallen seid, auch ich suchte Frieden und wollte dem Goldenen Löwen die Hand reichen. Wäre ich der Anführer geblieben, wäre Euer Besuch ein großer Erfolg geworden. Uns war eines bewusst geworden, Handel bringt auf Dauer mehr ein, als alle Raubzüge auf dem Meer. Eure Stärke und Entschlossenheit haben wir schon kennen gelernt. Nie hat ein Schiff von uns eines der Euren bezwingen können, stets verloren wir Schiff, Männer und Beute. Solche Gegner verleiden einem das Geschäft und lassen das Risiko ins Unermessliche steigen. Mein kluger Sohn Achmed hat als Erster darauf gedrängt, Frieden zu suchen mit dem Inselreich des großen Königs Friedrich und lieber Geschäfte mit ihm zu machen. An den Lagerfeuern und in den Basaren erzählen sie Wunderdinge von Eurem mächtigen Herrscher. Er sei weise wie Kalif Harun al Raschid, mutig wie Sultan Saladin und ein Held, wie ihn keiner von uns je erlebt hatte. Trifft dies zu, edler Prinz? Wie steht Ihr zu ihm, habt Ihr sein Ohr und erreicht Ihr sein Herz? Ist es richtig, dass er ein Nachfahre des gewaltigen Kaisers Friedrich ist, der unsere Sprache beherrschte und uns Muslime verstand?"

„Was hast Du ihm darauf erwidert", wollte seine Adelheid wissen, „hat er Dich damit in Verlegenheit gestürzt?" „Schatz, aber nein, in meinem

Elend sah ich Fried ja noch erhöhter als sonst. Er war doch unsere einzige Hoffnung, und sie gründete darauf, dass er vielleicht erahnte wie es um uns stand. Daher konnte ich bestätigen was er vorbrachte. Als er dann erfuhr, das ich König Friedrichs Schwager, Blutsbruder, und ihm seit Kindertagen eng verbunden bin, war seine prompte Antwort: „Dann, edler Prinz, wird er versuchen Euch zu befreien, oder irre ich mich?“ „Nein, edler Caid Rahman, der König wird kommen, er wird meine Gefährten, mich und auch Euch befreien, dessen bin ich mir sicher!“ „Aber wie soll er erfahren, dass Ihr hier festgehalten werdet? Keiner von Euch ist entkommen, Euer Schiff ist verbrannt, und kein Bote kann von Eurer schmählichen Gefangennahme berichten. Prinz, was nährt denn Eure Hoffnung?“ „Eine Quelle ist die Klugheit meines Königs, die andere fußt auf einer Absprache. Wenn ich nach drei Wochen nicht zurück bin, will er sich auf die Suche machen. Es gibt auch eine weitere Hoffnung. Wir kennen hier Menschen, die uns gewogen sind, und sie werden Mittel und Wege finden, um eine Botschaft nach Thule zu senden.“

Theodemir wurde unterbrochen, seine Kinder wollten sich erneut vergewissern, dass der Papa tatsächlich wieder da war. Danach konnte er mit seinem Bericht fortfahren. „Lieber Prinz, ich will Eure Hoffnung nicht zerstören, aber ich hege hier nicht nur Bedenken, es ist leider viel mehr. Selbst der klügste König kann doch nicht wissen, dass zwischen Sidifni und Daraout, wo wir im Kerker schmachten, tückische Fallen angelegt sind. Diese vermag auch ein gut gerüstetes Heer nicht zu überwinden. Alle Wege über unsere steilen Berge sind gesichert, überall lauern gefährliche Bogenschützen. Daraout ist nur im Rücken angreifbar, dort wird es zwar nur durch die Ausläufer der großen Wüste geschützt, aber Fremde, die sich in dieses Gewirr von Sand und Steinen hineinwagen, finden sich in der Sahara nicht zu Recht. Sie verirren sich in der Endlosigkeit der Wüste und verdursten dort, weil sie die wenigen Wasserstellen nicht kennen. Selbst wenn Euer König weiser wäre als Harun al Rashid und entschlossener als Saladin, der große Heerführer, er hätte keine Chance. Gegen die Wüste helfen weder Mut und Tapferkeit noch Heldentum. Nur wer von Kind an mit ihr vertraut ist hat eine Chance, kann Daraout im Rücken gefährden. Prinz, Mustafa ist zwar ein skrupelloser Despot, aber er ist tapfer, klug und erfahren. Er hat in Spanien erfolgreich gegen die Ungläubigen gekämpft – verzeiht ich wollte Euch nicht kränken. Er wird seither als Kriegsheld geachtet. Es sind zwar nicht alle auf seiner Seite, doch Angst vor seiner Grausamkeit und

Verschlagenheit hält diese in Schach. Auf einen Aufstand dürfen wir nicht hoffen, zu viele stehen auf seiner Seite, versprechen sich Ruhm und Beute von ihm. Stets hat er gegen die Christen gehetzt, zum Kampf gegen sie aufgerufen, was ich leider unterschätzt und deshalb auch nicht unterbunden habe. Dies ist einer der Gründe, die ihm viele Anhänger zugetrieben und mich um die Herrschaft gebracht hat. Ich fürchte auch um mein Leben. Längst wäre ich umgebracht worden, wäre mein Sohn Achmed nicht entkommen. Ich bin der Lockvogel, der ihn in die Falle locken soll. Weil Mustafa vermutet, Achmed kommt mit den Kriegern vom Stamm seiner Mutter über die Wüste, werden dort Sperren errichtet. Das, mein Leidensgenosse, hat er mit dem in der Sonne verglühen gemeint. Diese Wälle werden wir Gefangene aufwerfen müssen, und dadurch ist uns der sichere Tod beschieden, Allahs Wille geschehe." Rahman hatte sich in sein Schicksal ergeben, ich jedoch nicht.

Fried ist tatsächlich über den Rand der Wüste gekommen, zwei Hundertschaften und die härtesten Krieger Thules waren bei ihm. Keiner von ihnen ist im Meer aus Sand, Steinen und sengender Sonne geblieben, sie standen nun im Rücken von Daraout. Ali, der alte Karawanenführer, den Fried vor Jahren bei seinem „Ausflug" in die Sahara kennen gelernt hatte, führte die Thulaner durch diesen unwirtlichen Teil der Sahara. Ali empörte sowohl unsere Festnahme als auch Mustafas Machtergreifung. Er war das Oberhaupt jenes Stammes, zu dem sein Neffe Achmed, der Enkel seiner Schwester geflüchtet war. Nach langen Diskussionen und Feilschen um den Lohn, den die Unterstützer erwarteten, gelang es Ali und Achmed auch viele Krieger in Guelmime zu sammeln. Dorthin führte Caid Ali die an der Küste gelandeten Thulaner, anfangs misstrauisch beäugt von den Stammeskriegern. Gemeinsam waren sie inzwischen in die Nähe von Daraout gelangt. In der Nacht hatten dann ihre Späher die Gegend erkundet und die von Kamelreitern bewachten Gefangenen beim Schanzen entdeckt. Mit einem Scheinmanöver lockten die Späher Mustafas Kamelreiter in einen Hinterhalt, in dem die Thulaner und die Stammeskrieger alle töteten. Danach wurden wir Gefangenen von Fried und seinen Mannen befreit. Die Wirkung und Reichweite der Langbogen erstaunte diese Berberkrieger sehr, und die Treffsicherheit der Thulaner löste große Bewunderung aus. Unsere Befreier waren empört über die grausame Behandlung der etwa Zweihundert, von denen viele nicht überlebten, so auch fünf meiner Gefährten. Zu Herzen gehend war das

Wiedersehen von Rahman und seinem Sohn Achmed, und unser aller Dank ging an Fried und seine Gefährten.

Nun stand uns der schwierigste Teil der Mission bevor, die Eroberung der Städte Daraout und Sidifni, so wie das Freimachen des Engpasses dazwischen. Wir lagerten an einer starken Quelle, etwa eine Stunde südöstlich von Daraout gelegen. Unsere Späher hatten sich gut gedeckt bis in die Nähe der Mauern der Stadt vorgetastet. Die Wachen am Weg dorthin hatten die Stammeskrieger ausgeschaltet, niemand vermochte die nichtsahnenden Machthaber zu warnen. Trotz Vollmond galt es nun die Wachen des wüstennahen Tores zu beseitigen. Ein Brandpfeil von uns setzte ein Gebäude in Brand und lenkte die Wachen ab, so konnten geschickte Kletterer Strickleitern an der Mauerkrone festmachen. Wegen meines Zustands konnte ich bei der Eroberung nicht mitmachen, ihren Ablauf aber gut verfolgen. Leicht bewaffnet sind zuerst Fried und Bodo die beiden Strickleitern hoch gestiegen, nach ihnen dann die Paladine. Sie führten Messer und normale Bogen mit sich. Kurze Zeit später öffnete sich das Tor einen Spalt, und Fried im Burnus trat heraus. Schnell verwandelten sich die Thulaner jetzt in eisenstarrende Kämpfer. Frieds Miene verhieß nichts Gutes für die schlafende Stadt, er hatte sich in den Ritter des roten Löwen verwandelt; vielleicht auch in den grimmigen Teja.

Geführt von ortskundigen Berbern wurden zunächst die Wachen der anderen Tore ausgeschaltet. Danach kam es bei der Eroberung des Palastes, zu einem Zwischenfall, denn einer der Wächter hatte mit seinem Todesschrei den Palast alarmiert. Doch inzwischen waren unsere Recken und die Stammeskrieger schon überall. Ich hatte mich bewaffnet, um vor dem Palast wenigstens etwas mithelfen zu können. Frieds Befehl lautete: „Gnade gibt es nur für Frauen, Kinder und Alte, die anderen fressen unsere Schwerter!“ Durch den warnenden Schrei konnten sich Mustafa und seine Getreuen bewaffnen und Rüstungen anlegen, sie vermochten jedoch nicht das Zugangstor zu schließen. Drinnen tobte dann ein harter und blutiger Kampf, denn Mustafa und die Seinen wehrten sich nach Kräften, letztlich aber vergebens. Ein Aufrührer nach dem anderen hauchte im Palast und davor sein Leben aus. Fried trieb zuletzt Mustafa heraus, der heftig blutete. Frieds Gewand, Schild und Brünne waren über und über mit Blut befleckt; er musste schrecklich gewütet haben. Allen Ingrimm über den infamen Mustafa und den Bruch der Regeln jeder

Gastfreundschaft legte er in seinen letzten Hieb. Dieser trennte den Kopf vom Leib des Usurpators, ein schaurig symbolisches Bild, wie eine Demonstration des Unheils, das denen drohte, die sich mit Thule anlegten. Unsere Gefährten, wie die Stammeskrieger erschreckte diese Urgewalt und Gnadenlosigkeit, andererseits fand sie auch Bewunderung. Achmed stammelte in gebrochenem Latein, welch ein Kämpfer, welch ein Held. Ich muss Euch gestehen, selbst mich schauderte es einen Moment, bei Amalas Befreiung war er nicht erbarmungsloser. Dort blieben wenigstens einige Menschen am Leben, hier kein Einziger. Auch seine wilden Kampfgenossen hatten gewütet, keinen der Aufrührer verschonten sie, deren Überzahl schützte sie nicht gegen diese kampferprobten Fremden.

Unterdessen hatten Stammeskrieger und Hundertschaften die Stadt in die Hand bekommen. Die Gefährten Rahmans sorgten dafür, dass keinem von denen Leid zugefügt wurde, die zwangsweise zu Mustafa stehen mussten oder dessen Opfer waren. Dennoch zahlten viele Überläufer mit dem Leben oder wurden festgenommen. Eine unserer Einheiten hatte die Stadt umgehen können und so das Entkommen flüchtiger Bewohner verhindert. Dadurch wurden weder die Bewacher des Engpasses gewarnt, noch die Einheiten in der Hafenstadt Sidifni. Dennoch musste der Engpass schnell freigemacht werden. Diesen Auftrag erfüllten Alis treueste und beste Krieger, die er und sein Neffe Achmed, aufgeteilt in zwei Gruppen anführten. Zu ihnen hatten sich befreite Anhänger Rahmans gesellt, die sich als Wachablösung ausgaben. Dank dieser Täuschung hatten die Krieger leichtes Spiel und töteten mit ihren Krummdolchen die Wächter. All dies geschah als der Morgen sich anschickte, die Nacht zurückzudrängen. An dieser Aktion hatte keiner der Unseren teilgenommen. Nun war nur noch die Hafenstadt Sidifni in den Händen eines Bruders von Mustafa.

Daraout stand jetzt wieder unter der Herrschaft Rahmans. Wir waren gespannt darauf, wie es hier weitergehen und der Caid mit den Gefangenen verfahren würde. Er ließ sie in drei Gruppen einteilen, in Mitläufer, in solche, die entweder notgedrungen oder gepresst in die Dienste Mustafas getreten waren, und die dritte Gruppe bestand aus denen, die Mustafa aktiv unterstützt und ihm zur Herrschaft verholfen hatten. Diese Gruppe war bereits stark dezimiert, viele von Mustafas Anhängern lagen tot im Palast oder in den Gassen der Stadt. Die beiden erstgenannten Gruppen wurden in die Moschee getrieben und dort vorläufig im Ungewissen gelassen. Die gefährlichen Verschwörer ließ Rahman in Gefängnisse stecken, wobei der Kerker, unser Ort des Schreckens, nicht belegt wurde. Aus den von Mustafa als Gefängnisse missbrauchten Gebäuden wurden noch etliche Männer befreit, einige von ihnen in elendem Zustand. Rahman nahm sich erst einmal dieser Unglücklichen an und ließ ihnen seine Fürsorge zukommen. Caid Rahman saß mit gekreuzten Beinen und in einer schlichten Djellaba auf einem niederen Podest. Er war sichtlich bekümmert über das, was er vernehmen musste; es war nicht dazu angetan seine eigenen Schmerzen zu lindern. Ihn, der doch selbst so viel erleiden musste, quälten die Untaten, die Mustafas Schergen den Seinen zugefügt hatten. Drei Schreiber notierten Namen, machten dahinter Striche, die bei einigen zu „Balken“ anwuchsen. Wehe denen, die von der dritten Gruppe noch am Leben waren, ihnen drohte nun ein ähnliches Schicksal, wie es Rahman und seine Leidensgenossen erduldet hatten.“

Amala wollte wissen, was die Thulaner in dieser Zeit getan hatten? „Wir, die Gäste und Befreier, wurden in anderen Räumen untergebracht und fürstlich bewirtet. Wo immer sie es hergezaubert hatten, es mundete köstlich. Vermutlich waren diese Köstlichkeiten für Mustafa und seine Vertrauten gedacht gewesen. Fried hatte sich in einem der Gemächer gewaschen und hingelegt, er war sehr müde. Indulf erklärte mir, der König habe sich bis dahin mit wenig Schlaf begnügt und sich um alles selbst gekümmert. Seine Devise lautete: „Meine Getreuen, wir dürfen uns keinen Fehler leisten, denn sonst sind Prinz Theodemir und seine Gefährten verloren. Alles muss stimmen damit wir Erfolg haben können!“ Dies hat uns Majestät immer wieder eingeschärft und daran haben wir uns akribisch gehalten, so Markgraf Indulf. „Majestät hat an alles gedacht, so als würde er voraussehen können, was auf uns zukam. Manchmal ist mir unser König unheimlich, dabei kenne ich ihn doch schon so lange!“ Nicht nur Indulf hatte viele Fragen, mir ging es ja nicht anders, denn im Fluss der Ereignisse konnten wir uns über das, was zuvor geschehen war, nicht unterhalten. Fried war so wie immer nur darauf ausgerichtet, den nächsten Schritt durchzudenken und sich durch nichts stören zu lassen. Ich muss mich in einem Punkt korrigieren, meine Leidensgeschichte war ihm bekannt und die meiner Mitgefangenen auch. Ansonsten nahm ihn die Einnahme von Daraout in Anspruch, und die umständlichen Absprachen mit den Stammeskriegern unter Ali und Achmed.

Nach geraumer Zeit stießen Fried und Bodo wieder zu uns, Fried wirkte jetzt frischer. Da unser Gastgeber noch mit den Seinen redete, setzten wir drei uns zusammen, und Fried berichtete von jenem Geschehen, das sich nach meiner Abreise ereignet hatte. „Schon als ich von Deinem Vorhaben erfuhr in die Berberei zu reisen, erfasste mich ein ungutes Gefühl. Es riet mir an, Dich nicht ziehen zu lassen, aber andererseits wollte ich Dich auch nicht bremsen. Kaum hatte sich die „Totila“ aus meinem Blickfeld entfernt, überkam mich die Ahnung, dass dies eine Reise ins Unglück war. Darin bestärkte mich auch noch Adli, die auf einmal von Unruhe und Ängsten gequält wurde.

Daher beschloss ich zu handeln und nicht zuzuwarten. Hildebrecht bekam den Auftrag Caid Ali zu erreichen. Ali war jener Karawanenführer, der mir gegenüber verpflichtet war, weil wir ihm bei einem Überfall beigestanden hatten. Während Du so viel Pech hattest, war uns das Glück hold. Als Du in Sidifni gefangen wurdest, hatte Hildebrecht bereits Ali erreicht, gute Winde ließen die Manfred Theoderich Tage vor Dir in jenem Hafen landen, wo ich einst auf Ali gestoßen war. Einen Tag danach stand Ali vor Hildebrecht und bestätigte meine Ahnungen von dem Dir drohenden Unglück. Da es für eine Warnung zu spät war galt es jetzt Deine Befreiung vorzubereiten. Hildebrecht orderte zweihundertfünfzig Kamele, die Ali kaufen sollte. Doch der winkte ab und bedeutete dem Markgrafen, dies sei seines Stammes Auftrag, wie die Ausrüstung der Krieger, die ihn unterstützten. Er bestätigte auch, dass die Einnahme Daraouts nur von der Wüste aus möglich sei. Dort wo Hildebrecht auf Ali gestoßen war, wollten sie sich wieder treffen. Gemeinsam mit uns Thulanern sollte es dann an die Befreiung der Gefangenen gehen. Dank seiner Erfahrung hat der Seegraf den Zeitbedarf und meine Reaktion gut eingeschätzt.

In der Zwischenzeit aktivierte ich jene Krieger, die mir helfen sollten Dich zu befreien. Es waren nicht nur aktuelle Paladine und Leibwächter, die ich dabei haben wollte, sondern neben Arnulf, Bodo, Mannhardt, Indulf und Thorismund jun. noch andere erfahrene Kämpen. Arnulf und Thorismund bekamen fast Streit mit ihren Vätern, denn die alten Haudegen wollten unbedingt dabei sein. Auch Ala ist mir jetzt beinahe böse, aber weder ihn noch Markulf wollte ich dabei haben. Ich konnte diesen uns zutiefst Getreuen klar machen, dass unsere Heimat weder im Inneren noch nach Außen schutzlos sein dürfe. Unsere Herzöge sollten in der Heimat dafür sorgen, dass alles wie gewohnt weiterlief, denn niemand konnte uns den Erfolg garantieren. Die Ausnahme war Bodo, auf ihn konnte ich nicht verzichten. Er sollte an Deiner Stelle, so wie schon etliche Male zuvor, neben mir kämpfen. Drinnen im Palast war dies trotz der Führung durch Kundige dringend nötig. Obwohl wir diese Art des Kampfes vielfach geübt hatten, gab es zwei kritische Situationen, bei denen mir Bodo und Indulf zu Hilfe kamen. Mir wird jetzt noch übel, wenn ich an die brutale Schlächterei und an das viele Blut denke, welches wir vergossen haben."

Frieds Ausführungen hatten seine Mitstreiter durch ihre Sicht ergänzt und mich somit an der Vorgeschichte teilhaben lassen. Fried ergriff wieder das Wort und machte uns klar, dass wir uns ab jetzt stärker aus den Kämpfen heraushalten würden. Caid Rahman erwarte gegen Abend noch einmal sechshundert Krieger, die ihm beim Sturm auf Sidifni helfen sollten. Dies sei nicht unser Auftrag, doch so erwünscht werden wir gerne mit Ratschlägen den Stammeskriegern ihre Aufgabe erleichtern. Unser Ruf als gefährliche Kämpen halte die fremden Krieger davon ab Rahman zu gefährden. Seine Herrschaft sei erst nach dem Abzug dieser fremden Stammeskrieger einigermaßen gesichert. Eine Ausnahme bilde allerdings Rahmans Schwager Ali, der ein kluger und anständiger Mensch sei. Inwieweit er jedoch die einer benachbarten Sippe zugehörigen Krieger im Griff habe, könne er nicht abschätzen. Solange würden wir Thulaner hier präsent und auf der Hut sein. Fried setzte hinzu, sie hätten Respekt bekommen vor uns und unserer Art zu kämpfen. Dies sei ein wirksamer Nebeneffekt. An ihren Lagerfeuern würden sie den Kampf immer mehr ausschmücken, uns als unbezwingbare Eisenmänner darstellen. Dies halte die Berber künftig davon ab, sich mit uns anzulegen. „Meine Getreuen, dies stellt eine gute Grundlage dar für einen dauerhaften Frieden mit den Berberstämmen, die uns bisher ab und an bedrohten. Toti, insoweit hat Deine Initiative dies indirekt bewirkt, zum Glück für uns ohne große Opfer. Sorgen machen mir noch unsere vier Verschleppten, die zum nächsten Sklavenmarkt gebracht werden sollten. Ich habe meinen Freund Issa durch Rahman bitten lassen diese zu befreien oder notfalls freizukaufen." Doch dies war dann nicht nötig, den Vieren war es gelungen auf dem Weg zum Markt zu entkommen. Da sie dank Selims Sprachkenntnissen Zuflucht bei einer Nomadenfamilie fanden, waren sie in Sicherheit. Nachdem sie von den Gastgebern die neue Lage erfahren hatten, fanden sie sich bei uns ein.

An diesem Abend erlebten wir das große Fest, das zu Ehren des Sieges und vor allem für uns, die Befreier, gefeiert wurde. Fried kam als letzter, er trug eine Purpurdalmatika und den Kronreif mit den sieben Edelsteinen. Bis dahin hatten wir auf sein Geheiß hin Frieds Identität verbergen können. Er war bisher als unser Anführer präsent und als Arzt, der vielen Gefangenen geholfen hatte. Doch nun stand er als König von Thule vor ihnen. Es schien so, als wären für die Berber seine Ehrentitel noch bedeutsamer. Er, der Goldene Löwe, war für sie der Magier und Nachfahre Kaiser Friedrich II., des Freundes der Muslime. Als es der Runde gewärtig wurde, setzte eine eigenartige Prozession ein, anders ließ sich dies nicht bezeichnen. Nacheinander kamen die Würdenträger zu uns her und verbeugten sich mehrere Male ganz tief. Fried wollte ihnen wehren, aber Rahman flüsterte ihm auf Latein zu, er würde sie verletzen wenn er sie nicht gewähren ließe. Es kam Rahman sehr zupass, denn einen solch hohen Gast hatte noch kein Berberfürst bewirtet, nicht einmal ihr Sultan. Damit stieg das Ansehen Rahmans bei den Seinen wie bei den anderen Berbersippen gewaltig. Frieds Rechnung ging voll auf, denn auch Ali, der ihm ja schon länger vertraut war, gewann dadurch an Bedeutung. Ali hatte die Befreier hierher geführt, seine Beziehung zum Herrscher von Thule hatte alles ins Rollen gebracht. Die von ihm geführten Stammeskrieger waren stolz auf Ali und sich, fühlten sich geehrt. Der gefürchtete und bewunderte Magier hatte sie zum Sieg geführt.

Im Verlauf des Abends gab es Gelegenheit zu vielen Gesprächen und unsere Gastgeber interessierende Fragen. Geschickt verborgene Neugierde mischte sich mit dem Interesse an einer engeren Verbindung mit Thule. Ich war höchst erstaunt darüber wie gebildet und sprachgewandt viele der Anführer waren. Ab und an genierte ich mich ein wenig für mein schlechtes Italienisch, das etliche meiner Gesprächspartner besser sprachen. Um mein Latein stand es dafür um einiges besser. Meine Befürchtung, sie wollten unsere Schwachstellen ausloten, erwies sich als unbegründet. Es war nicht verwunderlich, dass sie vieles zu und von Fried wissen wollten, was sich von uns daheim wenig unterschied. Er unterhielt sich derweilen mit zwei alten Herren in Latein. Es ging um Fragen der Philosophie und Staatskunst sowie um Kultur, aber auch um Almosen für die Armen. Den Gesten der Alten entnahm ich, sie konnten manches fast nicht glauben, ließen sich aber von ihm überzeugen.

Meine Gesprächspartner Achmed und Rahman hatten ein ganzes Bündel Fragen an mich. Die Wichtigsten von Ihnen will ich Euch nicht vorenthalten. Warum kämpft Euer König in vorderster Linie? Wieso ist er solch ein gewaltiger Held? Kümmert er sich denn auch um andere Angelegenheiten? Wie viele Frauen hat der Gewaltige, und wie viele Söhne wurden ihm geschenkt? Hat er viele Brüder und damit potentielle Feinde? Dies waren jene Fragen, an die ich mich noch erinnere. Daraus entstand ein Dialog, den ich Euch wiedergebe. Wir saßen anfangs in folgender Ordnung auf den edlen Teppichen. Fried war eingerahmt von den beiden Caids Ali und Rahman, an der anderen Seite hatte ich meinen Platz. Unsere Markgrafen Bodo und Indulf hatten ebenfalls hochrangige Gesprächspartner, wie auch unsere anderen Herren von Geblüt.

Die ersten Fragen konnte ich schnell beantworten. Seit Urzeiten führen unsere Könige das Heer. Speziell unser Herrscher reißt alle Krieger mit, er überträgt seinen Willen und Mut auf sie. Dies gehört zum Selbstverständnis unseres Königs und wird auch von seinem Volk erwartet. Damit er diesem Anspruch gerecht werden konnte, übte er von Kindesbeinen an den Umgang mit Waffen und das Führen von Kriegern. Unser König hat jeden Tag trainiert und viele Übungskämpfe bestritten. Heute folgen seine Mitstreiter jeder Geste, so wie Ihr es beim Sturm auf den Palast gesehen habt. Jeder von uns weiß genau, was er zu tun hat, ein Rad greift ins andere, alle befolgen des Königs Befehle und Vorgaben.

Wenn einer der Anführer fällt? Dann kämpft der nächste an seiner Stelle und übernimmt dessen Aufgabe. Dank unserer eisernen Disziplin, der erprobten Organisation, dem viele Male eingeübten Vorgehen und erworbenen Geschick im Umgang mit den Waffen sind wir so erfolgreich. Bei unserem König kommt noch eines hinzu, er hat die vielen Mörder seiner Eltern verfolgt, gestellt und getötet. Alles in hartem Kampf als Einzelner gegen viele. Er hat von allen Thulanern die meiste Erfahrung in blutigem Kampfe. Ob er sich dabei auch verletzt hatte? Leider ja, und dies mehrmals, zweimal hätte es fast seinen Tod bedeutet. Warum er dies nicht unterlässt und es anderen überträgt? Ihr schneidet damit einen wunden Punkt an. Alle seine Getreuen wünschen sich dies, aber wenn Not am Mann ist, dann hält nichts unseren König in seinem Palast. In den letzten Jahren hat er sich zurückgenommen, was wir alle begrüßen. Wie er es mit der Jagd hält? Daran hat er wenig Freude, weder an der ihm gemäßen Falkenjagd noch an großen Hofjagden. Er hat dies früher mehr getan, um sich selbst zu versorgen, wenn er ganz alleine durch sein Reich zog, unerkannt wie einst Harun al Raschid. Ich habe ihnen dann die Bärengeschichte erzählt, die mächtig Eindruck auf sie machte.

Gäbe es für König Friedrich Konkurrenten unter seinen Brüdern? Als ich ihnen erzählte, er habe nur eine Schwester, da wirkten sie verwundert. Ich ergänzte es um einen uns Thulanern so bedeutenden Punkt, legte ihnen die uralte Prophezeiung vom kommenden großen König dar. „Und Euer König ist jener Euch von Allah versprochene Herrscher?“ Er ist es, die seine Geburt begleitenden Zeichen waren eindeutig, seine Taten und persönliche Autorität haben inzwischen die letzten Zweifler überzeugt. Unser Herrscher hat alle Bedingungen der Weissagung eingelöst, unser Volk ist stolz darauf, dass sie jene Generation ist, der Gott den großen König geschenkt hat.

Nach weiteren Fragen stießen wir auf Frieds Arbeitspensum, was ihnen Kopfschütteln abnötigte. „Warum ist er denn der König, wenn er alles selbst macht? Was hat er vom Leben, wenn er es nicht genießt und sich dafür keine Zeit nimmt?“ Meine hierfür angeführten Argumente überzeugten die Caids nicht. Auch bei dem Pensum, das unser Kanzler und ich leisten, hielten sie uns bestimmt für verrückt. Höflichkeit, Bildung und Wohlerzogenheit ließen es des Öfteren nicht zu, ihre wirklichen Gedanken zu äußern.

Amala, der nächste Punkt betraf Dich. „Wie viele Frauen hat der Allgewaltige?“ Er hat nur eine einzige. „Und wie viele Geliebte hat er daneben?“ Als ich sagte keine, da tauschten sie sich auf Berberisch aus, ich entnahm ihren Gesten, dass sie ihn der Knabenliebe verdächtigten. Daher brachte ich ein, er liebe seine Frau sehr. „Dann muss diese sehr schön sein?“ Das ist sie, ein Engel an Gestalt und Verhalten, die ihn ihrerseits genauso verzehrend liebt wie er sie. Cousinchen, Du brauchst nicht rot zu werden, das trifft doch zu, wie auch meine Aussage, die Königin habe smaragdblaue Augensterne und ihre Haare würden wie pures Gold leuchten. Sie haben sich gefreut, als ich ihnen erzählte, dass Du Dein viertes Kind erwartest. „Zwei Söhne und eine Tochter hat er schon, seine Nachfolge ist also gesichert?!“

Unsere Mitgefangenen hatten bereits im Kerker einiges über unsere Familie erfahren und sich gewundert, wie klein diese ist. Erstaunt hatte sie unser gutes Einvernehmen, und dass wir ein Herz und eine Seele sind. Nun wollten sie wissen, ob die hohen Edlen vielleicht unsere Feinde seien? Sie konnten nicht fassen, dass alle Herzöge, Markgrafen und Gaugrafen eng zu ihrem Herrscher stehen, viele von ihnen seine langjährigen Freunde und Vertraute sind, die Leib und Leben für ihn geben würden.

„Wir alle sind glücklich einen solch besonderen Herrscher zu haben. Wir dienen ihm mit Verehrung, Respekt und persönlicher Verbundenheit." Rahmans Entgegnung klang resigniert: „Das ist für uns nicht denkbar, hier hält allenfalls die Sippe zusammen, allerdings ist, wie Ihr es ja miterleben musstet, darauf nicht immer Verlass. Ich bin glücklich über die Liebe und Unterstützung meines Sohnes Achmed. Was für ein glücklicher Herrscher ist Euer König, umgeben von getreuen Gefolgsleuten und unbestechlichen Helfern. Ich würde dieses Land gerne mit eigenen Augen sehen und mit allen Sinnen erleben wollen."

So kam es zu einer Einladung an die drei Berberfürsten. Fried freute sich darüber und meinte: „Wenn sie unser Thule und seine Macht erleben, ist ihnen der Frieden mit uns sicher näher als ein erneuter Überfall. Sie werden danach ihren Eindruck anderen Stammesführern mitteilen und diese zum Nachdenken veranlassen." Stellt Euch darauf ein, dass die drei Edlen Rahman, Ali und Achmed uns aufsuchen werden sobald ihre Herrschaft stabil ist. Besonders werden sie sich für unsere Pferde interessieren, sie sind verrückt nach guten Pferden. Sie haben uns bei der Abreise drei herrliche Hengste für unsere Zucht geschenkt und dazu einen Meteoriten, für den sich Fried interessiert hatte. Wir haben als Gastgeschenke einen der so bewunderten Langbogen dagelassen und eine Armbrust. Meine Bedenken zerstreute Fried, er meinte, sie würden sich diese sonst auf anderem Weg beschaffen.

Was sie an Fried neben seiner Fähigkeit als Krieger am meisten bewunderten war die ärztliche Versorgung, die er mir und anderen Leidensgenossen angedeihen ließ. Ein König, der so etwas könne sei wahrlich ein Magier. Daran änderte sich auch nichts, als ich ihnen deutlich machte, Fried sei ein ausgebildeter Arzt und Jurist. Daraus ergab sich die Brücke zu unserem Verhältnis zu Muslimen und Juden. Ein geadelter jüdischer Leibarzt, der bei Majestät aus und eingeht, und der ein Professor an der Universität ist, fanden sie zwar ungewöhnlich, aber nicht unmöglich. Dieses Attribut billigten sie aber dem nächsten Aspekt zu, der ungehinderten Ausübung aller Religionen in Thule, manifestiert durch Synagogen und Moscheen. „Dann ist Euer Dolmetscher ein gleichberechtigter Thulaner und kein Sklave?“ Meine Antwort beunruhigte Rahman. „Bei uns gibt es nur freie Bürger und weder Sklaven noch Leibeigene.“ Danach kamen wir auf unser Verhältnis zu den christlichen Staaten zu sprechen. Dieses sei nicht anders als zu den muslimischen Ländern. „Wir treiben mit einigen Ländern Handel, schirmen uns jedoch ansonsten ab, wir stören keine fremden Länder und erwarten für uns dasselbe.“

Als sich die Sitzordnung änderte, wollten Frieds Gesprächspartner seine Ahnenlinie kennenlernen. „Diese ist Euch ja bekannt, daher will ich sie nicht vertiefen.“ So wie etliche Thulaner sehen auch die Berber in ihm den legitimen Kaiser der Christenheit. Das wischte Fried vom Tisch: „König von Thule zu sein, das ist für mich weit mehr als ein Kaiser ohne Macht und Basis. Soll ich meinen Anspruch mit Gewalt durchsetzen, meine Thulaner auf abendländischen Schlachtfeldern verbluten lassen, nur weil ich ein Hohenstaufen bin? Das ist für mich undenkbar und nicht wünschenswert. Foris pax, Concordia domus (*Frieden mit draußen und Eintracht im Inneren*) das will ich für Thule. Was ich an Macht und Geltung habe ist wahrlich genug der Versuchung, mehr darf es nicht sein!“ Nicht nur wir Thulaner schauten nachdenklich, auch unseren Gastgebern leuchtete das ein. Das war das Schlusswort dieses bewegten Tages, denn am nächsten Morgen galt es gen Sidifni zu ziehen, das sich in der Hand der Usurpatoren befand. Die Aufständischen wurden vom Bruder des Mustafa angeführt, der nicht minder kampferprobt und skrupellos war, wie der Getötete.

Die Lage in der Hafenstadt Sidifni war höchst unangenehm. Die Thulanische Flotte lag wie eine Riesenkrake vor dem Hafen, ließ niemanden hinein oder heraus, auch nicht die Fischer, die sonst die Stadt versorgten. Die beiden Aquädukte waren besetzt, kein Wasser erreichte mehr die Stadt, ihre Bewohner saßen buchstäblich auf dem Trockenen. Ihr Versuch, die Blockade der Thulaner zu durchbrechen endete kläglich. Für unsere Langbogen- und Armbrustschützen war dieses Unterfangen eine leichte Übung und schwächten so die Besatzung. Danach waren die kleinen Schiffe der Verteidiger leicht zu entern. Seegraf Hildebrechts Mannen waren derlei Kämpfe unter seiner umsichtigen Leitung gewohnt.

Rahman hatte uns Anführern Pferde bereitgestellt, diese herrlichen Tiere waren etwas kleiner als unsere Rösser. Unsere Krieger ritten weiterhin auf Dromedaren. Die Passage nach Sidifni war frei und so konnten wir der Gegend einige Blicke widmen. Es dauerte einen ganzen langen Tag bis wir auf die eingeschlossene Hafenstadt trafen. Von weitem schon hatten wir unsere Schiffe gesehen, die wie eine halbkreisförmige Perlenkette vor der belagerten Stadt vor Anker lagen. Wäre kein blutiger Auftrag angestanden, hätte der Anblick der weißen Stadt inmitten ihrer grünen Haine vor dem tiefblauen Ozean Herz und Auge erfreut. So aber trafen wir mit gemischten Gefühlen im Heerlager der Berberkrieger ein, die uns sehnlich erwartet hatten. Sie wünschten unseren Rat, ersuchten aber auch um unsere direkte Unterstützung.

Beides bekamen sie, wenngleich anders als sie erwartet hatten. Mit Bannersignalen dirigierte Fried die Flotte näher an die Stadt heran, damit die Pfeile der Langbogen deren Mauern erreichen konnten. Wir an Land legten unsere Kettenhemden an. Wie ein gewaltiger Körper schritten wir voran bevor wir Thulaner in Bogenschussentfernung vor der Mauer zum Stehen kamen. Die mit uns gekommenen Stammeskrieger verstärkten die Truppen auf den beiden anderen Seiten vor der Stadtmauer. Des Königs Banner stieg hoch in die Luft und löste eine Wolke von Pfeilen aus. Die dicht besetzte Mauer wurde beim ersten Angriff fast leergefegt, denn die überraschten Verteidiger kannten die Reichweite unserer Langbogen noch nicht und fühlten sich völlig überrumpelt. Nun traten die Stammeskrieger in Aktion, sie lehnten Leitern an die Mauern. Die Verteidiger, die sie daran hindern wollten, holten wir mit unseren Pfeilen herunter. Ihre Widerstandskraft war schnell gebrochen, ein letzter Ausbruchsversuch brach im Pfeilhagel zusammen. Die Wenigen, die das Inferno überlebten, wurden gefangen genommen. Danach war Sidifni in kurzer Zeit wieder in der Hand von Rahman.

Mit der Bevölkerung wurde hier so verfahren wie in Daraout. Uns verwunderte, dass viele von denen, die Rahman offensichtlich treulos gewesen waren, wieder in Gnade aufgenommen wurden. Lediglich die fanatisierten Kämpfer Mustafas, die noch dazu Rahmans Getreue misshandelt hatten, erwartete die Galeere, auf dem Sklavenmarkt ließ sich für die jungen Krieger ein guter Preis erzielen. Achmed erklärte uns, dies sei eine Wiedergutmachung, die außerdem die Kerker nicht belaste.

Einige von uns, auch ich, baten Fried, doch zu intervenieren, doch er lehnte dies rundheraus ab. „Wir sind hier Gäste, haben nichts zu fordern. Dies sind die Gepflogenheiten in den muslimischen Landen, uns steht es nicht zu dagegen zu sprechen. Mir ist daran gelegen mit Rahman und Ali ein gutes Einvernehmen zu erlangen, damit künftig von hier aus Überfälle ausbleiben. Unsere vorherige Demonstration hat unsere kriegerische Macht bewiesen und auch die Kühnen abgeschreckt. Mehr, meine Freunde und Getreuen, können wir nicht erreichen. Ich erinnere an unser Ziel: Prinz Theodemir und seine Gefährten befreien, und den Verstoß gegen die Gebote der Gastfreundschaft sühnen. Beides ist gelungen und dies zum Glück ohne den befürchteten großen Blutzoll. Es ist nicht unser Auftrag in die inneren Belange anderer Länder einzugreifen, selbst wenn wir dazu die Macht hätten. Alles fordert seinen Preis, mir gefällt diese grausame Praxis auch nicht. Bedenkt jedoch auch noch eines, Rahman muss die fremden Stammeskrieger für ihre Hilfe entlohnen. Außerdem hat ihn sein verräterischer Cousin ausgeplündert. Rahman bewegt sich im üblichen, allseits akzeptierten Rahmen. Es sollte uns stolz aber nicht überheblich machen, wenn wir manches humaner handhaben. Frieds klare Worte waren wie stets Gebot für alle, auch für mich, der es vielleicht anders gemacht hätte.

Erneut gab es ein festliches Mahl und wieder viele Fragen, die dieses Mal auch von uns kamen. Wir wollten mehr zu den Sitten und Gebräuchen der Berber erfahren, zumal uns die Versklavung der Gefangenen verstimmt hatte. Das, was ich nun erfuhr, nötigte mir große Achtung ab. Wir hatten es keineswegs mit rohen Barbaren zu tun, sondern mit feinsinnigen und fein empfindenden Menschen zu tun. Mein Respekt vor der Bildung und Kultiviertheit nahm immer mehr zu. Fried raunte mir zu: „Toti, sie stehen uns trotz anderer Religion in gar nicht so wenigem viel näher als die christlichen Reiche. Sie haben wie wir viele Anregungen aus der Antike aufgenommen, und noch dazu von anderen hohen und uralten Kulturen. Für mich ist es sehr anregend mit diesen Fürsten zu reden, auch ihre Gefolgsleute sind gebildet und kultiviert. Ich bedaure es jetzt, nicht wie mein Ahn Kaiser Friedrich II. wenigstens etwas Arabisch zu können, wobei es noch besser wäre ihre Berbersprache zu beherrschen.“

Dies gab ich so an Achmed weiter, der es sofort an Vater und Oheim übermittelte. Unsere deswegen geschmeichelten Gastgeber bedankten sich überschwänglich. Caid Ali meinte: „Ich habe erlebt wie überheblich sich die Christen uns gegenüber gebärdeten. Nie vermochte ich zu begreifen warum sie dies tun. Viele von ihnen sind unwissend, kennen keine Bücher, können weder schreiben noch lesen und folgen oft ihren Priestern ohne selbst nachzudenken. Viele tragen verschmutzte Kleidung und riechen unangenehm, da ihnen Waschen nicht nötig zu sein erscheint. Wie erfrischend ist es, sich mit Euch zu unterhalten, die Ihr gebildet seid und ohne Überheblichkeit auftretet. Ihr dürft Euch glücklich schätzen einen Herrscher zu haben, der ein Weiser und Held ist. Was für ein großes Geschenk hat Euch der Allmächtige gegeben, und was für ein Glück ist es für uns den großen König Friedrich und seine Getreuen zu unseren Freunden zählen zu dürfen.“ Fried hatte es mitbekommen, legte Ali die Hand auf die Schulter und sagte: „Auch wir sind froh darüber, mit Euch Edlen und Euren Sippen ein gutes Einvernehmen gefunden zu haben. Das, lieber Ali, ist Euer Verdienst und Gottes Fügung, der uns beide vor Jahren zusammen gebracht hatte.“

Friedrich umarmte Caid Ali beim Abschied und nannte ihn seinen Freund, und dies in der Sprache der Berber, woher auch immer er dies aufgeschnappt hatte. Genauso herzlich hatte ich mich von Rahman verabschiedet, meinem Leidensgenossen und neuen Freund. So war meiner Mission, wenngleich auf bitterem Umweg doch noch Erfolg beschieden. Wir haben im Reich der Berber Freunde zurückgelassen und dadurch in einer Region Frieden geschaffen, von der bisher eine latente Bedrohung ausgegangen war. Dies war mehr als erwartet und stellte beide Seiten sehr zufrieden. Trotz rauer See verlief unsere Rückreise ruhig und gab uns Gelegenheit zu eingehenden Gesprächen.“

Die Kinder hatten die Hufschläge einer Reitergruppe ausgemacht und waren nicht mehr zu halten. Endlich kam ihr Vater. Kaum waren die Reiter abgestiegen, da stürzten sie sich auf ihn. Sie hatten ihn zuvor ja auch so lange entbehren müssen. Amala wartete derweilen oben auf ihre Familie. Nun konnte sie ihren Mann so begrüßen, wie es ihr zumute war, ihn umarmen, küssen und ihrer Freude freien Lauf lassen, dass der geliebte Mann unversehrt wieder zu Hause war. Dabei hatte Adelheid weit mehr Grund zur Freude, denn ihr Theodemir war im tiefen Kerker in Ketten gelegen und musste danach in der glühenden Sonne beinahe verdursten. Doch die Liebe machte sie erst einmal egoistisch, was sich die Königin auch eingestand.

Abb. 8 Der Weg der Befreier von Prinz Theodemir.

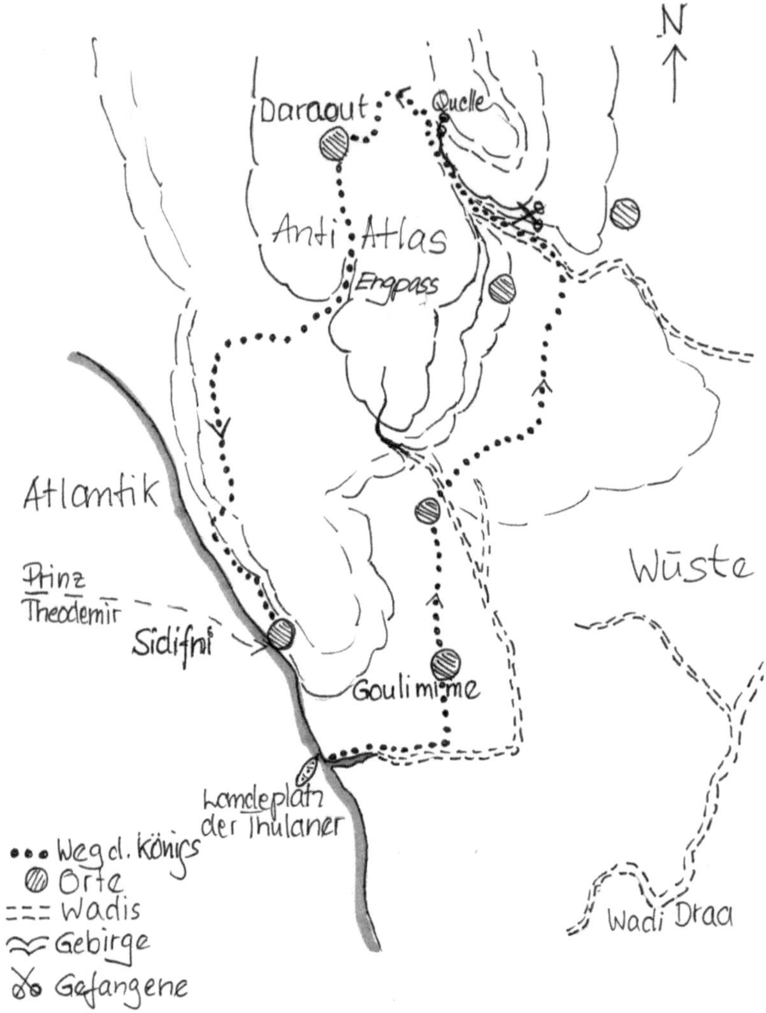

### Nachklang

Amala wurde beim festlichen Abendessen von ihrem Mann und ihrem Vater eingerahmt, Adelheid saß zwischen Bruder und Mann. Friedrich hatte eine ungewöhnliche Sitzordnung bestimmt, damit ihm alle Gefährten nahe sein konnten, die ihn nach Mauretanien begleitet hatten. Dank der glücklichen Heimkehr ihrer Männer und befreit von ihren Ängsten brachten sich die Damen besonders ein, belebten das Gespräch mit immer neuen Fragen. So entwickelte sich eine lockere Stimmung. Von ihrem Vater erfuhr die Königin jetzt, wie ihr Gemahl das Problem des Einspruchs gegen den jüdischen Rektor Nikolaus von Kamen gelöst hatte, was auch von allgemeinem Interesse war.

„Amala, Dein Friedrich behandelte diese knifflige Geschichte ganz locker und verblüffte uns wieder einmal. Die Herren Theologen können ihren unbilligen Wunsch gerne erfüllt bekommen, sie müssen dabei allerdings eine Kleinigkeit in Kauf nehmen, nämlich dass dann an jeder Universität ein hebräischer Lehrstuhl errichtet wird. Und ich werde auch an jeder Hohen Schule eine Synagoge stiften und einen Rabbiner besolden. Sollten die Herren Theologen zustimmen, dann werden wir die Wahl des Rektors zwar nicht für ungültig erklären, sie aber wiederholen lassen! Amala, ich gestehe, ich habe da kurz die Luft angehalten, als Friedrich von Wunscherfüllung sprach. Doch als er in aller Ruhe seine Antwort darlegte, da musste ich wie alle anderen schadenfroh lachen. Denn diese Forderung könnten die Herren Professoren unter keinen Umständen akzeptieren. Da nehmen sie mit Nikolaus lieber einen jüdischen Rektor in Kauf. Ich hatte nicht gedacht, dass dieser brisante Punkt so einfach zu lösen ist. Friedrich ist schon ein außergewöhnlicher Herrscher.“ Herzog Wittich war wieder einmal sehr stolz auf seinen Schwiegersohn.

Übrigens kam es genauso wie vom Herrscher vorausgesagt. Händeringend baten die Theologen den Kanzler ihren Einspruch zurücknehmen zu dürfen. Er solle doch all seinen Einfluss beim König geltend machen, um ihn von der Errichtung hebräischer Lehrstühle abzubringen. Wie Markgraf Rainald später der Königin berichtete, hatte er dies mit hämischem Grinsen dem Herrscher vorgetragen. Dieser habe dann allerdings richtig schadenfroh gelacht.

Neben anderen eiligen Angelegenheiten, die dem König am Tag seiner Rückkehr zur Entscheidung vorgelegt wurden, blieb man an einem läppischen Fall hängen, so der Herrscher. In einer Landgemeinde hatte ein eifernder Pfarrer theatralisch und bigott die Wiederkehr des Messias erwartet. Dieses Lamento ging den braven Bauern gegen den Strich. Einer unterbrach die Klage des Geistlichen: „Hör auf mit Deinem Geseiere vom kommenden Messias. Unser Messias ist unser König Friedrich, der für uns mehr Gutes getan hat, als Dein Pfaffenvolk in tausend Jahren. Lasst uns für unseren König beten und Gott dafür danken, dass er ihn uns gegeben hat!“ Als sich der erboste Pfarrer weigerte, schob ihn ein anderer Bauer einfach zur Seite und stimmte das Vaterunser in der Version von Ulfilas an. Er ergänzte es noch um den Zusatz: „Allmächtiger Gott schütze unseren Hohen Herrn, Ihre königliche Majestät, hilf ihm das Friedensreich in unserem Thule zu errichten. Schenke ihm ein langes und gesundes Leben, ihm, den wir lieben wie einen gütigen Vater.“ Er endete mit einem „Amen“, was der Pfarrer als himmlischen Auftrag wertete, die aufmüpfigen Bauern disziplinieren zu lassen. Der erzürnte Priester zieh die Bauern der Gotteslästerung und zerrte sie vor Gericht. Ein streng religiöser Richter verhängte die drakonische Strafe von einem Jahr Gefängnis für jeden. Zum Glück für die Bauern gelangte ihr Einspruch in die Hände eines höheren Richters. Der informierte den Kanzler, denn er befürchtete Weiterungen seitens der Kirche, falls er das Urteil kassieren würde. Als der Herrscher heute davon erfuhr wurde er ungnädig, nannte es ein Schandurteil, das nur aufgrund einer Rechtsbeugung zustande gekommen sein konnte. Er kassierte das Urteil und ließ den parteiisch entscheidenden Richter nach Thormia versetzen. Der König hatte sich zwar eng an das Thulanische Recht gehalten, war allerdings bis an die Obergrenze des Sanktionskatalogs gegangen. Die harsche Intervention des Obersten Richters wirkte Wunder, nun hatte auch der letzte Richter begriffen, dass ausschließlich der Codex Thulensis bei der Beurteilung eines Falles heranzuziehen sei. Außerdem habe der Grundsatz in dubio pro reo zu gelten.

Herzog Wittich und Markgraf Rainald hatten zwar schon auf die Schnelle die wesentlichen Ereignisse der Thulaner in der Berberei vernommen, doch gab es noch mehr zu berichten. Es ging bald um den Unterschied zwischen der Staatlichkeit der Berberreiche und Thule. Die Antwort gab Prinz Theodemir: „Wir empfanden die Situation der Berberfürsten Ali und Rahman wenig beneidenswert. Rückhalt finden die

Beiden allenfalls in ihren Sippen. Doch der scheint nicht sonderlich fest zu sein, denn sonst hätte Rahmans Cousin, der Verräter Mustapha, von der Sippe keine Unterstützung erfahren. Eine wahrnehmbare übergeordnete und steuernde Herrschaftsinstanz war für uns nicht zu erkennen. Entweder ist ihr Herrscher zu weit weg oder zu sehr in Iberien engagiert. Unserem Eindruck nach ist das Reich der Meriniden ein Verbund von recht selbständig agierenden Stämmen. Die sie verbindende Klammer ist wohl eher die starke Stellung ihrer Religion. Aber nicht einmal darauf scheint hier Verlass zu sein. Sonst wären doch nicht drei aufeinanderfolgende Reiche entstanden, die den Großteil Iberiens beherrschten."

Friedrich ergänzte seines Schwagers Ausführungen. „Den angestrebten Herrschaftswechsel begründeten die aus dem Maghreb nach Norden vorstoßenden Usurpatoren jedes Mal damit, dass dort der Islam nicht streng genug gelebt würde. Sie nahmen Anstoß am verweichlichten Lebensstil der Muslime, denn sie, die Angreifer, selbst lebten bisher bescheiden im kargen von der nahen Wüste geprägten Süden. Zumeist waren es streng religiöse Führer, die viele Anhänger um sich scharen konnten und mit diesen aufbrachen, um in Iberien dem wahren Glauben zum Recht zu verhelfen. Was nicht muslimisch, verweichlicht und was wahrer Glauben ist, das definierte der jeweils höchst angesehene Geistliche. Diejenige Sippe, die diesen religiösen Führer stellte, oder bei der er erstmals an Einfluss gewonnen hatte, errang deswegen die Macht und stellte die einflussreichen Granden. Die engen, simplen, fanatischen und fundamentalistischen Horden bezwangen die verfeinerte, tolerantere und weltoffenere Herrschaft. Wir haben es hier mit zwei Phänomenen zu tun. Einerseits mit dem Sippenverband, verbunden in der strengeren Ausübung der Religion. Andererseits zählt bei den zugewanderten und heute bestimmenden Arabern die einstige Nähe zum Propheten Mohamed viel. Ich betone diesen Punkt deswegen, weil er auch für uns wesentlich ist. Wir, die Adeligen, dürfen uns in unserem Verhalten und Lebensstil, nicht noch weiter von unseren Schutzbefohlenen entfernen. Ich erinnere daran, was uns zwei Könige angeraten haben. Sowohl König Indulf I., der Vater Thules, als auch mein Urgroßvater Friedrich I. hielten ihr Volk, vor allem aber ihre Nachfolger dazu an, angemessen zu leben und das Wollen ihres Volkes nicht aus den Augen zu verlieren."

Graf Arnulf, den übrigens der König beim Kampf im Palast aus einer üblen Situation befreien konnte, wollte den Begriff Sippe hinterfragt wissen. Für ihn sei es das Gefühl des Zusammengehörens einer Familie, die in Generationen gewachsen und sich der gemeinsamen Wurzeln bewusst sei. Wieder ergänzte der König die Aussage. „Arnulf, dem stimme ich voll zu und füge noch einen Punkt hinzu. Dieser Sippenzusammenhalt wird weit mehr von der gemeinsamen Geschichte und weniger von der Gegenwart geprägt." Bodo in seiner manchmal so trockenen Art warf ein: „Friedrich, dann geht dies über das Lausen einer Affenkolonie hinaus. Die Taten der gemeinsamen Ahnen werden dann bis zum Exzess besprochen. Sie werden weit höher gerühmt als real vertretbar, und alle machen dabei mit." „Bodo, wie erklärst Du Dir das?" wollte Indulf wissen. „Jeder, der diesen Ahn rühmt, stellt damit seine eigene besondere Beziehung zu diesem „Denkmal" heraus. Er benützt sozusagen den Großvater, um sich selbst zu spiegeln, was verdeckt und beiläufig geschehen muss, sonst eckt er damit an." „Warum denn dies?" „Indulf, in diesen Sippen herrscht ein austariertes Gleichgewicht. Außergewöhnliche Menschen oder gar Helden ertragen die Zeitgenossen nicht, sondern erst künftige Generationen. Tot musst du sein, dann erstrahlt dein Ruhm und du wirst zur Nabe des Sippenrades. Was glaubst Du, wie sie mich dereinst in der Falkenburger Familie feiern werden. Derzeit ist ihnen nur mein Einfluss wichtig, dennoch plagt so manchen von ihnen der pure Neid!"

Alle stimmten in Bodos Lachen ein und Friedrich ergänzte grinsend: „Lieber Bodo, dafür hast Du ja hier bei allen neidlose Zuwendung und Ansehen. Einen Preis für seinen Erfolg bezahlt nun mal jeder. Es ist schon ein unglaublicher Weg vom „Brunnenbuben" zum wilden Bodo, dem besonnenen Heerführer und sogar noch zum geschätzten Regenten von Rhenia. Mein lieber Freund, die Falkenberger sind trotz ihrer Anzahl für mich keine Sippe, wie die Stammesverbände der Berber. Außerdem bist Du aus ihr herausgewachsen, bewegst Dich in einer anderen Welt und Umgebung. In unserem Thule liegen die Dinge anders als bei den Berbern. Wir sind keine Union von Sippen sondern ein geschlossener Staat, einer mit klarer Verfassung und Struktur. Als Indulf I. beim Abzug vom Schlachtfeld am Vesuv die Reste der Seinen neu zusammensetzen musste, brach er notgedrungen mit der Tradition der Sippenverbände, legte damals den Keim für einen anderen Staat. Auf dem Zug gen Norden und nach Thule entstand etwas Neues. Unsere Ahnen empfanden sich nun zuerst als Thulaner und dann erst als Teil einer mehr oder minder großen Familie. Aber dazu kann uns Thori sicher etwas sagen."

„Majestät, ich sehe hier bei uns noch einen ganz wesentlichen Gesichtspunkt: Unsere festgefügte, seit Jahrhunderten bestehende Königsherrschaft. Diese steht für uns als Staatsfundament über der Religion. Sicher hatte der Arianische Glauben auch zur Einheit beigetragen, aber mehr noch die Rolle des Herrschers. Stets war der König von Thule auch ein Priesterkönig, aber das absolute weltliche Königtum war weit gewichtiger. Waren unsere Könige außerdem noch fähige Feldherrn und sogar Helden, überlagerte dies alles andere, auch das sakrale Moment. Der lange Krieg in Italien und der bittere Kampf ums Überleben unseres Volkes hatten unsere Ahnen zusammengeschweißt, die dann als Schicksalsgemeinschaft ihre neue Heimat Thule kultivierten. Alle fühlten sich verwandt, empfanden sich nur noch als Thulaner. Im Lauf der Jahrhunderte wurden aus vielen der sich verwandt Fühlenden oft echte Verwandte. Das gilt nicht nur für uns Adelige und speziell den Hochadel, sondern auch für unser Volk. Nehmen wir als Beispiel einmal unseren Kreis. Unser König ist mit Prinz Theodemir verwandt und beide wiederum mit Herzog Wittich. Bodo und Arnulf, Ihr seid verschwägert und dadurch auch mit den Theodingern verwandt. Und so könnte ich fortfahren.“ Es gab an diesem Abend nicht nur Themen, die aus dem Abenteuer in der Berberei hervorgingen. Die Fragen der Damen führten allerdings die Berichte immer wieder auf dieses dramatische Ereignis zurück.

### Die neue Reichsstraße

Die Königliche Familie hatte ein mit Blumen und Girlanden begrenztes Tor durchritten und dadurch eine symbolische Wand beseitigt. Amelungia und Fjordland waren nun dank einer neuen Straße direkt miteinander verbunden. Sechs lange Jahre hatten Ingenieure und Bauleute geplant und gebaut. Tausende von Helfern räumten Steine weg, gruben die Trasse in steile Abhänge hinein, sicherten diese durch Mauern und schufen so die Basis der neuen Straße. Es mussten viele Brücken kühn über die Neria und ihre zahlreichen Zuflüsse gebaut werden. Etliche Tunnel wurden an Engstellen durch die Berge getrieben. Am Ende des Tales krönten sie ihr Werk mit einem fast zwei Meilen langen Tunnel. Ihn hatten der König und sein Gefolge im Schein großer Öllampen durchritten, die an den Wänden befestigt waren. Das flackernde und blakende Licht zauberte gespenstige Bilder auf die rauen Wände.

Diese neue Reichsstraße, die Nr. VII, war nach neuen Vorgaben des Königs gebaut worden. Zwei breite Fuhrwerke sollten auf ihr ohne Manövrieren aneinander vorbeikommen. Dort wo Steinschlag drohte, mussten massive Schutzdächer angebracht und auch das Frühjahrshochwasser berücksichtigt werden. Wünsche des Königs wurden als Befehle angesehen und befolgt. Sogar seine eher nebenbei gefallene Bemerkung: Es wäre für ihn ein Traum eine Straße mit geringer Steigung vorzufinden, fiel auf fruchtbaren Boden. Die Planer erfüllten ihm seinen Traum im Neriatal. Wo große Steigungen zu überwinden waren, legten sie Schleifen an, die schöne Ausblicke boten. Zuerst wurde der Abschnitt von Kronstadt bis nach St. Michael ausgebaut, der das Städtchen Martinstal mit seinen steilen und verwinkelten Gassen umging. Zur gleichen Zeit wurde die Strecke von Seeburg entlang des Längsees ausgebaut. So ließ sich die Straße von beiden Seiten her vorantreiben und die Bauleute mit allem Notwendigen versorgen. Von Anfang an wurde auch am großen Tunnel gearbeitet. Tag und Nacht wurden dort Steine herausgebrochen, auf einer provisorischen Baustraße abtransportiert und zur Trassierung verwendet. Glücklicherweise war das dortige Gestein zwar tragend, aber nicht sonderlich hart und konnte gut gebrochen werden. Deswegen wurde hier ein breiter Tunnel gebaut, dessen Fahrspuren durch Mittelstützen getrennt waren. Dies sorgte für eine gute Belüftung. Der Tunnel war sogar noch vor der Straße fertig. Stolz waren die Verantwortlichen darauf, dass es unter den Bauleuten nur wenige Tote gegeben hatte und größere

Unglücke ausgeblieben waren. Etwas Neues war den Planern eingefallen. Anstelle von aufwendigen Brückenbauwerken legten sie an geeigneten Stellen mächtige Rampen an. Dazu verwerteten sie die Mengen des angefallenen Ausbruchs. Am Grund des Tales sorgten gemauerte Auslässe für den ungehinderten Abfluss der Gewässer. Dieser Kunstgriff trug vor allem dazu bei, des Königs Wunsch nach geringer Steigung zu erfüllen.

Noch vor der Fertigstellung wurden Wegstationen und Hospize angelegt. Diese zogen Handwerker und Händler an und legten den Keim für neue Ansiedlungen. In einem dieser Mansios nächtigten der König und seine Familie, allen gefiel dieser idyllische Ort. Wissend darum, dass der Herrscher hier Station machen würde, durfte die Raststätte zuvor nicht bezogen werden. Zufällig wurde in einem Seitental ein ergiebiges Silbervorkommen entdeckt. Hier entstand zwangsläufig eine Siedlung der Bergleute. Das obere Neriatal, ohnehin mit etlichen Minen gesegnet, erfuhr so als Schatzkästchen Thules eine weitere Aufwertung. Dem Wunsch des Abtes von St. Peter wurde stattgegeben, der darum bat die Ruhe des Klosterdorfs nicht durch eine Straße zu stören. So kam St. Peter abseits zu liegen, es war als Endstation der ausgebauten Neriastrasse schon bisher wenig aufgesucht worden. Es blieb nun durch einen engen und kurvenreichen Weg mit der „Welt" verbunden.

Als schwierigste Stelle erwies sich die Trasse entlang des kleinen Neriasees. Der Bergsee lag fast am Ende des langen Neriatals am Fuß der hier schroff abfallenden Neriaspitze, Thules höchstem Berg. Dort mussten in die steile Wand Galerien gebrochen werden, um gefahrlos am See vorbei zu kommen. Erst als dieses letzte Stück der Reichsstraße fertig war, konnte sie eröffnet werden. Der Volksmund hatte die Reichstraße Nr. Sieben schon umbenannt, für ihn war es König Friedrichs Straße. Laufende Erkundungen machten immer wieder Änderungen an der geplanten Trassenführung notwendig, was sich zumeist als Vorteil herausstellte. Besonders ausgeprägt war dies an der höchsten Stelle der Straße. Ursprünglich sollte der große Tunnel weiter nördlich angelegt werden, was eine erheblich längere Streckenführung nach sich gezogen hätte. Noch gewichtiger war die Länge des dort geplanten Tunnels. Hier wäre das zu durchstoßende Gebirge doppelt so breit gewesen als bei dem jetzigen Tunnel. Ein glücklicher Zufall ersparte den Bauleuten viel Arbeit.

An der Stelle wo sich die junge Neria als Wasserfall in die Tiefe stürzte, entdeckte der leitende Ingenieur Hadubrandt eine seitabführende schmale Schlucht. Seine Erfahrung riet ihm an, sich diese Klamm genauer anzusehen. Mit zwei Kollegen folgte er ihrem Verlauf, der nach Südwesten führte. Die Schlucht stieg zu ihrer Verwunderung nur wenig an, wirkte auf die drei Männer wie ein wasserloses Flussbett. Sie mussten dabei Felsblöcke überwinden und kamen so nur langsam voran. Hadubrandts Annahme von einer zunehmenden Verengung erwies sich als falsch. Die Schlucht war an ihrer engsten Stelle immer noch so breit wie ein quer stehender Langholzwagen. Hadubrandt und seine Gehilfen fühlten sich fast wie in einer Höhle, die Felswände bildeten über ihnen ein Dach und ragten teilweise weit in die Schlucht hinein. Dadurch waren sie gegen Steinschlag und Unbill der Witterung geschützt. Wie unter einem Zwang tasteten sich die drei Männer noch einige Meilen voran bis ihre Erkundung in einer großen Ausbuchtung ein Ende fand. Als Hadubrandt nach oben schaute, vermeinte er direkt über sich den Gebirgskamm zu erkennen. Der erfahrene Ingenieur erklärte sich dieses Wunder mit einem veränderten Lauf der jungen Neria. Einst musste hier ihr Quellfluss gewesen und die Neria weiter südlich geflossen sein. Nach der Ausbuchtung zu urteilen, die er linker Hand hoch über sich erkannte, floss dort der junge Fluss und stürzte hier in diesen Topf hinab. Hadubrandt fühlte sich in seiner Annahme noch durch eine andere Beobachtung bestätigt. Die Felswand an der linken Seite des Topfes war zwar zerklüftet, deren Klüfte zeigten sich aber als glatt geschmirgelte Rinnen. Hier gab es einst einen Wasserfall, nur so ließen sich die derart glatten Wände und die abgerundeten Felsblöcke des Topfs erklären.

Seine Helfer hatten unterwegs den Verlauf der Schlucht grob skizziert und die Himmelsrichtung anhand ihres Kompasses festgehalten. Diese Skizze erörterten sie nun mit ihrem Chef. „Männer, wir haben heute einen Glückstag. Wenn ich mich nicht sehr täusche, dann können wir durch diese Schlucht unsere Straße führen und sie um viele Meilen verkürzen. Ich gehe davon aus, dass der sich vor uns auftürmende Gebirgskamm die Wasserscheide zwischen den zur Neria und den ins Fjordland fließenden Gewässern ist. Diese vier markanten Zacken über uns sind mir damals schon bei der ersten Erkundung auf der anderen Seite im Fjordland aufgefallen. Sollte ich Recht behalten, dann könnten wir hier einen viel kürzeren Tunnel ausbrechen. Männer, das wäre ein unglaubliches Glück und würde unseren Leuten viel Arbeit ersparen. Lasst uns nun zurückgehen und die Skizze mit unserer genaueren Karte abgleichen, um Gewissheit zu bekommen."

Bereits am nächsten Tag machten sich die drei Männer auf den Rückweg. Anfangs mussten sie noch Bergpfade nehmen, kamen aber nach dem kleinen Neriasee auf schmalem Weg zügiger voran. Bald hatten sie ihre Maultiere erreicht, mit denen der Rückweg schneller voranging. Sie wollten doch im Ministerium die frohe Kunde überbringen. Dort trafen sie auf den Oberrat Sigmund, dem sie von ihrer erfolgreichen Erkundung berichteten. Der freute sich mit den Männern und ließ sofort anfragen, ob der Herrscher zu sprechen sei. Hadubrandt war ziemlich befangen, als er und seine beiden Gehilfen zum König gebeten wurden, doch dank der freundlichen Begrüßung verflog dies schnell. „Eure Hohe Majestät, wir bringen Euch gute Kunde und haben unseren Auftrag erfüllt. Wir kennen nun den gesamten Verlauf der künftigen Reichsstraße. Sicher werden sich bei der Trassierung, bedingt durch die geologischen und topographischen Gegebenheiten, noch geringe Änderungen ergeben. Gegenüber der ursprünglichen groben Festlegung hat sich fast so etwas wie ein Wunder ergeben." Er berichtete von der Schlucht am letzten Abschnitt vor dem Durchstich des Hauptkamms und legte dar, dass dadurch die Reichsstraße um viele Meilen kürzer würde. Auch der große Tunnel würde nach ihrer Berechnung um mindestens eine Meile kürzer werden. König Friedrich dankte den Ingenieuren herzlich, selbst sehr erfreut über diesen Erfolg und ließ die Männer reich belohnen. Dies zur Vorgeschichte und dem veränderten Verlauf der neuen Reichsstraße.

Vor dem Tunnelausgang im Fjordland warteten Herzog Beowulf, seine Gemahlin Elsa und mit ihnen die Edlen des Fjordlandes. Viele wurden von ihren Gemahlinnen und einigen ihrer größeren Kinder begleitet. Die Königsfamilie war froh als sie wieder vom Tageslicht umfangen waren und frische Luft einatmen konnten. Sie und ihr Gefolge waren im Hirschgrund angekommen, der sie mit sattgrünen Matten und lichten Wäldern willkommen hieß. Dies war der angemessene Rahmen für das große Einweihungsfest hier oben auf dem breiten, festlich geschmückten Platz vor dem Tunnel. In der Ferne zeigte sich der smaragdfarbene Längsee in Festtagsstimmung. Was für ein herrlicher Ausblick und welch südliche Heiterkeit. Dabei waren sie doch auf der Anreise schon so von dem wildromantischen Rheniatal angetan gewesen. Dessen enges, von Zuflüssen gekerbtes Tal, in das sich vielerorts Bäche hinabstürzten, empfanden sie ab und an allerdings auch bedrohlich und düster. Dazu trugen die schroffen Felswände und die schwindelerregenden Abgründe genauso bei, wie die dunklen Bergwälder an den Abhängen.

Als sich die Königin wieder dem Tunneleingang zuwandte, entdeckte sie die dort angebrachte Steintafel. Unübersehbar war in sie eingemeißelt „König Friedrich Tunnel". Und darunter in etwas kleinerer Schrift: „Angebracht zu Ehren von König Friedrich Teja, der diesen Tunnel erbauen ließ." Sie befürchtete, diese Inschrift würde bei ihrem Gemahl nicht gut ankommen. Nicht nur sie war auf seine Reaktion gespannt, mehr noch die Fjordländer und des Königs großes Gefolge. Alle wussten doch wie wenig ihm solche Ehrungen gefielen. Herzog Beowulf baute die Ehrentafel geschickt in seine Begrüßung ein, er dankte Friedrich darin nicht nur als Herzog von Fjordland, sondern auch als „Anwalt" der hier Versammelten. Noch bevor der König darauf eingehen konnte, sprach ihn Herzogin Elsa an: „Majestät, ich kenne Euch nun schon sehr lange und sehe es Euch an, das Schild missfällt Euch. Wenn ich Euch nun aber eingestehe, dass es in allererster Linie meine Idee war, und ich stolz darauf bin. Ich habe sie sogleich den edlen Damen dargelegt, die sich bei mir eingefunden hatten und fand große Zustimmung. Bedenkt bitte unser Anliegen, wir verehren Euch und würden uns jetzt gerne mit Euch freuen!" Des Königs zuvor kritische Miene hatte während der Bitte seiner Nenntante wieder einen gelösten Ausdruck angenommen. „Liebe Herzogin Elsa, meine Nenntante, Euch etwas abzuschlagen, das schaffe ich nicht und Euch zu kränken, das käme mir nie in den Sinn. Eure gute Absicht verdient den Sieg und diese Marmortafel. Ihr edlen Damen, ich freue mich über Eure Zuneigung, die meine Eitelkeit kitzelt und mir einredet, meine Zustimmung sei nur eine lässliche Sünde." Freudig wurden des Königs Worte aufgenommen. Das Fest konnte beginnen, in dessen weiterem Verlauf sich Fröhlichkeit und edler Wein gegenseitig stimulierten.

Die Tunneltaufe war das Vorrecht der Königlichen Familie, die sie zu fünft wahrnahmen. Amala selbst erlebte ihre Familie allerdings schon zu sechst, denn sie trug wieder ein Kind unterm Herzen. Des Königs ältester Sohn Friedrich besprengte den Tunnel mit Wein aus dem Fjordland und Manfred, sein zweiter Sohn, mit demjenigen von Amelungia. Die kleine Prinzessin Adelheid wollte hinter ihren Brüdern nicht zurückstehen, sie nahm ihr Blumenkränzchen ab und hängte es an einen vergessenen Nagel am Rahmen des Eingangs. Als der Herrscher alle Anwesenden gesegnet hatte und den Eingang mit seinem Zeremonienschwert berührte, war der Tunnel und mit ihm die Reichsstraße für alle Thulaner befahrbar. Die beiden Herzogtümer Amelungia und Fjordland hatten nun eine gemeinsame Grenze und eine sie direkt verbindende Straße. Auf dieser konnten nun viele Güter transportiert werden und den Wohlstand mehren. Außerdem sollte sich in ihrem Sog das Neriatal beleben und viele Arbeitsplätze entstehen lassen. Der Herrscher sah darin einen weiteren Beitrag zum angestrebten Frieden, der sich vor allem auf Wohlstand und Zufriedenheit seiner Thulaner gründete. Selbst die Bauleute konnten dort sesshaft werden, sich als Straßenwart verdingen, oder als Gastwirt, Händler oder Handwerker niederlassen. Außerdem hoffte man durch den Bau von Straßen in die Seitentäler Arbeit zu ermöglichen.

Die Königin erinnerte sich an die Besuche im fernen Fjordland. Bei der ersten Reise war sie schwanger gewesen. Der um sie besorgte Gemahl und werdende Vater verwehrte ihr den langen Weg zu Pferd. Er ließ ihr die Wahl zwischen Kutsche und Schiff. Eingedenk der ersten kurzen Seereise vor Indulfsvik, entschied sie sich damals für das Schiff. Aufgrund ihrer jetzigen Schwangerschaft hatte sie diesmal abwechselnd sowohl ihr Pferd als auch die Kutsche genommen. Ihre beiden jüngeren Kinder hatten es noch nicht so mit dem Reiten. Der achtjährige Friedrich ritt gerne, er verschmähte die Kutsche, saß lieber auf seinem kleinen Pferd und ritt neben seinem König und Vater. Der Blondschopf war ohnehin von ihm nicht zu trennen, das war eine Liebe, bei der Amala manchmal das Gefühl hatte, seine Geschwister Manfred und Adelheid würden etwas zu kurz kommen. Dabei nahm sich Friedrich seiner jüngeren Kinder doch auch an. Vielleicht lag es daran, dass ihr Ältester eine rasche Auffassungsgabe hatte, leicht und gerne lernte und seine Berufung verinnerlicht hatte. Er würde einmal als König Friedrich III. dem Vater nachfolgen. Außerdem führte ihn sein Vater immer mehr in die ihn erwartenden Aufgaben und Pflichten ein, weshalb die beiden Könige viel Zeit miteinander verbrachten. Sein Bruder Manfred war bedächtiger, verträumter und stiller als sein quirliger und stets zu Schelmerei aufgelegter Bruder. Die kleine Adelheid war Manfred ähnlich, blickte mit großen blauen Augen unter dem braunlockigen Haar wach, aber auch abwägend in die Welt. Die beiden Kleinen hingen aneinander, während sie dem Großen manchmal eher lästig waren. Doch nun wollten auch die kleineren Königskinder hoch zu Ross ins Fjordland hinab reiten, Manfred saß auf seinem Pony und Adelheid auf dem Aufstecksattel vor ihrem Vater. Nach dem kurzen Einweihungsfest bat Herzog Beowulf das Königspaar, ihr Gefolge und die anderen Gäste ihm auf der neuen Straße ins Tal zu folgen.

In weit ausladenden Kehren wand sich die Straße im Becken des Hirschgrunds talwärts. Je weiter sich der Zug nach unten bewegte, desto milder wurde die Luft und desto lieblicher die Landschaft. Die lichten Bergwälder, mit ihren Flaumeichen, Kastanien- und Mahagonibäumen traten zurück, machten Platz für bebautes Land. Die sanften Hänge und Hügel waren jetzt bestellt. Oben thronten stattliche Gehöfte, die mit ihren Zypressenalleen diese Kulturlandschaft prägten. Der König verglich diese Gegend mit Tuszien, das er in jungen Jahren auf einem Maulesel bereist hatte. Heute ritt er auf dem jungen Hengst Ikarus, dem mächtigen weißen Nachfolger seines Vaters Pegasus, der nun im Gestüt lebte. Vor Amala ritten Herzog Beowulf, der große und der kleine König und Graf Arnulf, des Herzogs Ältester. Amala und Manfred wurden flankiert von Herzogin Elsa, ihrer Schwiegertochter Hildegard und Gräfin Beatrix. Hinter ihnen schlängelte sich das große Gefolge wie ein buntes Band dem Längsee entgegen. Die Talsohle erreichten sie am Zusammenfluss von Hirschälv und Wildeälv. Weiter ging es zwischen sanft gewellten Hügeln dem See entgegen, der sie schon lange grüßte. Unmittelbar vor dem See querte der Zug die hochwassersichere Brücke über den Hirschälv, die einen schönen Blick über den Längsee bot.

Die Dörfer nahmen zu und mit ihnen die grüßenden Menschen. Die Straße führte durch die engen Gassen der am See klebenden Dörfer. Als es in einem Dorf gar zu eng her ging, monierte der Herrscher. „Oheim Beowulf, hier muss eine Umgehungsstraße angelegt werden, da kommen doch keine zwei Fuhrwerke aneinander vorbei.“ „Majestät, lieber Friedrich, das ist schon vorbereitet, es hatte sich verzögert, weil sich ein Dickkopf quergelegt hatte und wir die Gerichte bemühen mussten. Er ist vor einer Woche gestorben, seine Erben wollen jetzt unser Angebot annehmen. Wir können nun endlich loslegen und auch den Nachbarort umgehen. Damit sind die Engstellen behoben, so bleibt den Dörfern ihre Beschaulichkeit erhalten. Hier gab es nie viel Verkehr, der alte Weg hinauf in die Täler und zum Kloster St. Bernhard war nicht sehr belebt. Die Hiesigen nutzen lieber ihre Kähne, sie sind so schneller in Seeburg als zu Pferd oder zu Fuß. Somit entgeht den Wirten und Handwerkern wegen der neuen Reichsstraße nichts. Reisende, die Durst und Hunger plagt, werden den kleinen Umweg ins Dorf nicht scheuen."

Nach einer guten Stunde auf der gut ausgebauten Straße gab es eine Ruhepause. Es ging hinein in den Hof des renommierten Weinguts der Herzogsfamilie, das am Fuß eines Weinbergs lag, von Zypressen umrahmt. Zwei Gebäudeflügel des Gutes umfassten einen herrlichen Garten. Die Wirtschaftsgebäude verbargen sich hinter diesem dreistöckigen Hauptgebäude, in dem sich Herzog Beowulf mit seiner Familie gerne aufhielt. Auf rohen Tischen wurden Oliven, Brot, Pasteten, Wurst und Käse in verschwenderischer Fülle angeboten. Dazu wurde des Herzogs bester Wein ausgeschenkt. Eine Magd stellte unaufgefordert einen Krug mit Wasser vor die überraschte Königin. Hildegards Lächeln zeigte Amala, die Vertraute hatte ihre Schwangerschaft erahnt. Die Königin reichte der Freundin die Hand und hielt den Zeigefinger vor die Lippen. „Ich auch…" sagte diese lächelnd und prostete Amala mit Quellwasser zu. „Was für eine Freude, ich gratuliere Euch, liebe Hildegard." Beider Kinder spielten gerade jauchzend Fangen. Fedi wollte jedoch lieber mit dem Vater die Kellerei begehen, so auch Amala und Hildegard.

In der Kellerei empfing sie ein ungewohnter Duft, in dem sich Süße und Fäulnis mit Modergeruch verbanden. Die großen Pressen mit den mächtigen Holzspindeln beeindruckten den König, der den stolzen Herzog auf diese ansprach. „Majestät, lieber Friedrich, wir schaffen uns noch zwei größere Pressen, drei Bütten und vier große Fässer an. Wir kommen sonst im Keller nicht mehr nach. Wir haben vor vier Jahren unsere Fläche oben am Hang erheblich ausgeweitet, die neuen Weinstöcke tragen nun so gut, dass wir die Trauben dieses Jahr keltern können. Uns kommt die neue Straße nach Amelungia gerade recht, denn schon jetzt geht die Hälfte unseres Weins ins Mittelland. Die Theodericianer haben großen Durst und zahlen anständig. Euch Majestät muss ich davon ausnehmen, nicht jedoch die Königliche Hofhaltung, die mein größter Kunde ist. Zum Glück gibt es am Hof viele Feste mit großem Weinverbrauch. Eure Jahresration würde bequem auf einem Lastesel Platz finden", so lästerte der Herzog. Friedrich blieb seinem Vertrauten nichts schuldig. „Lieber Beo, ich will nicht behaupten, Euer bester Zug liegt in der Kehle, aber er ist bestimmt nicht von schlechten Eltern!" Beowulf gefiel die Antwort, er konterte: „Kühn seid im Streite und stark hinterm Becher, ein guter Recke ist auch ein wackrer Zecher. Ich kenne davon nur eine Ausnahme, ausgerechnet der gewaltigste aller Streiter trinkt lieber Wasser statt Wein, könnt schwerlich ein besserer Streiter sein!“ Ein freundschaftlicher Klaps des Königs beendete den launigen Disput.

Der Herrscher zeigte auf die größte Pressenspindel: „Beo, wir allein kennen noch das Prinzip der Schraube. Mit dieser pressen wir nicht nur die Trauben, wir befördern deren Saft dann mit ihr hoch in die Bütten. So halten wir es ja auch mit dem Wasser, das wir in Thules trockenen Gegenden mit der Schraube des Archimedes zu den oberen Terrassen hinauf befördern.“ Amala hatte dies nie bedacht: „Fried, wie halten es denn dann die Weinbauern in Italien?“ „Sie zertreten die Trauben mit nackten Füßen und sehen danach aus, wie einer Schlacht entronnen. Ihre Fässer füllen sie mit Krügen und Bottichen. Die Felder bewässern sie mit Schöpfrädern, und weiter nach oben tragen sie das Wasser entweder in kleinen Fässern oder in Eimern. Aber nicht nur wir haben hier das technische Erbe der Römer bewahrt. Auch die Araber nutzen noch die von Griechen und Römern auf uns gekommenen Schriften der Gelehrten. Daran anknüpfend ist es mein Bestreben in Wissenschaft und in Technik weitere Erkenntnisse und technische Errungenschaften zu gewinnen. Lieber Beo, Eure Hochschule hat uns schon zu vielen Innovationen verholfen. Beim Bau der neuen Straße haben wir etliche genützt, wie auch bei der neu entdeckten Silbermine im oberen Tal der Neria. Gebt dies bitte an den Rektor und die Professoren weiter!“ „Nichts lieber als das. Königliches Lob ist in Thule allemal der größte Ansporn. Doch mir kommt da noch eine andere Idee: Was haltet Ihr davon, Euch dort umzusehen und mit den Lehrenden, den Erprobenden, vielleicht auch mit den Studierenden zu reden? Dies wäre mehr als alles Lob, es würde die Hochschule aufwerten und deren Ansporn schlechthin sein.“ Friedrich nickte zustimmend: „Abgemacht Beo, das machen wir. Könnt Ihr dies bitte für morgen arrangieren, ich komme dann nur mit einem kleinen Gefolge.“

Nach der Ruhepause ging es weiter nach Seeburg. Dort traf die neue Reichsstraße auf die alte nach Indulfia führende Reichsstraße. Diese sollte nach wie vor weite Teile des Fjordlands erschließen, doch künftig ohne einen Teil des Fernverkehrs auskommen müssen. Dieser Nachteil würde sich im Westteil dank der Umkehr etlicher Verkehrsströme aber kompensieren lassen. Festlich geschmückt war das Neutor und festlich gestimmt waren die Menschen von Seeburg, die den Zug begeistert empfingen. Einer erfreute sie besonders, nämlich der kleine König, der „huldvoll“ winkte und seinen Vater kopierte. Auf dem Domplatz hießen sie Patrizius und Rat der Stadt willkommen. Sie dankten namens der Bürger für den hohen Besuch und die neue Straße, die den Wohlstand Seeburgs mehrte. Der König freute sich über den herzlichen Empfang und die große Zustimmung der Bürger zu der neuen Straße. Als er seine kurze Ansprache beendet hatte, brachten ihn die Seeburger in ein Dilemma. Sie schauten ihren Herrscher erwartungsvoll an, was der Herzog noch verstärkte. „Bitte Majestät, Euer Segen ist für uns alle das Wichtigste, er ermutigt uns für das Kommende.“ Amala hatte den Eindruck sie versagten sich das Niederknien, obwohl sie es gerne getan hätten. Friedrich war für sein Volk mehr denn je Herrscher und Mittler zu Gott, der ihnen ihren König doch geschenkt hatte. Keine Synode konnte daran etwas ändern, auch Thules Priester wehrten dem nicht, denn viele von ihnen teilten die Erwartung der Thulaner. Der König wollte zwar das Ergebnis der Synode nicht unterlaufen, konnte aber dem Erwartungsdruck seines Volkes nicht standhalten. Er war Thule und dessen Inkarnation. Sie hingen an seinen Lippen, saugten seine Worte ein, berauschten sich an seiner Erscheinung und seinem Auftreten. Längst war König Friedrich zum Denkmal seiner selbst geworden, entrückt und gegenwärtig zugleich.

Danach ging es in den Burghof, in dem am Abend gefeiert wurde, wie stets ausgiebig und fröhlich. Der Herzog ließ den Gästen mehr auftischen als ihnen gut tat, was auch für den Wein zutraf. Die Seeburger taten es ihnen gleich und feierten ausgelassen auf dem Domplatz. Bier und Wein hatte der Herzog gestiftet und der Rat hatte fünf Ochsen braten lassen. Spät erst zog sich das Königspaar zurück, ihre Kinder schliefen längst nebenan, erschöpft vom Spiel mit den vielen Kindern im Burghof.

Mit kleinem Gefolge ritten am nächsten Morgen Vater und Sohn Friedrich mit Herzog Beowulf hinunter zur Hochschule. Beowulf hatte die Reaktion der Professoren und Studenten gut eingeschätzt. Der Besuch des Herrschers erfreute sie ungemein, sie sahen in ihm eine besondere Auszeichnung. Die große Aula war voll besetzt, einige Studenten mussten auf den Gängen und Treppen stehen. Keiner wollte sich den hohen Besuch entgehen lassen. In seiner Ansprache würdigte der König die von hier ausgehenden und in ganz Thule sofort eingeführten Neuerungen. Er steigerte aller Stolz noch mit seiner Aussage: „Es ist nicht zuletzt auch

Euer Verdienst, dass die neue Reichsstraße so gut gelungen ist und durch die neuen und viel besseren Geräte früher als geplant fertiggestellt werden konnte. Ihr habt bei mir einen großen Stein im Brett und neben Eurem verehrten Herzog Beowulf noch einen weiteren Gönner gewonnen. Es soll nicht bei Worten bleiben, sondern etwas wirklich Bleibendes dahinterstehen. Künftig fließen der Hochschule ein Viertel der Erträge der neuen Silbermine im oberen Neriatal zu." Ungläubiges Raunen erfasste die Lauschenden und den strahlenden Gesichtern konnte der König die Freude entnehmen. Diese großzügige Zuwendung würde den Spielraum der Hochschule beträchtlich erweitern. Des Herrschers Füllhorn enthielt noch eine weitere Gabe, er stiftete der Fakultät für Straßenbau einen Erweiterungsbau. Ein Herzensanliegen von Herzog Beowulf konnte nun schneller verwirklicht werden als vorgesehen.

„Was ihr nicht wisst, das erfragt. Was sich nicht erfragen lässt, das ergründet. Was sich nicht ergründen lässt, das beobachtet. Was sich nicht beobachten lässt, das fürchtet!" Dieses Schlusswort des Königs hinterließ großen Nachhall. Die Professoren erkoren es zum Leitmotiv der Hochschule und ließen es in der Aula anbringen, gezeichnet F.T.R.T. (Friedrich Teja Rex Thulensis). Sie fühlten sich hierdurch mit ihrem Gönner verbunden und durch ihn ausgezeichnet. In einer späteren Diskussion im kleinen Kreis gab der König noch einen Ausspruch zum Besten: „Wer alles glaubt wird zum Opfer anderer. Wer nichts glaubt, ist bald sein eigenes Opfer." Friedrichs suggestive Gabe und seine Fähigkeit andere zu überzeugen wurde wieder einmal bestätigt.

Beim Rundgang durch die Werkstätten entdeckte der neugierige Königssohn Friedrich neben Straßenprofilen und Brückenmodellen ein Schiffsmodell, das er seinem Vater zeigen wollte. Jetzt wurde ein Professor unruhig, denn die Besichtigung des Schiffsmodells war nicht vorgesehen. Für den Schiffsbau waren die Nautikhochschule in Indulfsvik und das Arsenal zuständig, nicht aber die Straßenbauer in Seeburg. Das Interesse des Königs war nun geweckt, er ließ sich das Besondere des Schiffs erklären: „Hohe Majestät, es ist uns sehr wohl bewusst, dass Wasserfahrzeuge nicht unser Auftrag sind. Doch in diesem Fall wollten wir ein Problem lösen. Die neue Reichsstraße endet im Hafen von Kronstadt, sie verkürzt die Entfernung von Seeburg nach Theodericia beträchtlich. In Kronstadt werden dann die Güter auf die Schiffe umgeladen und in Theodericia wieder auf Fuhrwerke verladen. Das kostet

Zeit und führt gelegentlich auch zu Beschädigungen, die vermeidbar wären. Unser Kollege Thorsten ist auf die Idee gekommen, dieses Problem mit großen Fährschiffen zu beheben. Die Fuhrwerke fahren in Kronstadt direkt in das Schiffsheck hinein und in Theodericia am Bug wieder hinaus. Und dies ohne umständliches Umladen und Verstauen." Der Dekan, der dieses erläuterte, erklärte die Details des Fährschiffs wie die wasserdichten Ein- und Ausfahrttüren, Boxen für die Tiere und den kombinierten Segel und Ruderbetrieb. Im Oberdeck konnten die Fuhrleute die Überfahrt genießen, während Zugtiere und Fuhrwerke im Unterdeck gut untergebracht sind.

Der König hatte Feuer gefangen, er ließ sich alles erklären und war davon höchst angetan. „Ich bin froh über diese geniale Idee. Wer sie gefunden hat ist nicht wesentlich. Eifersüchteleien sind fehl am Platz, ich erwarte auch keine. Wir werden vier Fährschiffe bauen und im Pendelbetrieb zwischen Kronstadthafen und Theodericia erproben. Bewähren sie sich, dann bauen wir noch mehr, um die Frequenz zu erhöhen. Ich kann mir vorstellen, weitere im Amelungensund und an anderen Stellen einzusetzen. Ich beglückwünsche den Urheber wie Eure Fakultät zu der großartigen Idee, lieber Dekan."

Ein kleinerer Kreis von Professoren, Doktoranden, Technikern und oberen Semestern gab danach dem interessierten König Auskunft. Er wollte erfahren, woran derzeit gearbeitet und geforscht wurde, vertiefte sich in Details, verblüffte seine Gesprächspartner durch seine Gedanken und Fragen. Ihn interessierte insbesondere die Forschung des Vulkanologen, aber auch die Verbesserung des Stahlgusses, mit der sich ein Kollege beschäftigte. Bei Fragen, die nicht hinreichend beantwortet werden konnten regte der König an, sie zum Gegenstand weiterer Forschung zu machen, was gerne angenommen wurde. Danach stellten die Befragten ihrerseits Fragen an den Herrscher. Dabei ging es vorwiegend um die Planung weiterer Straßen und Kanäle sowie um die Prospektion von Metallen, Salz und Edelsteinen.

Ein Student interessierte sich für ein ganz anderes Thema und fragte den König: „Eure Hohe Majestät, warum ist denn in Italien alle Erinnerung an uns Goten getilgt?" „Junger Herr, dies trifft nicht für ganz Italien zu. In Ravenna sind die Bauwerke unserer Ahnen sehr wohl noch zu sehen, das monumentale Grabmal Theoderichs des Großen und auch die Kirchen, die er errichten ließ. Diese Bauwerke sind so wenig zu übersehen, wie andere Monumente, die wir dort hinterlassen haben. Mein ferner Vorgänger hat viele der verfallenden römischen Bauwerke instand setzen, Aquädukte funktionsfähig und Verkehrswege erneuern lassen. Noch immer suchen einige Träumer nach den Schätzen, die wir vergraben haben sollen, auch Alarichs Königsgrab wird noch gesucht. Die Italiener haben uns leider in einem wenig schmeichelhaften Sprichwort verewigt: Alles Schlechte kommt von Norden. Damit sind nicht nur wir Goten gemeint, sondern alle jene Völker, die aus dem Norden kommend in den italienischen Stiefel hineingeschlüpft sind. Weil aber wir Goten dem morschen Römischen Reich den Todesstoß versetzt haben, wird es an uns festgemacht. Wie Ihr wisst verklärt sich mit zeitlichem Abstand die Vergangenheit. Unbestritten war das antike Rom Italiens goldene Zeit. Damals war Italien geeint, lebte dank der Ausbeutung fremder Länder und der Arbeit ihrer Sklaven im Wohlstand. Die einstige Macht und Geltung Roms überstrahlt alles, was weit weniger vorzeigbar gewesen ist. Unsere Herrschaft über Italien – so sehen wir es – brachte dem Land eine Zeit des Friedens, der Sicherheit und eine Phase der Blüte. Die Italiener bewerten es jedoch ganz anders, für sie war es ein Überfall, bedeutete Fremdherrschaft und Unfreiheit. Für sie blieben diese waffengeübten blonden Recken eben bedrohliche Barbaren.

Daher haben sie uns auf versteckte Weise bekämpft, konspirierten mit ihren griechischen „Brüdern“, sie versuchten bei uns Uneinigkeit zu säen und hatten damit Erfolg. Wir verloren in vielen Kämpfen Land und Leben, waren fassungslos ob der Blindheit und dem Undank. Erst als sie uns loshatten wurde ihnen bewusst, dass sie mit dem Teufel paktiert hatten. Diese Griechen und Orientalen nannten sich zwar Oströmer, hatten aber mit dem einstigen Rom wenig gemein. Sie pressten das Land aus, ruinierten vollends was den Krieg mit uns noch überstanden hatte. Danach übernahm die Kirche das Land mit ihrer Methode der Unterdrückung. So begann der endlose Abstieg dieses schönen Landes und seiner liebenswürdigen Menschen. Italien ist heute ein geschundenes, zersplittertes und armes Land, angekommen in der Bedeutungslosigkeit. Die Beschämung über ihre eigene Dummheit, unser mildes Regnum gegen diese Schreckensherrschaft eingehandelt zu haben, verdrängen sie. Sie machen es nicht an sich selbst fest, was schwerlich zu ertragen wäre, sondern an uns, die ihnen das „Unglück“ gebracht haben. Dazu gehört auch der neue Baustil im Abendland, den wir beim Kirchenbau teilweise übernommen haben, nämlich die Gotik. Dieser aus Sicht ihrer Kritiker barbarische Stil wurde in völliger Verdrehung der Tatsachen uns Goten angehängt. Eure Frage hatte auch mich während meines Aufenthalts in Italien bewegt. Es nützt nichts vergangener Zeit nachzuhängen, aber wir müssen lernen daraus die richtigen Konsequenzen zu ziehen.

Erstens: Eine Minderheit kann auf Dauer nicht über eine Mehrheit anderer Geschichte, Kultur und Religion herrschen. Zweitens: Ohne Akzeptanz durch die Bevölkerung versagt jede Staatskunst, bleibt letztlich nur noch die Gewalt. Diese zeitigt Hass, Widerstand und – soweit organisierbar – Gegengewalt, Aufstände und Krieg. Drittens: Verdeckter und offener Widerstand überfordert immer mehr die kriegerischen Möglichkeiten der herrschenden Minderheit. Der unabdingbare Blutzoll auch gewonnener Schlachten, ist so heftig, dass die Nachwachsenden die Lücken nicht mehr schließen können. Die Minderheit blutet aus, verschleißt ihre Kraft in einem nicht zu gewinnendem Kampf.

Die Visigoten (Westgoten), unsere Brüder in Spanien, sind einen anderen Weg gegangen, wie auch die Franken. Sie haben sich mit der ansässigen Bevölkerung vermischt, sich assimiliert und angepasst. Für unsere Brüder war es trotzdem das Ende. Verweichlicht und zerrissen von inneren Zwistigkeiten konnten sie der Maurischen Invasion nicht standhalten. Sie verschwanden aus der Geschichte, ja sogar aus dem Gedenken der Iberer, in denen die Reste ihres Volkes aufgingen. Auch die Franken übernahmen die Religion der Beherrschten, sie lehnten sich aber an ihre Stammesgebiete an. Sie führten die Staatsverfassung und Rechtskultur der Römer weiter und dominieren heute zwei Länder, nämlich Frankreich und Deutschland. Wir Ostrogoten (Ostgoten) haben uns hingegen in Italien verblutet. Die wenigen Überlebenden, nämlich fast alle unsere Ahnen haben diese Inseln unbewohnt, aber schön und fruchtbar vorgefunden. Hier konnten wir uns einen Staat eigener Prägung aufbauen. Daran bauen wir immer noch, und ihr, meine Getreuen, seid fürwahr gute Baumeister unseres Thule. Dafür danke ich Euch und beende meine zum Geschichtskolloquium ausgeuferte Antwort."

Der Mimik der Zuhörer nach zu schließen, hatte dieser Einblick in die Geschichte der Ahnen alle interessiert. Der Rektor griff es in seinem Dank auf. „Hohe Majestät, Eure Rückbesinnung auf unsere Vergangenheit hat mich bereichert, denn wir versinken in unserer täglichen Arbeit oft zu sehr in unserem Fachgebiet. Wir laufen so Gefahr, alles andere aus den Augen und an die Technik zu verlieren. Solche Erkenntnisse verbunden mit den zu ziehenden Schlüssen in der uns alle betreffenden Politik öffnen die Augen und bereichern unser Denken. Wir sollten es uns zur Aufgabe machen, uns wenigstens einmal im Monat technikfernen Themen widmen." Herzog Beowulf sagte dem Rektor zu, sich der Idee anzunehmen und interessierte Professoren anzusprechen. „Eines, lieber Rektor, wird aber einmalig bleiben, dieser Einblick in das Denken unseres Herrschers, er hat mich wieder einmal sehr beeindruckt."

Abb. 10 Mansio (Raststätte) im oberen Neriatal

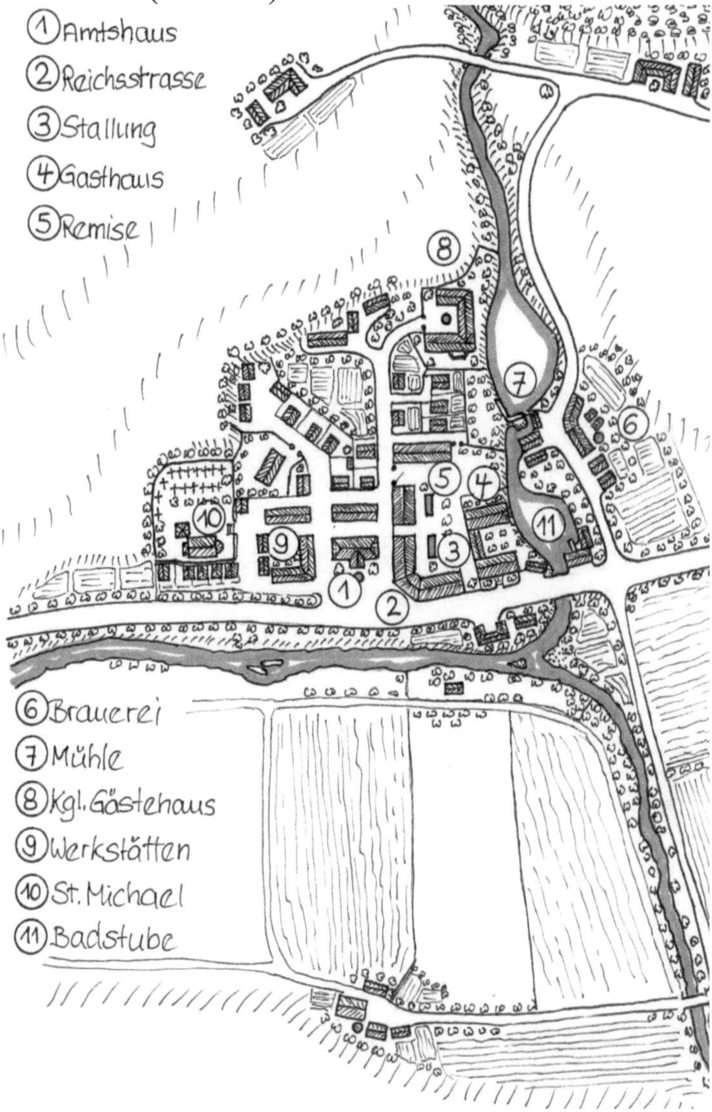

Abb. 11 Der Verlauf der Reichsstraße VII (Königsstraße)

## Der Besuch aus der Berberei

Prinz Theodemir in Vertretung des Herrschers, sein Bruder Herzog Alarich und Graf Arnulf erwarteten im Hafen von Indulfsvik die Schiffe aus der Berberei. Von vier Thulanischen Kriegsschiffen geleitet sollten sie gemäß den Lichtsignalen bald eintreffen. Viele Edle von Indulfia standen von ihnen etwas abgesetzt am Hafenkai. In letzter Minute stieß der auf einen Stock gestützte alte und leidende Bischof Adalbert zu den Hohen Herren. Hinter diesen bildeten die Hundertschaften von Indulfsvik und Totilaberg einen blinkenden Halbkreis. Sie hatten ihre Prunkrüstungen angelegt, um die Ankommenden zu beeindrucken. Die Bevölkerung von Indulfsvik und dem Umland stand dichtgedrängt hinter ihnen, mühsam nur konnte sie von den Wachen zurückgehalten werden. Nur beim Besuch des Herrschers hatte sich eine größere Menge eingefunden. Auf dem dreieckigen Turm der Burg stieg die Thulanische Flagge auf, um mit ihr die Gäste zu begrüßen. Kurz darauf fuhr als erstes Schiff die Manfred Theoderich in die Willkommensbucht hinein. Dann folgten die drei Schiffe der Gäste und die Thulanischen Kriegsschiffe beschlossen den Aufzug. Die kleineren Schiffe der Berber waren breiterer und niedriger als die der Thulaner, am einzigen Mast wurden die Segel gerefft. Aus dem Raunen der Vielen wurde nun ein anschwellendes Geräusch. Die Schiffe der Gäste durften am Königskai anlegen, was eine große Ehre bedeutete.

Als erster Gast verließ Caid Rahman sein Schiff, er wurde von seinem einstigen Leidensgenossen Theodemir herzlich umarmt. Ihm folgten Ali und Achmet, sowie ein unbekannter Berberfürst. Die Gäste hatten ihre traditionellen Gewänder angelegt und waren nur an einer um die Kopfbedeckung geschlungenen Kordel als Fürsten zu identifizieren. Nachdem sie Theodemir begrüßt hatten, war die Reihe an Alarich, in dem Rahman auf den ersten Blick den Bruder des Prinzen erkannte. Graf Arnulf, der ja unter den Befreiern gewesen war, begrüßte nach den beiden Thulanischen Fürsten, die ihm vertrauten Gäste. Auch die den Thulanern schon bekannten Edlen aus der Berberei erfuhren ein herzliches Willkommen. Alle Gäste von Rang wurden danach den Thulanischen Edlen vorgestellt. Unter ihnen war mit Caid Joussef ein weiterer Stammesführer. Ihn hatte zwar auch die Neugierde auf Thule bewogen, sich den befreundeten Caids anzuschließen, aber ihn bewegte vorrangig ein anderes Motiv. Nachdem er erfahren hatte, sein verschollen geglaubter Sohn Osmin lebe als angesehener, geadelter Königlicher Baumeister in Thule, hielt ihn nichts mehr. Er bat seinen Kollegen Rahman darum, auf die Reise nach Thule mitkommen zu dürfen. Er war begierig darauf seinen Sohn und seine ihm noch unbekannten Enkel zu sehen, doch damit musste er sich noch gedulden. Erst am nächsten Tag durfte er jener kleinen Reisegruppe angehören, der es gestattet wurde, zur Heiligen Stadt zu reisen. Somit durften sich ein Dutzend Gäste und deren engstes Gefolge Prinz Theodemir und den ihn begleitenden Edlen anschließen.

Oben in der Reichsburg wurden die Gäste bewirtet, um danach mit den Gastgebern zur Muslimischen Gemeinde zu reiten. Auf dem Weg dahin wollten sie etwas mehr von Indulfsvik sehen. Erst einmal ging es zum Markt, der sich von ihren verwinkelten Basaren unterschied. Alles hier war großräumig angelegt und die große Markthalle erstaunte sie ungemein. Ob sie wohl auch aus der Nähe einen Blick auf den Dom werfen dürften? Bischof Adalbert bot ihnen an, sich auch das Innere des Gotteshauses anzusehen. Wie anders und verwirrend ist doch dieses Thule, so dachten sie, als sie ehrfürchtig das Gotteshaus betraten. Sie wunderten sich über die Schiffsmodelle, die zwischen den Säulen hingen. Die Gäste hatten sich in ihrer Heimat und auch unterwegs mit einigen Bräuchen und Eigenheiten der Christen vertraut gemacht, um ihre Gastgeber nicht durch Neugierde oder Unwissenheit zu beleidigen. Dennoch erstaunte sie, dass ihnen so ohne weiteres der Zutritt in ihre Kirche möglich gemacht wurde. Der Blick vom Domberg über die Bucht gefiel den Gästen sehr, sie erkannten die Häfen mit ihren Gebäuden, dahinter die zwei mit vielen Bauten bedeckten Hügel. Nie zuvor hatten sie eine rein christliche Stadt erlebt und nun betraten sie gar eine derart beeindruckende Siedlung.

Die Berber besuchten später das Viertel ihrer Glaubensbrüder. Ihre Gastgeber, angeführt von Prinz Theodemir, Herzog Alarich und Markgraf Hildebrecht, hatten sie ganz selbstverständlich dorthin begleitet. Angeschlossen hatten sich ihnen Stadtpatrizius Ildibad und Bischof Adalbert, was die Gäste verwunderte. Die muslimische Gemeinde hatte sich zu ihrer Begrüßung eingefunden und alle freudig willkommen geheißen. Im Hof der Moschee konnten die Gäste mit dem Imam und anderen Muslimen sprechen. Sie bekamen nun bestätigt, all das traf völlig zu, was sie von ihren Befreiern über das Leben der Muslime in Thule erfahren hatten. Den Stolz Thulaner und Muslime zugleich zu sein verhehlten sie nicht, bereitwillig legten sie ihre Geschichte dar und ihre Einbeziehung in die neue Heimat.

Caid Joussef hatte den König von Thule nicht erlebt. Nun versuchte er vorsichtig, die Einstellung der Muslime zu ihm zu ergründen und durchstieß einen Damm. „Unser großer Herrscher und Magier ist uns sehr gewogen. König Friedrich ist unser Schutzherr und Gönner. Allah ist mit ihm und lässt uns, so wie jedem in Thule, seine Fürsorge angedeihen. Wir sind stolz auf ihn wie alle Thulaner, er ist unser Vater, unser Idol und wie sein großer Ahn ein Stupor mundi.“ Diesen ungezwungenen Umgang ihrer Gastgeber mit der muslimischen Gemeinde hatten die Berber nicht erwartet, wenngleich die große Achtung vor den Hohen Herren nicht zu übersehen war.

Am Abend gab es in der Reichsburg zu Ehren der Gäste ein Festmahl. Es fand in der Aula statt, damit neben dem Gefolge auch die Besatzung der Schiffe mit einbezogen werden konnte. Die Letzteren konnten diese Ehre kaum fassen. Von dieser Gunst beeindruckt, benahmen sich diese Korsaren mustergültig. Markgraf Hildebrecht hatte den Caids schon in der Berberei eröffnet, dass nur so vielen Seeleuten der Zutritt nach Thule erlaubt würde, wie zum Manövrieren der Schiffe unbedingt erforderlich seien. Daran hatten sie sich bereitwillig gehalten. Die Seeleute wussten von Anfang an, dass sie selbst nicht mit den Berberfürsten zur Thulanischen Hauptstadt weiterreisen durften. König Friedrich hatte nur für fünfzehn Gäste diese Ausnahme genehmigt, die Prinz Theodemir um Caid Joussef und vier seiner Begleiter erweiterte. Den Gästen war bekannt, dass Theodericia sonst allen Fremden verschlossen blieb. Daher war es eine große Ehre, die ihnen der König gewährte. Jeder von denen, die nun in Indulfsvik zu warten hatten, bekam als Trost von Prinz Theodemir einen Solidus geschenkt, damit sie in Indulfsvik einkaufen konnten. Schon zuvor hatte sie erstaunt, sich in der großen Stadt frei bewegen zu dürfen, und nun konnten sie sogar einiges von dem erwerben, was sie in Geschäften und Märkten verlockte.

Am nächsten Morgen brach eine größere Reitergruppe auf, um ins Innere von Thule zu ziehen. Die Edlen aus dem westlichen Indulfia vergrößerten diesen Zug noch beträchtlich. Ungläubiges Staunen war auf der Reise der Gäste ständiger Begleiter, diese breite Straße, die Mansios, wie die Raststätten hier hießen, und diese Kutschen, so etwas hatten sie noch nie gesehen. Ganz selbstverständlich konnten sie unterwegs ihre vorgeschriebenen Gebete einhalten, der Zug hielt dafür gerne an. In der

Herzogburg von Totilaberg wartete auf die Gäste ein Empfang. Davor gab es einen Halt auf dem Indulfplatz. Herzog Alarich erklärte den Gästen das Besondere des Orts für die Stadt wie für das ganze Land. Standbilder kannten die Berber nicht, und nun blickten sie auf fünf Heldenfiguren. Sie erkannten in dem neuen Denkmal König Friedrich und entdecken die glänzende Stelle am Saum des erzenen Abbilds. Caid Ali brachte es auf den Punkt: „Was für eine Hoheit und Würde strahlt dieses Denkmal aus, so also sieht Euer Volk den großen König und Magier. König Friedrich steht hier als wäre er lebendig. Prinz, warum ist der Mantelsaum so abgegriffen?“ „Alle, die diesen Platz betreten, wollen ihren König berühren, davon versprechen sie sich Glück und Segen. König Friedrich ist für sein Volk nicht nur der große Held, er ist für uns Thulaner auch unser ehrwürdiger und entrückter Vater. Er selbst will diese Überhöhung nicht und hat sich lange gegen die vielen Denkmäler gewehrt, die es neuerdings von ihm gibt. Doch an dieser Stelle musste der mächtige Herrscher klein beigeben. Wohl oder übel muss er diese Verehrung hinnehmen. Ich selbst finde diese Denkmäler gut, denn so ist der König seinen Thulanern an vielen Orten gegenwärtig. Dadurch werden sie immer mal wieder an die Forderungen und Wünsche ihres Herrschers erinnert. Quälen sie Nöte und Sorgen, dann ermutigt sie der Anblick ihres Herrn, der selbst schon so viel durchgemacht und überwunden hat.“ So die Antwort von Theodemir, der noch hinzufügte: „Ich weiß, dass Euch Euer Glaube solche Bildnisse untersagt. Wir Thulaner stehen jedoch hier in der Tradition der Griechen und Römer.“ Mit dieser Erklärung gaben sie sich zufrieden, waren jedoch verwundert, dass ausgerechnet der Muslim Osmin der Schöpfer dieser Statue war. Dessen Vater Caid Jouseff konnte den Stolz auf seinen genialen Sohn nicht verhehlen.

Obwohl die Berber von Theodemir darauf vorbereitet wurden, welche Rolle den Frauen in Thule zukam, verunsicherte sie der Anblick so vieler Frauen schon. Rahman flüsterte seinem Freund Theodemir zu: „So viele schöne Frauen empfangen uns hier, es scheint für sie überhaupt nicht ungewöhnlich zu sein, so in der Öffentlichkeit zu stehen. Bei uns sind nur noch die stolzen Frauen unseres Stammes in den Dörfern des Atlas unverschleiert, wie auch jene in den nur von uns bewohnten Oasen der Sahara. In unseren Städten dominiert der Einfluss der Araber, die streng darauf achten, dass die religiösen Gebote eingehalten werden. Dazu gehört auch, dass die Frauen sich verschleiern, um für die Männer quasi nicht existent zu sein.“ Doch auch die exotischen Gäste machten großen

Eindruck auf die Damen im Herzoghof. Das fing schon bei den Gewändern der Gäste an, den Djellabahs. Rahman und Achmed trugen einen reinweißen Kapuzenmantel und dazu eine rote Kopfbedeckung, die Kundigen ihren gesellschaftlichen Stand verriet. Ali, Stammesführer aus einer großen Oase am Rande der Sahara, war mit einer blauen Handira (Kapuzenmantel) bekleidet, so wie ihn die Söhne der Sahara zu tragen pflegten. Seine Kopfbedeckung bestand aus einem weißen geschlungenen Tuch, die von Joussef war schwarz, seine Djellabah ockerfarben. Aus hageren hell- bis dunkelbraun gefärbten Gesichtern blickten die Hofgesellschaft dunkle Augen mit kaum verborgener Neugierde an. Nur dem jungen Achmed hatten die kargen Bedingungen ihrer Heimat noch keine Falten in sein Gesicht eingekerbt. Unbefangen konnten die Berber mit Herzogin Amala, der Mutter von Theodemir und Alarich umgehen, denn auch in ihrer Heimat wurden die Mütter verehrt. Zu den anderen Damen verhielten sie sich jedoch etwas scheuer. Alarichs Gemahlin Angelika und seine Schwester Amala, die beiden Herzoginnen, waren schon in aller Frühe aufgebrochen, um die große Familie zu unterstützen, die am Königshof die Gäste erwartete.

Osmin wusste nichts von der Anwesenheit seines Vaters. Davon sollte er überrascht werden und, so hoffte Theodemir, auch erfreut sein. Er wusste von seinem Schwager Friedrich, dass Osmin, der Sohn einer Nebenfrau Joussefs, seinen Vater nicht sonderlich vermisst hatte, denn der hatte sich damals eher um die Söhne seiner ersten Frau gekümmert. Theodemirs Bedenken waren unbegründet, denn Osmin war unter jenen, die am Albiathor die Gäste erwarteten. Dort wollte er seine Landsleute willkommen heißen. Dabei kam es auch zu dem überraschenden Wiedersehen mit seinem Vater, den er so viele Jahre nicht mehr gesprochen hatte. Die beiden Männer fielen sich vor Freude weinend in die Arme, alles was sie getrennt hatte löste sich in ihrer Rührung auf. Dann hießen sie all jene Thulaner willkommen, die sie in ihrer Heimat kennen und schätzen gelernt hatten.

König Friedrich, der Herrscher, war noch nicht in Erscheinung getreten, er wollte seinen Gästen eine ganz besondere Ehrung gewähren, nämlich einen Staatsempfang auf dem Thingplatz. Wie schon beim letzten Stück der Reise trat die Landeskrone immer mehr in ihr Blickfeld, und zuletzt dann die Heilige Stadt auf dem Berg. Hohe Gebäude überragten eine von Zinnen gekrönte, gewaltige Mauer, welche die langgestreckte

Stadt umgab. Der Dom und die Indulfburg, von der sie annahmen, es sei ihr Ziel, stachen besonders ins Auge. Und nun würden sie die Heilige Stadt der Thulaner betreten. Was sie dort oben wohl erwartete? Konnte sie diese Stadt denn noch mehr beeindrucken als Indulfsvik?

Die Heilige Stadt bedeutete dann tatsächlich noch eine Steigerung gegenüber dem, was sie bis dahin zu sehen bekommen hatten. Was für eine faszinierende Stadt war doch diese Hauptstadt Thules. Als sie noch drunten im Tal der kleinen Amelunga in den symmetrisch angelegten Arenenplatz einbogen gab der ihnen mit seinen hohen Gebäuden einen ersten Eindruck. Dieser verstärkte sich noch beim Anblick des hoch aufragenden Gebäudes, welches das Forum umfasste, und hielt an auf dem weiteren Weg über die Straße bis zum Schloss. Wohin sie ihre Blicke auch wendeten, überall erblickten sie schöne Gebäude, Plätze und Monumente. Gerne hätten sie nun einiges von dem, was sie am Weg und beim schnellen Blick in die anderen Straßen zu sehen bekamen, noch näher betrachtet, doch das war noch nicht vorgesehen. Was sie verwunderte, waren die wenigen Menschen an den Straßen. War denn diese Stadt nur zur Repräsentation gebaut und nicht für die Menschen gedacht? Osmin an den sie die Frage gerichtet hatten, lachte und verwies darauf, dass hier mehr als Hunderttausend Menschen lebten. Viele von diesen seien jetzt aber dort versammelt, wo auch sie erwartet würden. Und so war es, ganz Theodericia hatte sich auf dem Thingplatz eingefunden, beflügelt von der Neugierde auf die Berber. Die Sänger hatten die Befreiung Theodemirs aus der Gewalt eines Renegaten in einem Epos niedergelegt und bei den Zuhörern große Wirkung erzielt. Schon deswegen wollten sie sich den Empfang der fremdartigen Gäste nicht entgehen lassen. Ein ihnen noch wichtigerer Grund trieb sie auf den Thingplatz. Heute durften sie ihren König in all seiner Herrscherpracht erleben und einen seltenen Auftritt verfolgen. Ganz gegen seine Gewohnheit hatte König Friedrich aus diesem Empfang einen Staatsakt gemacht. Die Gäste sollten geehrt aber auch beeindruckt werden.

Je näher die Gäste dem Schloss kamen, umso lauter wurde ein diffuses Geräusch, ausgelöst durch Zurufe und Gespräche so vieler Menschen. Der Zug passierte den Theoderichsplatz und hatte dann zwei einzigartige Sehenswürdigkeiten vor Augen. Vor dem Hintergrund eines mächtigen Schlosses erhob sich das gewaltige Reiterdenkmal von König Friedrich. Hier wurde erst einmal angehalten, um Reiter und Ross genauer betrachten zu können. Die Figur des Königs sahen die Gäste als richtig wiedergegeben an, aber nicht das Pferd. Solch ein riesiges Ross gäbe es nicht, meinten sie, es konnte nur der Phantasie des Bildhauers entsprungen sein, was Prinz Theodemir so nicht gelten ließ. Dieses Pferd gäbe es tatsächlich, es würde sich im Königlichen Gestüt tummeln. Erst nach diesem Diskurs wurden sie des prächtigen Schlosses gewahr, das ähnlich einer Fata Morgana vor ihnen auftauchte. Und dort hinein ging es nun.

Lassen wir Königin Amala das weitere Geschehen berichten. „Bereits im Brunnenhof stiegen Gäste und Begleiter von den Pferden. Knechte nahmen sie ihnen ab und brachten sie in den nahen Marstall. Bewaffnete Hundertschaften hielten mühevoll eine Gasse frei durch die unüberschaubare Menschenmenge. Die Menschen verneigten sich vor Prinz Theodemir und Herzog Alarich, blickten neugierig auf die von ihnen geführten Gäste, die nur langsam vorankamen. Die beiden Brüder geleiteten Ali und Rahman. Hinter diesen wurden Achmet und Joussef von Arnulf und Osmin flankiert. Danach folgten die anderen Gäste und die ihnen aus ihrer Heimat bekannten Thulaner. Markgraf Bodo, der Hüne, überragte alle. Von der Königstreppe aus konnten wir das Näherkommen der Gäste an der Bewegung in der Menge erahnen. Dann hatten sie es geschafft und standen am Fuß der großen Treppe. Aufblickend erkannten sie die prächtig gekleideten Herrschaften, die den König umrahmten. Der Hochadel Thules hatte sich eingefunden, um an dem besonderen Ereignis teilzuhaben. Übrigens hatte mein königlicher Gemahl Osmins Frau Myriam und ihre drei Kinder heraufbitten lassen. Durch einen Boten hatte er erfahren, dass sich unter den Gästen Osmins Vater befand. Was würde sich nun ereignen?

Meinem Gemahl ging es mit dem folgenden Staatsakt darum den Gästen die Macht und Geschlossenheit Thules zu demonstrieren. Er sollte das deutliche Signal an die muslimische Welt senden: Es ist ratsam Frieden mit uns zu halten und gute Beziehungen zu pflegen, aber es ist gefährlich uns zum Feind zu haben. Eines hatte ich in meiner Ehe verinnerlicht, Friedrichs scheinbar vordergründige Auftritte hatten stets einen wohlüberlegten Hintersinn. Doch nun zum eigentlichen Schauspiel, denn ein solches war es allemal. Der Zug erklomm die Treppe und war schon fast oben angelangt, als der Herrscher sich löste und seinen Gästen einige Stufen entgegenging. Diese Ehre wollte er den Gästen entgegenbringen. Es kamen Freunde und daher fiel die Begrüßung nicht förmlich, sondern herzlich aus. Jedem der Gäste reichte unser König die Hand, seinen Freund Ali umarmte er sogar, und dies vor den staunenden Thulanern. Untermalt wurde die Geste Friedrichs durch den Begeisterungsausbruch der Menschen. Wir, die Hochadeligen, standen dichtgedrängt auf der Plattform. Da die großen Tore geöffnet und der Torbereich noch einige von uns aufnehmen konnte, fanden unsere Gäste neben uns Platz. Noch wurden wir den Gästen nicht vorgestellt, denn nun trat mein Gemahl in die Rostra und hielt die mit Spannung erwartete Ansprache. Selim, der den Gästen vertraute Dolmetscher und Osmin übersetzten des Herrschers Ansprache.

Der Herrscher, angetan mit der Reichskrone und einem neuen Gewand aus Purpurseide mit breiten goldenen Bordüren zog die Blicke aller auf sich. Nach diesem Moment der Spannung folgte nun völlige Stille, wie stets hatte sie seine allen vertraute Geste herbeigeführt. Den Gästen war anzusehen, dass ihnen dies wie Magie erschien. Nun sprach mein Gemahl König Friedrich II. Teja, der sechsunddreißigste Herrscher Thules und nach übereinstimmender Ansicht deren Größter.

„Meine lieben Getreuen, verehrte Gäste aus dem fernen Berberreich. Dieser Tag ist ein ganz besonderer für uns Thulaner, denn wir dürfen zum einen jene edlen Herren begrüßen, die mit Prinz Theodemir im Kerker schmachten mussten und die tapferen Männer, die gemeinsam mit uns meinen Blutsbruder und Schwager Theodemir, sowie seine Gefährten befreit und ihr Leben gerettet haben. Diesen Edlen aus dem Nordwesten von Afrika verdanken wir sehr viel und heißen sie daher ganz herzlich willkommen.“ Der König hielt kurz inne, damit die Dolmetscher seine Worte übersetzen und sich seine Thulaner jubelnd Luft verschaffen konnten. „Wir haben bei dem gemeinsamen Kampf, den Ihr alle durch das Epos aus Sängermunde kennt, Freunde gewonnen, die uns nun die Ehre ihres Besuches geben.

Meine Getreuen, wir haben bei den Gesprächen in der Heimat unserer Gäste festgestellt, dass uns viele Gemeinsamkeiten verbinden. Unsere beiden Völker zählen zu den Bewahrern des antiken Erbes, haben dessen ewigen Wert erkannt und seine Schriften nicht als Teufelsspuk verbrannt sondern schützen und bewahren das geniale Menschenwerk. Ihre Sitten und Gebräuche zeugen von einer hohen Kultur, ihre Gesinnung und Haltung haben uns sehr beeindruckt. Deshalb ist es schwer zu verstehen, dass blinder religiöser Fanatismus und dumpfer Hass auf das Andersartige zu schrecklichen Kriegen gegen sie geführt hat. Diese Kreuzzüge waren Verbrechen, die zahllosen unschuldigen Menschen Tod und Verderben gebracht haben. Dabei verbindet uns doch der Glaube an den einen allmächtigen Herrn. Ob wir ihn nun Allah, Jahwe oder Gott nennen, es sind nur unterschiedliche Bezeichnungen für unseren ewigen Vater. Niedere Instinkte, die jeder Krieg hervorbringt schwemmten eine buntgemischte, wilde Horde von Abenteurern, Beutejägern und Schwärmern ins Heilige Land. So ist jener unheilvolle Gegensatz zwischen der christlichen und der muslimischen Welt entstanden, der schwärt und die gemeinsame Zukunft belastet. Wir Christen haben hier unermessliche Schuld auf uns geladen, deren Sühne unseren Nachfahren noch viel Schweres abverlangen wird.

Meine lieben Getreuen, sollen wir Thulaner uns nun zurücklehnen und darauf verweisen, dass nicht einer von uns an diesem schändlichen Treiben beteiligt war. Ich, der Hohenstaufen, könnte sogar noch mehr Entlastendes anführen. Mein großer Ahn Kaiser Friedrich II. hat mit Sultan Kamil in arabischer Sprache über das Heilige Land verhandelt. Beiden Herrschern ging es vor allem darum erneutes Grauen abzuwehren und Menschenleben zu schonen. Der Kaiser des Abendlandes konnte so erreichen, dass Jerusalem für zehn Jahre an die Christen abgetreten wurde, und dies wohlgemerkt ohne Blutvergießen. Dennoch sind wir als Christen unschuldig schuldig geworden, denn es waren unsere Brüder im Glauben, welche die Gebote Christi zur Seite geschoben hatten. Hieß es denn nicht von Seiten der Fanatiker Deo lo vult? Meine Brüder und Schwestern, welcher Gott sollte diese Gräuel gewollt und diese Ströme von Blut und Tränen gefordert haben?“ Friedrich hatte sich über die Brüstung der Rostra gebeugt und mit lauter Stimme seinen Seelenschmerz hinausgerufen. Ergriffen von der Leidenschaft ihres Herrschers lauschte ihm sein Volk.

Nach einer Pause sprach Friedrich weiter, seine Stimme klang nicht mehr anklagend: „Meine Getreuen, Ihr versteht nun meine Freude darüber, dass Muslime als Freunde zu uns gekommen sind und uns die Hand reichen, ein weiterer Schritt hin zum gegenseitigem Verstehen und respektieren dessen, was uns verbindet und zu tolerieren dessen, was uns trennt. Lasst uns daher dieses besondere Ereignis würdig begehen und feiern. Aber zuvor noch etwas zu unseren Gästen. Alle, die hier oben bei meiner kleinen und großen Familie stehen, sind Edle aus den Landen der Berber. An ihrer Spitze vier Fürsten, die in der Berberei Caids genannt werden. Mit Fürst Ali habe ich, getrieben von Neugier auf das große Meer aus Sand und Geröll, vor etlichen Jahren eine Karawanenreise in die Sahara unternommen. Dabei habe ich ihn kennen und schätzen gelernt, hielt wenn auch nur selten brieflichen Kontakt zu ihm. Darauf konnte ich nun zurückgreifen und ihn durch Markgraf Hildebrecht um Hilfe bitten. Ohne zu zögern war er gekommen und hat uns mit seinen Kriegern und vierhundert Dromedaren durch die Wüste nach Daraout geführt. Nur dadurch konnte die Befreiung von Prinz Theodemir und den Seinen überhaupt möglich werden.

Caid Rahman ist der Herr über die Gegend, zu der auch die beiden zurückeroberten Städte Daraout und Sidifni gehören. Er schmachtete in demselben Kerker, in den dann Prinz Theodemir und seine Gefährten gestoßen wurden. Er, wie mein Schwager, waren die Opfer eines fanatischen und skrupellosen Verwandten, der die Herrschaft an sich gerissen hatte. Caid Rahmans Sohn Achmet, der Thronfolger, konnte zum Glück entfliehen und bei seinem Oheim Ali Zuflucht finden. Dies erwies sich als Glücksfall für uns, denn so waren Caid Alis Krieger bereits zum Aufbruch gerüstet, was uns kostbare Zeit verschaffte. Achmet wurde zu unserem liebgewordenen Gefährten und mutigen Waffenbruder. Soeben erst habe ich Fürst Joussef kennen gelernt. Auch ihn verbindet etwas mit Thule, denn er ist der Vater unseres genialen Baumeisters und Künstlers Osmin von Gnadenthal. Er nutzte die Chance dieser Reise, um Sohn, Schwiegertochter und Enkel zu besuchen. Noch einmal, unsere lieben Gäste und Freunde, seid herzlich willkommen im Reich der Thulaner." Als der Herrscher seine Ansprache beendet hatte, da brandete unten auf dem Thingplatz frenetischer Jubel auf, in den auch wir oben begeistert einstimmten.

Die Edlen der Berber vermeinten sich verhört zu haben. Konnte es sein, dass der mächtige christliche Herrscher von Thule die Kreuzzüge gegen sie die Muslime als Verbrechen gebrandmarkt hatte? Und dies vor vielen Tausenden Menschen und Christen? Doch es war kein Tagtraum, er hatte es ausgesprochen, hatte sich als Christ zu den Schuldigen gerechnet, und sein Volk schien es nicht anders zu sehen! Caid Rahman, der eigentlich nur seinen Dank ausdrücken wollte, fühlte sich nun gefordert, denn des Königs Rede verdiente eine Antwort. Er stand auf einmal als

Vertreter der Muslime vor all diesen Menschen, er musste diese einmalige Gelegenheit mit beiden Händen ergreifen. König Friedrich sah dem Berberfürsten an, was in ihm vorging und wollte diesem historischen Moment noch einen besonderen Rahmen geben. Und so geschah das zuvor Undenkbare, Friedrich bat Rahman zu sich in die Rostra. Dies hatte gewaltiges Raunen zur Folge, das deutlich von Zustimmung getragen wurde. Die Thulaner begriffen diesen Moment als ein historisches Ereignis, eines, das den Frieden mit einer Region besiegeln konnte, von der bisher immer wieder Überfälle ausgegangen waren.

Der Berberfürst sprach Lateinisch, und er sprach es glänzend und beeindruckte damit das Auditorium. Friedrich selbst übersetzte diese Rede. „Hochverehrte Majestät und großer Magier, edles Volk von Thule, dieser überwältigende Empfang rührt mich und meine Begleiter zu Tränen. Mit großen Erwartungen sind wir hierher gereist in das Reich des Goldenen Löwen. Wir wollten mit eigenen Augen das Land sehen, aus dem unsere kampfesmutigen Befreier stammen. Es blieb uns nur das Staunen, ob solcher Pracht rings umher. Welche überwältigende Gastfreundschaft wurde uns zu Teil. Überall in Thule begegneten uns offene und herzliche Menschen. Wir sind auf wunderbaren Straßen geritten, kamen vorbei an gut gekleideten und zufrieden wirkenden Menschen. Auf dem ganzen Weg umgab uns eine herrliche Landschaft, blickten wir auf sattes Grün und reich tragende Felder. Auf den Wiesen tummelten sich wohlgenährte Rinder und edle Pferde. Thule ist fürwahr ein gesegnetes Land, ein Reich des Wohlstands und Friedens. Es ist ein Garten Eden in dem alle Religionen friedlich miteinander leben, in dem das Christentum so gelebt wird, dass es uns nicht ängstigt und bedroht. Unsere Glaubensbrüder in der großen Hafenstadt Indulfsvik leben ihren Glauben so frei wie wir in unserer Heimat. Sie empfinden sich als Thulaner und Muslime zugleich. Was Ihr, hohe Majestät, und Eure edlen Begleiter uns in unserer Heimat über Thule berichtet hattet, wird durch die erlebte Wirklichkeit noch übertroffen und ist für uns ein Traum. Dieses Paradies lenkt ein Herrscher, der wie sein großer Ahnherr, der Kaiser des Abendlandes, das Staunen der Welt ist, er der Vater seines Volkes und weise Magier.“

Alles hatte mein Gemahl flüssig übersetzt, doch bei den Elogen auf ihn selbst stockte er, wollte sie abmildern, und entschuldigte sich für diese Überhöhung. Doch seine Thulaner stimmten ihm hier nicht zu, sie ertränkten sein Abwiegeln in großem Beifall. Ausgelöst hatten ihn die im Chor ausgebrachten Rufe „Das stimmt!“ und „So ist er, unser großer König!“ Viel zu früh unterbrach seine Geste den Freudenausbruch, die zwar den Jubel endete, die zustimmenden Mienen aber nicht löschte.

In der nun eingekehrten Stille ergriff der Berberfürst Rahman wieder das Wort. „Hohe Majestät, hochedler König von Thule, dass Ihr als Christ, dessen Worte so gewichtig sind, die Kreuzzüge verdammt und Euch für diese entschuldigt ist für uns Muslime mehr als eine Geste. Es ist Balsam auf eine schwärende Wunde. Kein Christlicher Herrscher hat dieses Trauma jemals angesprochen, und nun geschieht es hier in dieser so einmaligen Weise. Ihr seid fürwahr ein Magier, einer, der Wunden heilt und für den Toleranz kein leeres Wort ist. Schon in unserer Heimat habt Ihr uns gezeigt, dass Ihr und Eure edlen Begleiter uns respektiert und unser Volk achtet. Damit korrigiert Ihr und Euer so liebenswürdiges Volk ein in uns tief eingebranntes Empfinden. Eure Achtung ist für uns wie ein Regenguss in der kargen Wüste, sie nährt die Hoffnung und das Vertrauen. Habt unendlichen Dank für diesen bewegenden Empfang unter Freunden!“

Als Friedrich dann seinen Gast umarmte und ihm nun seinerseits für die guten Worte dankte tobten die Menschen. Als sie sich wieder beruhigt hatten erbaten sie den königlichen Segen, um dieses besondere Erlebnis noch zu krönen. Friedrich breitete die Arme aus und erteilte ihnen das Königsheil. Alle falteten die Hände und senkten die Köpfe, ein für unsere Gäste schwer zu begreifenden Geschehen. So etwas war in deren Welt einfach undenkbar. Krieg, Raub und Überfälle hatten sie erlebt, Aufstände hinnehmen müssen und waren in einer immer gefährdeten und labilen Situation aufgewachsen. Und in diesem Thule war alles so anders, hier herrschte Frieden und gegenseitiges Vertrauen. Was für eine ungefährdete Stellung hatte dieser Herrscher in seinem Volk, das ihm zugetan war, fest zu ihm stand und ihm bedingungslos folgte.

Nach diesem wahrlich Geschichte schreibenden Beginn bewegte sich die große Familie mit den Gästen hinein ins Innere Schloss. Die vielen Tausende, die auf dem Thingplatz Zeugen dieses Empfangs geworden waren, feierten nun auf den Plätzen im Zentrum der Heiligen Stadt. Bei uns ging es etwas formeller zu, denn nun wurden wir den Gästen vorgestellt. Neben mir stand Adelheid, unsere Kinder hatten sich zu uns gesellt. Die vielen Frauen, die sich selbstverständlich und keineswegs unterwürfig verhielten, die bei ihren Männern oder Söhnen standen, die sich unterhielten, das kannten unsere Gäste nicht. Es war erneut ein großer Kontrast zu ihrer heimischen Welt, in der sich die Rolle der Frau auf das rein private Leben beschränkte. Selbst unser Umgang mit den Kindern war ihnen fremd. Soeben hatte sie unser Ältester Friedrich noch artig begrüßt, und kurz darauf wurde aus der Königlichen Hoheit ein vergnügter Anführer seiner Horde, die sich an der großen Fontäne nass spritzte. Beim späteren Essen, verhielten sich die jungen Herrschaften wieder gesittet, wenngleich von ihrem Tisch immer wieder fröhliches Gelächter zu hören war.

Friedrich hatte angeordnet, nur das zum Festmahl zu reichen, was den religiösen Geboten der muslimischen Gäste entsprach. Nur bei den Getränken hielt er sich nicht daran, denn diese konnten die Gäste nicht verwechseln. Im Verlauf des Abends getrauten sich manche Gäste auch mit den Damen zu reden, sie wunderten sich über Adelheids und meine Kenntnisse des Lateinischen. Als sie dann erfuhren, dass die Schwester des Königs, so wie er selbst, eine promovierte Juristin war, ging es über ihr Fassungsvermögen. In Thule durften die Frauen an Universitäten studieren, Ärztinnen und Juristinnen werden, was für eine andere Welt. Ich hatte mitbekommen, was Rahman und Achmet über mich gesagt hatten, und was mir Osmin zugeflüstert hatte. Die Königin ist nicht nur schön wie ein Engel, sie scheint auch einer zu sein. Jetzt verstünden sie weshalb König Friedrich gegen jede Versuchung gefeit ist, sich anderen Frauen zuzuwenden. Wem Allah selbst einen Engel zur Seite gestellt hat, der ist ausgezeichnet vor allen Irdischen. Dieses Thule ist ein unglaublich schönes Land in dem so herzliche wie gut aussehende Menschen leben. So muss es im Paradies sein, das uns hier einen Vorgeschmack darauf gibt.

Am nächsten Morgen gab es für unsere Gäste eine Besichtigung des inneren Schlosses, vom Audienzsaal aus durften sie sogar den Privatgarten der Königlichen Familie sehen. Bewusst beschränkte Friedrich die Besichtigung auf einige wenige Schwerpunkte wozu der Thronsaal, St. Ulfilas, die Akademie und der Turniergarten gehörten. Anschließend gab es die Gelegenheit die Heilige Stadt etwas näher zu anzuschauen. Theodemir, Bodo und Arnulf übernahmen die Führung und gingen auf besondere Wünsche ein. Großes Interesse fanden die beiden repräsentativen Plätze, das Forum und der Indulfplatz. Dazu zählte auch der Blick auf die Amelunga und die Katarakte. Dieser mächtig fließende Strom hatte eine ganz eigene Anziehung. Von der Besichtigung der Stadt hatte sich Friedrich ausgeklinkt, was allerdings nicht für den Nachmittag galt. Die Gäste hatten den Wunsch geäußert, das Königliche Gestüt sehen zu dürfen.

Trotz all der vielen Sehenswürdigkeiten wurde das Königliche Gestüt am Waldausee für die pferdeverliebten Berber zum Höhepunkt des Tages. Unsere Gäste hatten sich bereits beim Ritt nach Theodericia sehr positiv zu den thulanischen Pferden geäußert. Doch nun waren sie geradezu entzückt von Friedrichs Königspferd, dem schneeweißen mächtigen Ikarus und meiner zwar alt gewordenen aber immer noch prächtigen Norma. Begeistert beobachteten unsere Gäste die vielen edlen Pferde auf den Weiden, unter ihnen auch die beiden Hengste, die sie ihren Befreiern zum Gastgeschenk gemacht hatten. Sie erfreuten sich an deren Nachwuchs, der sich unter den Fohlen befand. Ein junger Hengst fegte wie ein Irrwisch über die Weide, ließ sich aber von Friedrich herlocken und tätscheln. Weit gemächlicher trabte der alte Pegasus heran und ließ sich von Friedrich und mir streicheln, doch gegen alle anderen war er abweisend wie immer. Dies war also das legendäre große Pferd, dessen Schulterhöhe alle anderen überragte. Lauthals bewunderten sie den König der Thulanischen Pferde. Sie wollten nun zu gerne sehen, wie der Hengst sich mit seinem Reiter bewegte. Das ließ sich Friedrich nicht zweimal sagen. Er schwang sich auf sein Lieblingspferd, verzichtete wie einst als Junge auf Zaumzeug und Sattel. Er hielt sich in der Mähne von Pegasus fest und saß wie angegossen auf dem Hengst. Zu meinem Schreck begnügte sich Friedrich nicht mit einem braven Trab sondern fegte mit seinem Gefährten über die Koppel. Pegasus schien dies zu genießen, er hatte vergessen, dass er eigentlich ein alter Herr war. Vergessen schien auch mein Friedrich zu haben, dass er nicht mehr der kecke Prinz Sonnenschein war, sondern Thules König. Mit einem mächtigen Satz sprang er vom Rücken des Hengstes und belohnte ihn mit einem besonderen Leckerbissen. Bei dieser Vorführung gingen unsere sonst so zurückhaltenden Gäste aus sich heraus, und gaben ihrer Begeisterung lauthals Ausdruck. Fürst Rahman wandte sich an mich: „Königliche Hoheit, ein Wunderpferd ist dieser Hengst und Euer Gemahl ist ein magischer Reiter.“ Seine Augen strahlten vor Freude, als er mir dies zurief. Mein Friedrich hatte seinen Ruf als Magier gefestigt. Es konnte nicht anders sein, auf ihrer Heimreise nahmen sie den jungen stürmischen Hengst und zwei Stuten mit in ihre Heimat.

Doch unsere Gäste blieben ja noch einige Zeit in Thule, lernten nicht nur die Heilige Stadt kennen, sondern auch deren Umgebung. Der Amelungensee, den sie auf meinem Schiff befuhren, fand ihren besonderen Gefallen. Zwar konnten sie sowohl das Kronkloster als auch die Kronburg nicht betreten, dafür aber Seebrücke und Kronstadt besuchen. Großen Eindruck machten auf sie der Wasserfall der Neria und die Schiffsreise mit Bodo und Gerlind zu deren Residenz in Tejaholm. Überall wurden sie freundlich begrüßt, von den Kindern bestaunt, nirgendwo stießen sie auf Ablehnung. Alle ihre Ausflüge aufzuführen würde den Rahmen sprengen und nur langweilen. Caid Joussef, Osmins Vater, fand sich allerdings nicht zu allen Unternehmungen ein. Er wollte lieber Zeit mit seinem Sohn und den Enkeln verbringen. Ganz ungezwungen entwickelte sich auch der Umgang mit seiner Schwiegertochter und deren Eltern, die sich bald in Herzlichkeit zugetan waren. Beide Familien lebten angesichts der bescheidenen Gegebenheiten, in denen die meisten Berber lebten, für Joussef in einem schwer zu fassenden Luxus. Deren Leben und Stand in Thule wie ihre Nähe zum Herrscher kam ihm vor wie eine Gnade Allahs. Die vier Berberfürsten waren sowohl bei Osmin auf seinem Gut Gnadenthal zu Gast, als auch bei Nikolaus von Kamens Palais am Königlichen Schloss.

Ein Ereignis soll nicht verschwiegen werden, nämlich die große Parade und anschließende Übung von Heer und Flotte. Beides stellte von Ausmaß und Vorbereitung ein Novum in der Geschichte Thules dar. Ursprünglich sollten in die Parade und die Übung nur die aktiven Krieger des Mittellandes einbezogen werden. Den König erreichten jedoch so viele Gesuche von Getreuen, die daran teilnehmen wollten, dass er nicht umhin konnte den Kreis zu erweitern. Zuerst wurden die Hundertschaften von Amelungia zugelassen, dann auch noch die von Rhenia, Indulfia und Isteria. Danach bat Graf Arnulf darum, auch den Reservisten diese Gunst zu gewähren. Friedrich begrenzte diese allerdings auf diejenigen Amelungias und Isterias um die Übung real durchführen zu können. Den Reservisten von Rhenia und Indulfia verwehrte er jedoch die Teilnahme an der Parade nicht. Doch danach geriet mein Gemahl in ein Dilemma. Unser Stadtpatrizius Gerhardus bat Friedrich im Namen des Rats und der Zünfte Theodericias um die Teilnahme der Bürgerwehren und derjenigen der Zünfte. Geschickt appellierte Gerhardus daran, dass dadurch die Bereitschaft zur Verteidigung der Stadt und auch ihr Kriegerstolz angestachelt würden. Mein Gemahl, der Sohn der Heiligen Stadt, sah dies ein und stimmte dem Ansuchen zu. Da die große Übung vor den Toren von Hildebrandtsvik stattfinden sollte, erweiterte er die Teilnahme an der Parade dann auch noch auf die dortige Bürgerwehr und die Hafenwache.

Die Vorbereitung wie die Organisation der Parade oblag Graf Irnfried und seinen Paladinen. Der Zug der vielen Krieger wurde auf dem Arenenplatz geordnet und es dauerte einige Zeit bis das Zeichen zum Abmarsch gegeben werden konnte. Wie ein riesiger Wurm bewegte er sich hinauf zum Forum, bog dort ab zum Theaterplatz um hier in die Rechisstrasse einzubiegen. Vorbei an abertausenden ihnen begeistert zujubelnden Menschen ging es über den Indulfplatz hinunter zum Theoderichplatz und dann hinein in den Schlossplatz. Dieses Spektakel hatten die Theodericianer zum Festtag gemacht und nannten es Königsparade. Als die Krieger am Denkmal ihres Herrschers vorbeizogen salutierten die Truppenteile vor ihrem in Erz abgebildeten Herrn. Ausgelöst hatten es die Paladine und alle, die nach ihnen kamen, machten es ihnen nach. Jedes Mal klatschten die Zuschauer, was noch im Inneren Schloss zu vernehmen war. Über den Schlossplatz strömten die Krieger hinein ins Äußere Schloss, um auf dem Thingplatz in weitem Bogen vor der Königstreppe abzuschwenken. Wohlgeordnet stellten sie sich zu beiden Seiten des Thingplatzes auf. Die Krieger hatten nur Augen für ihren König, den sie grüßten und der ihnen von der Rostra herab dankend zuwinkte.

Einsam wirkte mein Friedrich dort oben, einmal mehr das Symbol von Thule und die Verkörperung der Macht unseres Reiches. Auch mich beeindruckte sein Auftritt, wie auch seine Getreuen und unsere Gäste. Mein Gemahl, Thules oberster Krieger und Feldherr, trug heute eine vergoldete Brustwehr und den goldenen Prunkhelm. Der goldene Schild hing vor ihm an der Rostra. Seine neue Tunika hatte ich zuvor noch nicht gesehen, sie gefiel mir ausnehmend gut.

Wir und mit uns die große Familie hatten oben auf der Treppe Platz genommen. Keiner wollte sich dieses einmalige Ereignis entgehen lassen. Eingedenk der langen Dauer der Parade hatte Friedrich uns Sessel und Stühle zugedacht. Er selbst, der Feldherr Thules, saß in der Rostra auf einem Gestell ähnlich einem Sattel. Der Thingplatz blieb den Kriegern vorbehalten, der Adel hatte sich auf den Stufen der großen Treppe niedergelassen. Alle anderen, welche die Parade im Inneren Schloss verfolgten, schauten aus den Fenstern der umstehenden Gebäude. Endlos wirkte der Strom der an uns Vorbeiziehenden. An der Spitze der Parade ritten die von Graf Irnfried angeführten Paladine mit deren Kriegsknechten und Knappen. Thules Elitekrieger trugen über ihren Brünnen die hellblauen Tunikas mit dem goldenen Löwen, der auch ihre Schilde zierte. Die nach ihnen kommenden Hundertschaften waren ausgestattet mit ihrer Prunkrüstung, sie grüßten ihren Herrscher und seine Gäste mit blankem Schwert. Danach zeigten sich die Studenten der Akademie, sie schritten zu Fuß und waren mit langen Lanzen bewaffnet, der Neid der Schlossschüler war ihnen gewiss, die nur als Zuschauer dabei sein durften. Hinter ihnen kamen die von den Theodericianern besonders bejubelten Bürgerwehren, denen im Ernstfall der Schutz von Mauern und Toren oblag. Sie marschierten hinter ihren Fahnen, gerüstet wie zur Verteidigung ihrer Mauerabschnitte. Unser Leibarzt Nikolaus war unter ihnen, er trug die Fahne der jüdischen Gemeinde, welche die Menora zeigte, den siebenarmigen Leuchter. Hinter ihrer grünen Fahne folgten die Muslime, gewandet mit orientalisch anmutenden Mänteln. Ihr Anführer war Osmin, den Frau, Vater und Kinder bewunderten. Alle genossen strahlend den Jubel der Ihren. Der alte Stadtpatrizius Gerhardus hatte Recht behalten, er, der seine Begeisterung selbst fast nicht zu dämpfen vermochte. Aber nicht nur er berauschte sich an der farbenprächtigen, wohlgeordnet vorbeiparadierenden Kriegerschar. Ihm gleich taten es vor den Toren die Theodericianer und die vielen anderen Thulaner, die dieses Ereignis miterleben wollten. Als nächste kamen die einst aktiven Krieger, deren Hundertschaften die derzeit aktiven Krieger weit übertrafen. Den Abschluss bildeten die Wachen des Schlosses und zuletzt die „Löwen“, meines Gemahls verschworene Leibwache. Sie trugen ihre Löwenhelme, Löwenfelle bedeckten ihren Rücken und die Schilde zeigten ihr Wappentier. Deren martialisches Aussehen beeindruckte unsere Gäste ganz besonders.

Unsere Gäste wollten von Theodemir und Bodo wissen, ob denn die „Löwen“ Thules beste Krieger seien, und auch ob es noch mehr von ihnen gäbe. Die zweite Frage ließ sich leicht beantworten, bei der ersten musste der Prinz etwas nachdenken. „Selbstverständlich können nicht alle Wächter mitmachen, denn das Schloss muss immer gut geschützt sein.“ Er zeigte auf die Leibwächter, die hinter uns standen und zu Füßen der

Rostra Wache hielten. „Seit dem Mord an König Manfred II. und Königin Agnes, den Eltern unseres Herrn, muss unser Herrscher besonderen Schutz erhalten. Stets sind Leibwächter um ihn und hüten unseren König wie ihren Augapfel. Selbst im Inneren Schloss achten diese Treuen darauf, dass ihrem König kein Leid zugefügt wird. König Friedrichs Leibwächter sind ausgewählte und kampferprobte Kämpen. Viele haben in den Schlachten an der Seite des Königs mitgekämpft, haben ihm den Rücken freigehalten und ihr Leben bedingungslos für ihn eingesetzt. Schon oft haben diese Getreuen einen Blutzoll bezahlt, um ihren meist vorausstürmenden Herrn zu unterstützen. Sie sind seiner Majestät nicht nur treu, sie lieben und bewundern ihren Herrn, der sie dafür aber auch besonders fördert.

Nun zu Eurer schwierigeren Frage, die mir so noch nie gestellt wurde. Wer Paladin werden will muss zwei Anforderungen erfüllen. In erster Linie hat er ein herausragender Recke zu sein, der sich durch Waffengeschick und Kampfesmut ausgezeichnet hat. Dazu gehört auch die Fähigkeit einen Heeresteil zu führen, Krieger auszubilden und eiserne Disziplin zu halten. Die andere Forderung besteht darin, die Königliche Akademie, die Schule der Anführer, mit Erfolg zu absolvieren. Besonders freut es unseren Herrscher, wenn der Paladin noch einen Abschluss der Universität oder Hochschule gemacht hat. Ein Drittel der Paladine hat diesen Nachweis erbracht, unter ihnen mein Freund Bodo. Diese Paladine sind aufgrund ihrer akademischen Ausbildung fähig besondere Aufgaben zu übernehmen und selbständig zu erledigen. Sie sind somit nicht nur Offiziere sondern auch Exckutivorgane des Königs. Sie haben ein Weisungsrecht gegenüber den Thulanern, wovon nur die Herzöge und Markgrafen ausgenommen sind, denen nur der König selbst Befehle erteilt. Unsere Paladine haben eine große Machtstellung, sie stützen sich auf das Vertrauen und die Autorität ihres Herrschers.

Die Aufgabe der Leibwächter ist eingeengter. In der Regel sind sie beim König zu finden. Nur im Ausnahmefall geleiten sie andere Würdenträger und natürlich die Königin und beider Kinder. Im Gegensatz zu den Paladinen sind sie von zwei Auflagen befreit. Sie müssen nicht ledig sein und auch keine höhere Schule durchlaufen haben. Dennoch gibt es einige unter ihnen, die sind weder verheiratet noch ohne höhere Schulbildung. Acht von ihnen sind ehemalige Paladine, die inzwischen geheiratet haben. In der Nähe unseres Königs sein zu dürfen fasziniert sie, denn das bedeutet uneingeschränktes Vertrauen zu genießen. Ein Leibwächter des Königs muss ein besonders guter Krieger und ein kluger Mensch sein, es ist eine große Ehre und verschafft hohes Ansehen in Thule. Das wollen zwar viele werden, doch nur wenige schaffen die harten Prüfungen, oder sie werden nicht als vertrauenswürdig genug erachtet um Thules größte Geheimnisse bewahren zu können. Sie bekommen in ihrem Dienst ja vieles mit, was ihr Herrscher tut, bespricht und veranlasst. Darüber schweigen zu müssen ist nicht leicht durchzuhalten. Viele der ihnen auferlegten Prüfungen zielen auf diese Fähigkeit ab, forschen den Kandidaten aus und führen ihn an seine Grenzen."

Unter Führung von Prinz Theodemir zogen die aktiven Krieger und die für die Übung reaktivierten Kollegen nach Hildebrandtsvik. Ihnen folgte die von der Parade heimkehrende Bürgerwehr der Stadt am Amelungensund. Zusammen mit unseren Gästen fuhren wir kurz darauf an Bord von Flussschiffen nach. Unsere Pferde und einige Kutschen wurden mit dem Heerbann nachgeführt. Die Straße entlang der Amelunga war zur Heerstraße geworden; Krieger um Krieger zogen flussabwärts, alle hoch zu Ross, gerüstet wie zur Schlacht. Entgegen der sonstigen Regelung fuhren die Schiffe dieses Mal auf der linken Flussseite. So konnten wir den gewaltigen Zug aus der Nähe erleben, die bunten Fahnen und Standarten wehen sehen und das tausendfache Donnern der Hufe hören. Wir, die Frauen und unsere Kinder fuhren im zweiten Schiff, natürlich gab es wieder eine Ausnahme, Fedi war auf dem ersten Schiff bei seinem Vater. Dort, auf Friedrichs Flussschiff, saßen die vier Berberfürsten, die Herzöge und Markgrafen. Alle anderen Edlen kümmerten sich auf den drei folgenden Schiffen um das Gefolge der Berberfürsten.

Kurz vor dem Dorf Reichenthal, in dem vor mehr als acht Jahren mein Gemahl als „Wunderheiler" aufgetreten war, gab es einen Zwischenfall. Als Adelheid das Dorf erblickte, da sagte sie mit übermütigem Lachen: „Der König, Gott schenke ihm ein langes Leben…". Ein helles Wiehern, heftig und fordernd, schnitt in unser Lachen hinein. Wir sahen den durchgegangenen Schimmel Ikarus am nahen Ufer, den der Knappe nicht halten konnte. Mit einem mächtigen Satz sprang des Königs Lieblingspferd in die Amelunga, und schwamm geradewegs auf das Schiff seines Herrn zu. Ikarus war zwar ein guter Schwimmer, jedoch hier aufgrund der Strömung doch gefährdet. Friedrich, der seinen verschmusten jungen Hengst liebte, hieß die Ruderer das Schiff anhalten, damit Ikarus es erreichen konnte. Um die Zügel ergreifen zu können, musste sich Friedrich tief hinab beugen. Ich hatte Angst, mein Gemahl könnte das Gleichgewicht verlieren, doch er schaffte es sich wieder aufzurichten. Friedrich konnte die Zügel ergreifen und ließ nun den Anlegesteg von Reichenthal ansteuern. Das Schiff sollte so gedreht werden, dass Ikarus wieder Grund unter den Hufen finden konnte. Mit einem Satz saß Friedrich auf dem Hengst und erklomm mit ihm das sanft abfallende Ufer. Der geschundene Knappe kam außer Atem im selben Moment an. Fried ermahnte seinen Ikarus recht deutlich, der wie ein Mensch den Kopf senkte. Er strich dem Knappen tröstend über den Schopf und übergab ihm die Zügel. Noch ein letzter Klaps für das edle Ross, das der Knappe wieder in den stoisch weiterziehenden Zug einordnete. Nicht nur das Königsschiff wurde von den Ruderern gegen die Strömung der Amelunga gehalten, auch die anderen vier Schiffe verharrten auf der Stelle. Friedrich stieg wieder an Bord seines Schiffes, das am Anlegesteg festgemacht hatte. In heller Aufregung hasteten die Dörfler von der Hauptstraße weg zum Anlegesteg, um einen Blick auf den König werfen zu können. Der Ruf: „Der König, der König“, hatte diese Welle ausgelöst. Wieder an Bord des Schiffes winkte der König den jubelnden Menschen zu.

Danach gab es keine Unterbrechungen mehr und wir Frauen konnten uns ungestört unterhalten. Meine Cousine Amala, die junge Gemahlin von Herzog Markus, hatte sich zu uns gesetzt. Wir vertieften uns ins Gespräch und bekamen wenig mit vom Geschehen am Ufer. Wir Frauen, zumeist ja auch Mütter, hatten eben Lust uns über Alltägliches zu unterhalten. Nicht zu vermeiden war es an diesem Tag, dass Friedrich immer wieder in den Mittelpunkt gerückt wurde. Allgemein wunderte man sich wie gut er den nicht leicht zu bändigenden Fedi im Griff hatte und auch Alarichs ältesten Sohn, den ungestümen Theodemir, mit dem selbst sein Vater manchmal seine liebe Not hatte. So konnte ich lachend zugeben, dass ich mich mit dem kleinen König ab und an sehr schwer tue. Adelheid frotzelte mich daraufhin, was alle zum Lachen reizte: „Dafür hast Du ja meinen großen Bruder am goldenen Gängelband.“ Beatrix, die das nicht gelten lassen wollte, entgegnete ihr an meiner Stelle: „Hoheit, unsere Majestät hat einen sehr eigenen Kopf und einen festen Willen, daran würden wir uns alle die Zähne ausbeißen.“ „Liebe Beatrix, dann muss ich es doch noch genauer ausdrücken. Liebe Schwester, in seiner Liebe zu Dir hat er eine Nachgiebigkeit entwickelt, die mich stets aufs Neue verblüfft." Das konnte ich stehen lassen.

Mittlerweile hatten wir Hildebrandtsvik erreicht, fuhren in den Hafen hinein und bestiegen dort unsere Pferde. Die kleinen Kinder fanden Platz in den Kutschen. Gemeinsam ging es hinaus in die Ebene im Norden des Arsenals, auf der schon König Friedrich I. eine Übung durchführen ließ. Im Sund ordnete sich die Flotte, um eine Landeoperation vorzubereiten. Auf dem Feld, ansonsten nur Weideflächen, stellten sich die Heeresteile auf. Ein riesiges Heer stand wie zum Kampf bereit. Was für ein Glück, dass es sich nur um einen Scheinkampf handelte. Und dieses gewaltige Heer umfasste nicht einmal alle Krieger Thules. Es fehlten die Krieger Fjordlands, die von Holmenland und Stormland. Unsere Männer nahmen ihre Plätze vor den Heersäulen ein, so als ob es in eine Schlacht ginge. Einer stand allerdings gut sichtbar am Bug des Flaggschiffs, der Friedrich Teja. Es war Theodemir, der Herr des Meeres, der die Thulanische Flotte befehligte. Nicht einmal mein Gemahl hatte so viele Schiffe an einem Ort gesehen und hatte befürchtet, unsere Küsten seien so einem Angriff schutzlos ausgeliefert. Er hatte sich jedoch vergewissert, dass die Schiffe des ersten Gürtels ihre Positionen einhielten und das Meer nach feindlichen Schiffen absuchten.

Friedrich selbst, umringt von seiner Leibgarde, führte das Heer an und ließ jene Manöver ausführen, die bei einem massierten Schiffsangriff den Erfolg versprachen. Mit einer neuen taktischen Variante überraschte er seinen Schwager, der dies später als Trick bezeichnete. Friedrich ließ nämlich die Gelandeten in die Zange nehmen. Zweimal nacheinander fegten Lanzenreiter am Strand entlang, attackierten die Seekrieger in der Flanke und drückten sie so zusammen, dass sie in deren Rücken gelangen konnten. Mir fiel es sehr schwer alles zu überblicken, aber mein Gemahl hatte das Geschehen im Auge und dirigierte die einzelnen Heeresteile mit Flaggenzeichen. Das Manöver dauerte nur drei Stunden, ein echter Kampf hätte, so mein Vater, fast einen ganzen Tag beansprucht. Ihm hatte aber auch imponiert wie das Heer die Angreifer in zwei Kessel teilen konnte, was diese im Ernstfall in eine fatale Lage gebracht hätte.

Als Caid Ali erfuhr, dass dieses riesige Aufgebot an Kriegern nicht alle Aktiven umfasste, da wurde er doch sehr nachdenklich. Zu Friedrich sagte er: „Majestät, mit diesem unüberschaubaren Heer könntet Ihr Euch die Welt untertan machen. Wie erfolgreich ihr Thulaner im Kampf seid, das habe ich ja schon in meiner Heimat miterlebt. Es hat mich einerseits erschreckt, aber andererseits habe ich es auch bewundert. Euch anzugreifen wäre von vornherein völlig aussichtslos, deshalb ist es gut für uns, dass wir zueinander in gutem Einvernehmen stehen. Noch besser ist es für uns, dass Ihr Eure Macht nur zur Verteidigung Eurer schönen Insel einsetzt. Am besten jedoch ist es für uns mit dem Goldenen Löwen Handel zu treiben und Teil zu haben an den besonderen Gütern, die Thule erzeugt. Friedrich lächelte zufrieden, antwortete ihm: „Lieber Fürst Ali, diese Demonstration unserer militärischen Stärke war gewollt. Sie sollte Euch eines zeigen: Eure neuen Freunde sind stark und mächtig. Dies stützt auch Eure Stellung in Eurer Heimat und gibt Euch im Notfall festen Rückhalt. Doch ich wünsche Euch, dass ein solcher künftig bei Euch nicht geschehen wird. Die Welt zu erobern steht uns ferne, wir brauchen unsere Kräfte um Thule zu entwickeln. Wir haben kein Interesse daran andere zu unterjochen, um für uns einige kleine Vorteile herauszuholen. Der Austausch mit anderen Ländern und Kulturen in friedfertiger Absicht bringt uns weiter. Unsere Handelsflotte wird wachsen, es gibt noch Vieles zu entdecken und einzuhandeln, was uns heute noch nicht bekannt ist. Ein gesicherter Frieden ist die Grundlage unseres Wohlergehens, und dies gilt sicher nicht alleine für das Land Thule. Nur wenn beide Handelspartner profitieren, kann sich Vertrauen aufbauen, ohne das es keinen verlässlichen Handel geben kann.

Das zweite Ereignis für die Gäste, und dies nach einem Ritt durch Hildebrandtsvik, war das Fremden sonst verschlossene Arsenal. Prinz Theodemir und die Markgrafen Hildebrecht und Thorismund freuten sich über die interessierten Gäste, die geraume Zeit dort verbrachten. Sehr aufschlussreich und von großem Nutzen für unsere Gäste waren die Werkstätten in Manfredia. Manufakturen dieser Art kannten sie nicht und wollten daher alles ganz genau kennen lernen. Wir hatten erwartet, dass die Glasmanufaktur den größten Eindruck machen würde, doch dies war ein Irrtum. Das Hammerwerk und die neuen Blasebalge hatten es ihnen weit mehr angetan. Der junge Caid Achmet fand, sie könnten doch oben in den Bergen des Anti-Atlas etwas Ähnliches aufbauen. Dort floss an einigen Stellen das ganze Jahr über genügend Wasser, um die Hammerwerke betreiben zu können. Sein Vater Rahman griff den Gedanken auf und bat Friedrich um Fachleute, die ihnen dabei helfen konnten. So kam es, dass der Meister der Glasmacher, der aus Ägypten stammende Ali, als „Leihgabe“ in die Berberei mitkam. Ihn, der Arabisch sprach, begleiteten ein Ingenieur und vier Gehilfen. Sie sollten unseren Gästen helfen, in deren Heimat ein Hammerwerk zu errichten und eine Schmiede und eine Glasbläserei aufzubauen.

Insgesamt blieben unsere Gäste drei Wochen lang in Thule, lernten vieles kennen, wurden vertrauter mit uns, und freundeten sich sogar mit der so anderen Rolle der Frau in unserem Land an. Unsere Gäste waren angenehme und gebildete Herren, so wie es Friedrich angekündigt hatte. Sie waren uns tatsächlich in vielem weit näher als ich zuvor gedacht hatte. Ihre blumige, irgendwie auch poetische Sprache fand ich anfangs verwirrend, was vermutlich durch die Übertragung ins Lateinische noch abgemildert wurde. Beim Abschied versprachen wir, ihren Besuch zu erwidern, aber es blieb leider beim Vorhaben, denn die Lage in den Landen der Berber entwickelte sich anders als erhofft. Auch wir in Thule waren mit eigenen Vorhaben zu sehr beschäftigt. Selbst der Handel mit den Berbern entwickelte sich nicht so wie geplant. So blieb es bei einem spärlichen Austausch.

**Das Thronjubiläum**

Seit vielen, allgemein als glücklich erlebten Jahren herrschte Friedrich II. Teja schon über Thule. Viele Thulaner kannten nur ihn als ihren König, der in ihrem Denken präsent war und an dessen Leben alle lebhaft teilnahmen. An diesem Tag aber stand er noch mehr als sonst im Mittelpunkt, denn er beging sein 38. Wiegenfest. Jahrhunderte lang war dieser Tag der höchste weltliche Feiertag Thules gewesen, an ihm gedachten die Thulaner jenes Tages im Jahre 553, an dem ihre aus Italien geflohenen Ahnen in der Willkommensbucht gelandet waren. Seitdem galt der 23. September als der höchste weltliche Feiertag Thules. Daran wurde zwar immer noch gedacht, doch der auf diesen Tag fallende Geburtstag ihres Herrschers hatte das Gedenken an dieses Ereignis seit vielen Jahren in die zweite Linie verdrängt. An diesem denkwürdigen Tag, dem 23. 9. 1371 herrschte König Friedrich seit zwanzig Jahren über Thule, und es war fürwahr eine glanzvolle Herrschaft.

Siebenundzwanzig Jahre davor wurde ihr König durch den Mord an seinen Eltern bereits im Alter von elf Jahren zum alleinigen König. Aufgrund seines jugendlichen Alters stand er bis zum 18. Geburtstag unter Vormundschaft. Aber an eines erinnerten sich die älteren Thulaner auch noch genau, an die Erhebung des damals siebenjährigen Prinzen Sonnenschein zum König. An diesem Dreikönigstag des Jahres 1341 hielt der kleine König Friedrich mit heller Stimme eine kurze Ansprache. „Wenn ich einmal selbst Euer Herrscher sein werde, dann will ich für uns alle ein gutes und schönes Leben anstreben!“ Damit verblüffte er damals nicht nur seinen Großvater König Manfred I. und seine Eltern, sondern auch die ihm begeistert zujubelnden Thulaner.

An diesem Tag erweckte es den Anschein als wären fast alle Thulaner in die Heilige Stadt gekommen, um den Verehrten zu sehen. Alle wollten ihn, aber damit auch ein wenig sich, zu dem besonderen Tag beglückwünschen. An König Friedrichs Denkmal türmten sich seit dem frühen Morgen Berge von Blumen auf. Seine Thulaner wussten ja, ihr Herrscher liebte die Blumen, insbesondere die Rosen. Als dem König von dieser rührenden Geste seines Volkes berichtet wurde ließ er die Tore des unteren Schlosses öffnen. Einer Springflut gleich setzte sich eine Volksmenge in Bewegung und strömte hinein zum Thingplatz. Dort verharrten die Menschen voller Erwartung. Die Leibwache trat durch das große Tor und stellte sich auf die drittoberste Stufe der Königstreppe.

Kurz darauf folgte der Hochadel im prächtigsten Ornat, also auch mit ihren Kronen auf den Häuptern. Der ihnen gezollte Jubel schwoll noch einmal an, als die Königliche Familie die obere Plattform betrat. Königin Amala mit Krone auf dem schönen Haupt trug ihr jüngstes Kind, den Säugling Beatrix auf dem Arm, ihre vier anderen Kinder stellten sich neben ihre Mutter. Sie trugen alle ein kleines Krönchen. Der Anblick der Königlichen Kinder Friedrich, Manfred, Adelheid und Konrad erfreute die Anwesenden. Neben ihnen stand das Prinzenpaar Theodemir und Adelheid mit ihren drei Sprösslingen Agnes, Alarich und Amalara. Je vier Prinzen und Prinzessinnen umfasste nun die junge Generation des Königshauses. Lange Jahre gab es nur einen männlichen Spross im Staufischen Königshaus, zu dem sich nach acht Jahren Prinzessin Adelheid gesellt hatte. Der Thulaner bange und wahrlich nicht unberechtigte Sorge war es damals, ihrem Friedrich könnte etwas zustoßen, denn dann wäre die unsägliche Zeit des Interregnums wieder über sie hereingebrochen. Doch wenn sie heute auf diese wohlgeratenen Prinzen schauten, dann strahlte die Zukunft des Königshauses in hellem Licht.

Die goldene Pforte des Königs öffnete sich nun, der Anführer der Leibgarde kündigte mit einem Stoß seiner Lanze Thules Herrscher an. Umtost von einer Jubelwolke trat König Friedrich II. Teja vor die Seinen. Er trug das kostbarste Gewand Thules, den legendären Sternenmantel von Indulf I., dem Gründer ihres Reiches, auf seinem Haupt saß die Krone König Theoderichs des Großen. Er stellte sich mit strahlender Miene neben seine vom Volk so geliebte Gemahlin und wurde umringt von seinen Kindern. Das gefiel seinen Thulanern, der Jubel wollte nicht enden, aber der König ließ es geschehen, ihm schien es heute sogar zu gefallen.

Nach einer Weile löste sich der König von den Seinen und betrat die Rostra. Mit seiner magischen Geste gebot er Stille und bannte die große Menschenmenge. Was würde er nun zu den Seinen sagen? „Meine lieben und getreuen Thulaner, seit nunmehr 20 Jahren bin ich Euer Herrscher, und inzwischen bin ich es gerne. Dies war nicht immer so, einst schreckte mich die Bürde dieses Amtes. Lange Zeit standen vor uns allen derart riesige Herausforderungen, dass sie mir übermächtig erschienen und so manche schlaflose Nacht bescherten. Doch nun haben wir diese Berge an Arbeit und Mühen dank Eurer Hilfe gemeistert. Wir haben Schrecken überwunden und dem Schicksal getrotzt. Thule ist nun, so wie ich es mir vorgenommen hatte, zum Hort des Friedens geworden. Keiner muss hungern, bei Krankheiten findet jeder einen Arzt und bei unklaren Verhältnissen eine Ansprechstelle. Unser Straßennetz ist so dicht, dass Händler und Handwerker, Bauern und Fischer ihre Waren auch auf weiter entfernten Märkten anbieten können. Unsere Krieger draußen auf dem Ozean und hier auf der Heimaterde sichern unseren Frieden gegenüber feindlichen Angriffen. Die Eintracht im Inneren ist unser aller großes Verdienst, eines auf das wir stolz sein dürfen. Dies, meine Lieben, ist Euer mich beglückendes Geschenk zu meinem heutigen Ehrentag!"

Friedrich breitete die Arme weit aus, so als wollte er die Seinen allesamt umarmen. Damit löste er einen unglaublichen Jubel aus. Ihr großer Herrscher hatte sie seine Lieben genannt und sich für die errungene Gemeinschaft bedankt, was für eine für ihn früher undenkbare Würdigung. Einige riefen „Friedrich, Friedrich unser Gottesgeschenk!", die Menge nahm es begeistert auf und machte daraus eine machtvolle Demonstration ihrer Zuneigung. „Unser großer König er lebe hoch!" Dies stammte aus einer anderen Gruppe und wieder fielen alle darin ein. Der König ließ es geschehen, gebot keinen Einhalt, er konnte es sichtbar genießen.

Diesem Gefühl gab der König selbst Ausdruck. „Meine Thulaner, die ihr von nah und fern in die Heilige Stadt gekommen seid, ich danke Euch allen von ganzem Herzen für Eure Zuneigung. Respekt hatte ich angestrebt, um Liebe nie gebuhlt und nun wird mir beides überreich zu Teil. Fcicrt nun auf den Plätzen unserer schönen Stadt Theodericia. Krone, Stadt und Zünfte haben alle ihren Beitrag dazu geleistet, auf dass Ihr Euch heute satt essen könnt und keinen Durst aushalten müsst! Nehmt nun meinen königlichen Segen entgegen und tragt ihn im Herzen mit Euch!"

Während die beglückten Thulaner zu den Plätzen strebten, begaben sich die Ehrengäste in den Königlichen Privatgarten, was ein Novum darstellte. Die vielen Kinder hatten den König dazu bewogen, erstmals in seinem privaten Garten zu feiern. Der Gartenteil der Kinder der Königlichen Familie sollte heute allen mitgereisten Kindern des Hochadels offen stehen. Fedi, der kleine König Friedrich (III), unterstützt wie immer von seiner Cousine Agnes, durfte dort der „Chef" sein und für

Ordnung sorgen. Er, der größte Lausbub von allen, wurde so von seinem Vater in die Verantwortung genommen und wollte ihn nicht enttäuschen.

Nach dem Festmahl wurde die formelle Sitzordnung aufgehoben, die Gäste fanden sich in kleineren Gruppen zusammen, wobei sich immer wieder neue Gruppierungen ergaben. In dem weitläufigen Terrassengarten fanden alle ein schönes Plätzchen zum Plauschen. Ein besonderer Ort war allerdings aus Respekt vor dem Herrscher ausgenommen, das war der Auslug, der nur dem Königs- und dem Prinzenpaar vorbehalten bleiben sollte. Wie immer standen die hohen Damen beieinander, zu denen nun auch der Königin junge Cousine gleichen Namens zählte. Die junge Amala, Herzog Markulf von Holmenlands Gemahlin hatte es mit ihm sichtlich gut getroffen. Beider kleiner Sohn Markulf tummelte sich bei den ganz Kleinen im Prinzengarten. Dort wurden die Kinder von den Mägden beaufsichtigt und verschafften ihren Müttern eine Auszeit. Ausnahmsweise durfte auch Markulfs Schwester Gräfin Theodelinde mit Mann Graf Irnfried und deren drei Kinder teilnehmen. Beide Damen waren in anderen Umständen.

Zu Herzog Wittich hatten sich Beowulf, Hildebrandt und Thorismund gesellt, sie griffen ihres Herrschers Ansprache auf. „Meine lieben Freunde, wir waren doch damals alle dabei, als mein siebenjähriger Neffe von der Domtreppe herab uns allen ein mutiges Versprechen gab. Ein gutes und schönes Leben hatte er in Aussicht gestellt. Und was ist daraus geworden?“ „Hildebrandt, ich bin so parteiisch wie Du, Du als Oheim und ich als Schwiegervater. Zuerst sollten sich daher Beo und Thori dazu äußern.“

Daraufhin ergriff Herzog Beowulf das Wort: „Lieber Wittich, ich könnte mit Fug und Recht sagen, dass dies voll erreicht worden ist. Doch damit würden wir unserem Herrn nicht gerecht werden, denn es ist bei weitem übertroffen worden. Wo auch immer ich hinschaue, ergreift mich große Dankbarkeit. Friedrich hat all das in Ordnung gebracht was wir damals als junge Grafen bemängelt hatten. Unsere Justiz, wie die Staatsverwaltung lag im Argen, unser Heer wie die Flotte waren in schlechtem Zustand. Heute funktioniert alles mustergültig und erfreut mein altes Kriegerherz. Wir verfügen sogar über neuartige Waffen, die bei unseren Feinden Angst und Schrecken verbreiten werden. Neuerdings schießen wir aus schlanken Rohren Bleikugeln, die noch auf große

Entfernung wirksam sind. Diese Seite der Technik ist zum Glück nicht die einzige Errungenschaft. Die neuen eisernen Öfen schätze ich sehr, denn sie spenden rundum Wärme und auch all die anderen kleinen Verbesserungen, die uns das Leben leichter machen.

Unser Straßennetz genügte damals schon dem Wachstum der Bevölkerung Thules nicht mehr. Und nun? Das Netz hat sich verdoppelt, Berge wurden durchstoßen für Straßen und sogar für einen Kanal. Heute bin ich von Seeburg aus weit schneller und viel bequemer in unserer Hauptstadt. Aber nicht nur ich, sondern auch all die Händler, die uns Waren aus anderen Regionen Thules bringen oder die unseren nach Norden schaffen, profitieren davon. Die neuen Fährschiffe sind eine weitere wunderbare Errungenschaft. Selbst die Neben- und Stichstraßen können sich jetzt sehen lassen. Friedrich hat diese Herkulesaufgabe gestemmt, und darauf dürfen wir alle stolz sein."

Sein Cousin Markgraf Thorismund von Hildebrandtsvik fühlte sich zu Ergänzungen aufgefordert: „Beo, lass mich dieses noch ergänzen: König Friedrich hat zwar das Krankenwesen erwähnt, nicht aber die vorbildliche Fürsorge für die Armen, Waisen und Invaliden. Was mich selbst ganz besonders betroffen hatte, war die Übertragung der Selbstverwaltung auf unsere großen Städte. Was gab dies anfangs für einen Widerstand bei den Räten fast aller Städte. Doch inzwischen funktioniert diese Regelung und hat uns allen eine große Entlastung gebracht. Und noch etwas hat unser König durchgesetzt, das Schulwesen. Dies war ein schweres Stück Arbeit und bedeutete für ihn wie für uns eine wahre Sisyphusarbeit. Doch wir haben es geschafft. Überall gibt es nun Schulen, in den großen Städten auch Hochschulen oder Universitäten." Beowulf setzte noch hinzu: „Thori, dazu gehört auch unsere blühende Kunst und Kultur. Und nicht zu vergessen die Vereinheitlichung von Gesetzen, Steuern, Maßen und Gewichten, alles was meines Erachtens zu einem guten Staat gehört."

Unbemerkt war Friedrich zu ihnen getreten und hatte noch einiges mitbekommen. Lachend meinte er: „Meine lieben Oheime, heute wollen wir feiern und uns nicht um das Staatswesen kümmern!" „Lieber Fried, ausgerechnet Du sagst so etwas, dem doch zu Recht nachgesagt wird, dass ihn sein Thule Tag und Nacht beschäftigt. Das freut mich zwar für Dich, doch musst Du uns schon zubilligen, dass auch wir heute nach zwanzig Jahren Deiner Herrschaft ein positives Fazit ziehen wollen. Wir vier alten

Herren waren doch damals dabei als Du, der kecke, frisch gekrönte siebenjährige König uns allen goldene Zeiten in Aussicht gestellt hattest. Und dies, mein lieber Neffe, war vor fast dreißig Jahren. Jahre, die unglaubliche Veränderungen mit sich brachten und unser Thule umgestalteten zu einem Staat, der meines Wissens einmalig auf dieser Welt ist. Wir wissen doch wie es jenseits des Ozeans aussieht, wie dort Schrecken, Not und Grauen herrschen, die Menschen unterdrückt und geknechtet werden, Scheiterhaufen brennen und Kriege den Alltag bestimmen. Dies alles gibt es in Thule nicht, in diesem irdischen Paradies. Und das, mein Neffe und Ziehsohn, ist Dein Verdienst, und gehört zu diesem Deinem großen Tag."

„Lieber Oheim Hildebrandt, dies ist doch unser aller Verdienst, ohne Euch, meine lieben Vertrauten, hätte ich das nie und nimmer erreicht." Daraufhin protestierten seine Oheime und Beowulf gab dem Ausdruck: „Majestät, lieber Friedrich, Ihr habt es nun aus dem Munde meiner Freunde deutlich gehört, dass wir dies so nicht stehen lassen können. Wir bestreiten es ja gar nicht, dass auch wir am neuen Thule unseren Anteil haben, doch den Löwenanteil müssen wir schon Euch zumessen. Eure Bescheidenheit ehrt Euch und wir haben sie immer gewürdigt, doch nun geht Ihr zu weit. Ihr habt uns eingesetzt oder bestätigt, habt die besten Leute gesucht, gefördert und ausgebildet. Euren Beinamen Menschenfänger habt Ihr völlig zu Recht bekommen. Überall wirken nun fähige, untadelige Leute und leiten ihre Mitstreiter an. Das ist ausschließlich Euer Verdienst! Euer Vorbild und Charisma sind der Leuchtturm, an dem sich alle orientieren können, was sich auch in unseren Gesetzen und Verhaltensnormen niedergeschlagen hat. Euer unbeirrbares Wollen und Euer eiserner Wille hat Thule geformt und zu einem Juwel unter den Völkern gemacht!" „Danke, lieber Oheim Beo, doch nun genug der Elogen. Lasst uns nun dieses Kolloquium zugunsten der Genüsse aufgeben und uns erneut an die Tafel begeben."

Ursprünglich sollte des Königs Geburtstag mit einer großen Parade, dem Fest der Fässer und Wettkämpfe in der Arena begangen werden. Doch das war nicht im Sinne des Herrschers. Er hatte sich ausbedungen, seinen Geburtstag im privaten Rahmen zu begehen und vertröstete die Enttäuschten auf seinen runden Geburtstag in zwei Jahren, an dem er sich gerne in das offizielle Programm einklinken würde. Das Anliegen des Herrschers war ganz im Sinne seiner Gemahlin Amala, die im familiären

Kreis feiern wollte. So konnten sich unbeeinträchtigt von offizieller Förmlichkeit die miteinander vertrauten Menschen einander zuwenden, und dies nach Belieben in wechselnden Runden.

Amala, suchte nach ihrem Gemahl. Doch sie konnte ihn nicht entdecken, obwohl er ja nun wirklich nicht zu übersehen war. Und wo fand sie ihn? Auf einer Bank sitzend im Reich der Kinder. Dicht neben ihm saßen seine Tochter Adelheid und seine Nichte Amalara. Die beiden Kleinen genossen es, Vater und Oheim bei sich zu haben. Die Königin setzte sich dazu und reichte die sattgetrunkene und wohlig schlafende Beatrix ihrem glücklichen Vater.

Zufrieden lehnte sie sich an ihren Gemahl und genoss wie immer dieses wohlige Gefühl. Sie schauten dem Spiel der vielen Kinder zu, die sich in Gruppen aufgeteilt hatten. Hier tummelte sich die nächste Generation des Thulanischen Hochadels und damit die Vertrauten ihres ältesten Sohnes Friedrich, der schon heute als der Anführer aller Kinder gesehen wurde. Welches Schicksal war wohl diesen Kindern bestimmt? Und wie würde die Zukunft Thules in jener Zeit aussehen, in der ihr Gemahl die Geschicke Thules nicht mehr lenken konnte? Daran wollte Amala jetzt nicht denken, sondern sich nur an der Gegenwart erfreuen.

Sie ließ ihren Gedanken freien Lauf und da blieb es nicht aus, dass Amala auf die Jahre ihrer Ehe zurückschaute. Sie durfte sich seitdem an all dem Schönen erfreuen, das sie hier umgab, war dankbar für das ungetrübte Glück, das ihr in dieser Zeit hold geblieben war. Als Thules Königin wurde sie überall verehrt, woran sie inzwischen Gefallen gefunden hatte. Doch am wohlsten fühlte sie sich als Ehefrau und Mutter. Fünf gesunde Kinder wurden ihnen geschenkt, ganz so wie sie sich dies einst in den Fünf-Thälern erträumt hatte. Sie hoffte eines inständig, das Schicksal möge auch weiterhin ihren Lieben gewogen sein, und sie dieses herrliche Leben weiterführen lassen. Dies war ihr sehnlicher Wunsch am heutigen Ehrentag ihres Gemahls und Königs.

ENDE

Abb. 12 Der Spielgarten der Königskinder

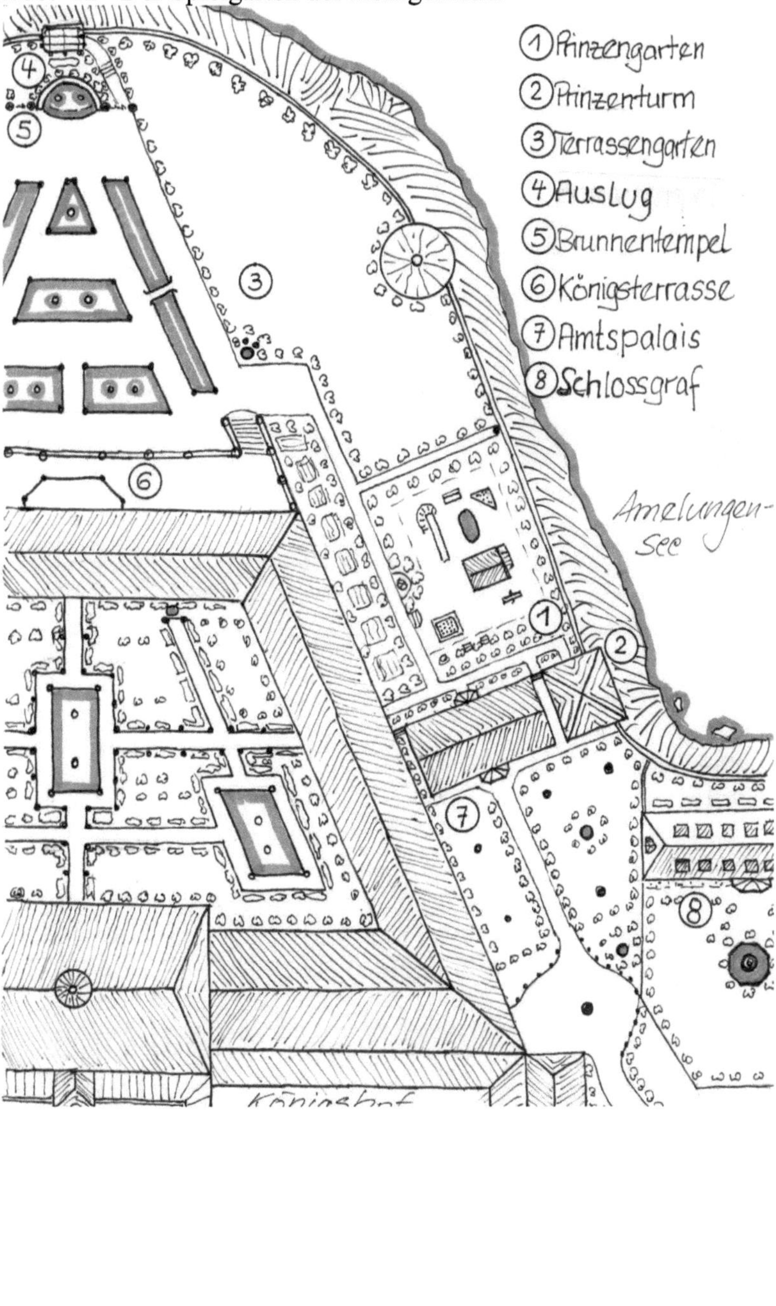

## Werkverzeichnis:

Im Re Di Roma Verlag sind von **Günter Stoewer** folgende Bücher erschienen.

In der **Thule Reihe**

1. Der Zug der letzten Goten
2. Der Adler über Thule
3. Adler und Viper
4. Der allgegenwärtige König
5. Gift und Stahl
6. Magier und Engel
7. Thules Königsfrieden

Die Erzählung: **Die Launen des Schicksals**

1. Die Erinnerungen der Carola H.
2. Die Liebe der Regula E.
3. Geraubte Identität
4. Ein denkwürdiger Tag

Weitere **Erzählungen**

1. G'schichten
2. Familiengeschichten
3. Der zweite Blick
4. Private Geschichten (*nicht erhältlich*)

Im Sauer-Verlag ist als **Fachbuch** erschienen:

*Motivierungshilfen aus der Praxis (*vergriffen*)

***